With
Blessings

Zu diesem Buch

Angst ist das große Thema unserer Zeit. Diese von Psychoanalytikern, Psychotherapeuten und Soziologen immer wieder durch die steigende Anzahl der Ratsuchenden erfahrene Erkenntnis erstaunt. Noch nie, so sagen die Statistiken, ging es den Westdeutschen materiell so gut, hatten sie nominell mehr politische Freiheit als heute. Es ist also nicht die Angst vor Krankheit, Hunger und Naturkatastrophen, die Lebenskrisen auslöst und die Depressiven in die therapeutischen Praxen treibt, die den zum Teil dubiosen Heilslehren und Sekten ihre Anhänger schafft und den Drogen- und Alkoholkonsum bedrohlich ansteigen läßt. Es ist vielmehr eine diffuse, unartikulierbare Angst, die das Leben des einzelnen zu beherrschen droht, eine Angst, die ihn lähmt, sich seiner eigenen Möglichkeiten und Bedürfnisse erst einmal bewußt zu werden, um dann sein Leben danach zu gestalten.

Dipl.-Psychologe Peter Lauster, 1940 in Stuttgart geboren, studierte Psychologie, Philosophie, Anthropologie und Kunstgeschichte. Seit 1971 leitet er die Kölner «Praxis für psychologische Diagnostik und Beratung». In den letzten Jahren beschäftigte er sich verstärkt mit der Erforschung sozialer Phänomene, die den Menschen neurotisieren. Seine Sachbücher erreichten bisher eine deutschsprachige Gesamtauflage von über zwei Millionen Exemplaren und erschienen in sechzehn Ländern.

Als rororo lieferbar:
Begabungstests (rororo sachbuch 6844)
Die Liebe (rororo sachbuch 7677)
Lebenskunst (rororo sachbuch 7860)
Wege zur Gelassenheit (rororo sachbuch 7961)
Liebesgefühle (rororo sachbuch 8365)
Die sieben Irrtümer der Männer (rororo sachbuch 8499)

Peter Lauster

Lassen Sie der Seele Flügel wachsen

Wege aus der Lebensangst

Rowohlt

261.–275. Tausend Januar 1993

Veröffentlicht im Rowohlt Taschenbuch Verlag GmbH,
Reinbek bei Hamburg, September 1980
Copyright © 1978 by Econ Verlag GmbH, Wien und Düsseldorf
Umschlagentwurf von Klaus Detjen
Illustrationen von Dominique Marson
Satz Times (Linotron 404)
Gesamtherstellung Clausen & Bosse, Leck
Printed in Germany
990-ISBN 3 499 17361 1

Inhalt

Vorwort 9

Teil 1: Angst – die Krankheit unserer Zeit 11

1. Angst ist natürlich, aber sie gehört nicht zur Natur des Menschen 13

Das verhängnisvolle Menschenbild, das unser Denken knebelt · Das Menschenbild, das uns die Wissenschaft vermittelt · Manipulierte Daten für ein gewünschtes Menschenbild · Wieviel Freiheit können wir erwarten?

2. Die Anatomie der Angst 36

Existenzangst · Angst, «draußen zu stehen» · Seelische Erkrankung als Folge der Angst · Lebenslügen als Angstfolgen · Angst durch enges Denken · Die Funktion der Einstellungen · Woher kommen die Einstellungen? · Das Selbstbild · Einstellung und Krebs

3. Wie sehr haben wir dies alles satt 75

Die Unzufriedenheit wächst · Das äußere und innere Milieu · Die Stärkung der Einzelpersönlichkeit · Der Kampf um den Besitz der Seele

Teil 2: Laßt der Seele Flügel wachsen 103

4. Wege aus dem engen Lebensstil 107

Die Plastikseele: Stimmungsdrogen für die Gesunden · Nicht nur an den Gitterstäben rütteln, sondern den Gefühlspanzer aufbrechen · Mut zum Hinschauen · Leben mit Maske · Durchbruch zur Individualität

5. Die «Flucht nach vorn» aufgeben 130

Aggression «Ich füge keinem anderen zu, was man mir zufügt» · Arbeitssucht «Wer sich selbst versklavt, unterdrückt auch andere» · Sexualität «Die Sexualität steht im Dienst der Liebe und nicht umgekehrt» · Ellenbogen-Egoismus «Egoismus trennt, Individualität verbindet» · Progressionismus «Nicht suchen, sondern finden» · Utopismus «Das wahre Glück liegt nicht in der Zukunft, sondern in der Gegenwart» · Hedonismus «Leben heißt nicht genießen, sondern sein»

6. Die «Flucht nach hinten» aufgeben   153

    Selbständigkeit statt Anpassung · Gefühlsausdruck statt Gefühlspanzerung · Selbstfindung statt Rollenspiel · Persönlichkeitsentfaltung statt Charaktermaske · Vergeben statt beschuldigen · Biophilie statt Nekrophilie · Offenheit statt Enge · Übersicht über alle Angstabwehrarten

Teil 3: Wege in die Freiheit   181

7. Der Stadtindianer · Wie man sich in Freiheit begibt, ohne darin umzukommen   183

    Was ist ein Stadtindianer? · Interview mit dem Stadtindianer · Zweites Gespräch · Drittes Gespräch · Viertes Gespräch · Die Thesen des Stadtindianers

8. Wege aus der Angst   219

    Der persönliche Weg · Lebenskunst · Welche Meditation ist gemeint?

Anhang   235

    Fachwortverzeichnis · Quellenverzeichnis · Empfohlene Literatur · Bibliographie · Personen- und Sachregister

«Eine Frau, deren Leiden auf ihre Abhängigkeit von ihrem Vater zurückzuführen ist, wird sich trotz aller Einsicht in die tieferen Zusammenhänge nicht ändern können, solange sie an ihrer Lebensweise festhält, das heißt, solange sie sich nicht von ihm trennt, seine Gunst weiterhin akzeptiert und die Risiken und Schmerzen scheut, die mit solchen konkreten Schritten zur Unabhängigkeit verbunden sind. Von der Praxis losgelöste Einsicht ist wirkungslos.»
Erich Fromm

«Wenn jemand stirbt, nicht das allein ist Tod. Tod ist, wenn einer lebt und es nicht weiß.»
Rainer Maria Rilke

Vorwort

Das Buch habe ich in drei Teile gegliedert, die jeweils aufeinander aufbauen. Der erste Teil beschäftigt sich mit der Angstanalyse und Zeitkritik. Danach folgt im zweiten Teil die psychologische Beschreibung von 14 Fluchtmechanismen vor der Angst, die aufzugeben sind, um zur persönlichen Individualität und inneren Freiheit zu kommen. Im dritten Teil schließlich schildere ich die konkreten Versuche eines einzelnen, in die persönliche Verwirklichung der Angstfreiheit und Selbstfindung zu gelangen. Anschließend versuche ich, die Bedeutung der «Kontemplation» für die Selbstfindung und Gefühlsbefreiung bewußt zu machen.

Im dritten Teil befindet sich ein Absatz, der auch im Vorwort stehen kann, und den ich deshalb hier zitieren möchte: Ich wünsche mir «einen Leser, der meine Worte nicht nur dazu benutzt, Wissen zu sammeln, sondern der sich anregen läßt, sich genauer und intensiver zu betrachten, also einen Leser, der abschweift, der nicht nur konzentriert liest, sondern Gedanken in das Buch schreibt, Unterstreichungen macht, Ideen an den Rand schreibt oder das Buch zur Seite legt und sich seinen in ihm aufsteigenden Empfindungen überläßt, für Minuten oder Stunden. Dieser Leser gelangt eher in die Freiheit als der Leser, der gewissenhaft und perfektionistisch Satz für Satz in seinem Gehirn als abstrakten Wissensstoff abspeichert.»

Das Buch enthält keine einfachen und *bequemen* Rezepte oder Therapieprogramme. Der Leser kann nur Nutzen aus der Lektüre ziehen, wenn er bereit ist, sich anregen zu lassen, seine persönliche Situation zu überdenken, sich selbst Fragen zu stellen, also sich mit sich selbst auseinanderzusetzen. Ich verstehe das Buch als eine Anregung zur Selbstfindung, als eine Ermunterung, aus der inneren Zwangsjacke der Abwehrtechniken, Lebenslügen und Fluchtmechanismen heraus in die persönliche Freiheit zu gehen.

Köln, Juni 1978

Teil 1
Angst – die Krankheit unserer Zeit

1.
Angst ist natürlich, aber sie gehört nicht zur Natur des Menschen

«Es ist immer noch wahr, heute mehr als im 19. Jahrhundert, daß Fortschritt als qualitativ andere Lebensweise, als menschlicher und menschheitlicher Fortschritt, eine reale Möglichkeit ist ... Dieser Fortschritt wäre der Umschlag von Quantität in Qualität, nämlich in eine Gesellschaft, in der man ohne Angst leben kann ...»
Herbert Marcuse

Ist Angst ein Grundbestandteil menschlicher Existenz? Ist eine Welt ohne Angst möglich? Um diese Frage debattierten kurz vor der Bundestagswahl 1976 in Düsseldorf der Münchener Politologe Kurt Sontheimer, der CDU-Generalsekretär Kurt Biedenkopf, der Philosoph Herbert Marcuse und der Psychoanalytiker Alexander Mitscherlich unter dem Generalthema «Der Widerstreit zwischen philosophischer Revolution und politischer Veränderung». Ich verfolgte die nervös-gereizte «Stunde des öffentlichen Nachdenkens» (Mitscherlich) gespannt im III. Programm des WDR und archivierte auf dem Video-Recorder den Grundkonflikt des Psychoanalytikers Mitscherlich mit dem Philosophen und «Utopisten» Marcuse, einen Konflikt zwischen zwei Menschenbildern.

Mitscherlich antwortete auf die Frage von Kurt Sontheimer «Ist Angst nicht eine Grundkomponente der menschlichen Existenz?» mit unterdrückter Erregung (ob die Ursache dafür das Thema war oder eine allgemeine Stresslabilität an diesem Tag, weiß ich nicht): «Wenn ich die Frage höre, dann wird's mir immer schwach, nicht wahr. Denn mit der Angst haben wir es natürlich überall und immer wieder zu tun ... Es gibt sehr viele angstmachende Situationen, und Sie werden mir – horribile dictu – glauben oder erlauben, daß ich etwas ganz Ketzerisches sage: Ich habe das Gefühl, daß Menschen sich durch Angstsituationen sehr näherrücken, und daß (dabei dann) oft Hindernisse, die zwischen ihnen sind, fallen, und daß tatsächlich, wie man vielleicht mit aller Vorsicht sagen kann, der Mensch ohne Angst ärmer wäre.»

Darauf Biedenkopf interessiert: «Sind Sie der Meinung, daß eine menschliche Organisationsform denkbar ist, in der Grundgefühle wie Neid oder Konkurrenz eliminierbar sind?» Biedenkopf ahnte, daß die

Antwort in seinem Sinne ausfallen würde. Interessant ist die Wortwahl «Grundgefühle wie Neid oder Konkurrenz», durch diese Wortwahl wird ein Politiker zum Vertreter eines psychologischen Menschenbildes, das Neid und Konkurrenz als Grundgefühle voraussetzt, das heißt, daß sie zur Grundstruktur des Menschen gehören, angeboren sind und deshalb immer vorhanden sein werden, egal welche gesellschaftliche Organisationsform besteht. Dieses Menschenbild ist populär, es entspricht der Populär-Psychologie des Durchschnittsmenschen, des Politikers, des Unternehmers, auch des Lehrers, selbst vieler Psychologen, Psychotherapeuten und Psychiater.

Wie antwortete Deutschlands bekanntester Psychoanalytiker Mitscherlich auf diese Frage, die von Biedenkopf, die Situation erfühlend, gestellt wurde, weil er spürte, daß der Psychoanalytiker Mitscherlich in seinem – Biedenkopfs – Sinn das konventionelle Psychobild vertreten würde. Und Mitscherlich sagte dann auch, daß er nicht glaube, daß eine menschliche Organisationsform denkbar ist, in der die Biedenkopfschen Grundgefühle wie Neid und Konkurrenz eliminierbar sind. Mitscherlich: «Die Menschen sind nicht so, daß man ihnen das abfordern kann.»

Dann schaltete sich Sontheimer ein mit der Frage an Marcuse, in der er dieses Menschenbild weiter festigte: «Wir haben festgestellt, daß es offenbar so etwas wie Konstanten gibt in der menschlichen Natur, mit denen man rechnen muß. Und damit stellt sich natürlich das Problem, wie jene Welt ohne Angst aussehen könnte und wie diese Umwälzung des Menschen aussähe ...» Sontheimer fragte wenigstens noch danach, «wie jene Welt ohne Angst aussehen könnte», nach der «Umwälzung des Menschen». Marcuse antwortete nicht auf diese Frage, sondern kam auf die Äußerungen Mitscherlichs zurück: «Ich muß sagen, ich habe einen körperlichen Schmerz bekommen, als ich Mitscherlichs Satz gehört habe, daß eine Gesellschaft, in der man ohne Angst lebt, daß diese Gesellschaft etwas verloren hätte, was man doch nicht verlieren sollte ...»

Im Publikum entstand Stimmengewirr, und Sontheimer wiederholte deshalb nochmals Marcuses Sätze: «Herr Marcuse hat gesagt, daß es ihm fast einen körperlichen Schmerz verursacht hätte, von Alexander Mitscherlich zu hören, daß Angst auch Positives nach sich ziehen könne, nämlich ein Gefühl des Zusammenrückens von Menschen ...»

Mitscherlich spürte die allgemeine Erregung im Publikum, er registrierte die Betroffenheit von Marcuse und antwortete, sichtlich selbst beunruhigt und erregt: «Also ich muß sagen, ich kann leider, lieber Herr Marcuse, leider nix wegnehmen. Es ist halt meine Lebenserfahrung. Meine Lebenserfahrung geht davon aus, daß man es mit einem unendlichen Leiden zu tun hat und man froh sein muß, wenn man irgendwo von diesem menschlichen Leiden etwas abnehmen kann.»

Natürlich ist es auch meine Lebenserfahrung und sicherlich auch die Marcuses und des Studio-Publikums auf den Rängen, daß man es mit einem unendlichen Leiden allgemein und speziell der Angst in unserer Gesellschaft zu tun hat, ob in der Fabrik, im Büro, in der Schule oder Familie. Man muß vor allem als Psychoanalytiker natürlich froh sein, wenn man davon etwas abnehmen kann, aber warum kann Mitscherlich an der Behauptung «nix wegnehmen», daß «der Mensch ohne Angst ärmer wäre». Ich glaube nicht, daß sich die Menschen durch Angst «näherrücken» und deshalb die Angst in einer Gesellschaft eine positive Qualität hat; im Gegenteil beobachte ich täglich, daß die Angst die Menschen gegenseitig entfremdet und isoliert. Sie rücken im Neid- und Konkurrenzstreben voneinander ab, denn jeder hat Angst vor dem anderen, der wieder Angst vor ihm hat und gegen ihn kämpft, sich aus Angst gegen ihn stellt und sich deshalb nicht mit ihm solidarisiert.

Eine konkrete Gefahrenquelle, zum Beispiel der Bau von Atomkraftwerken, kann die Menschen natürlich solidarisieren, wie die Bürgerinitiativen beweisen, aber von solcher Angst war nicht die Rede, denn Marcuse sprach davon, daß er sich eine Gesellschaft wünscht, in der die Menschen miteinander ohne Angst leben könnten, in der Angst nicht zur Grundkomponente der menschlichen Existenz gehört.

Von diesem Grundkomponentendenken oder der Auffassung, die Angst, den Neid, die Konkurrenz als Naturkonstanten des Menschen anzusehen, müssen wir wegkommen, um überhaupt die Kraft zu finden, die gesellschaftlichen Organisationsformen in dieser Richtung zu verändern. Wer nicht davon überzeugt ist, handelt privat und politisch ganz anders, resignierter, egoistischer, isolierter. Daß Marcuse einen «körperlichen Schmerz» empfunden hat, als er die Auffassung des meinungsbildenden und bei der deutschen Bildungsschicht geschätzten Psychoanalytikers hörte, kann ich sehr gut verstehen. Ich selbst empfand ein Gefühl von schöpferischer Wut, dieses Buch zu schreiben.

Angst ist ein natürliches Phänomen, sofern sie ihre biologisch natürliche Aufgabe erfüllt, den Menschen vor einer akuten Gefahr zu retten und sein Verhalten nach dem Prinzip der Lebenserhaltung zu steuern.

Die Angst gehört aber nicht zur selbstverständlichen täglichen Erfahrung des Menschen, die aus einer Gesellschaft nicht wegzudenken wäre und deshalb nicht weggedacht zu werden braucht. Sie ist immer ein Alarmsignal dafür, daß etwas nicht in Ordnung ist, daß der Entfaltung des Lebens etwas entgegensteht. Deshalb ist der Zustand der Angst, wenn er länger anhält, eine Bedrohung der psychischen und körperlichen Gesundheit. Eine positive Komponente kann ich unter diesem Aspekt nicht finden und meine deshalb keineswegs, daß wir ohne Angst ärmer wären – sondern reicher, weil psychisch gesünder.

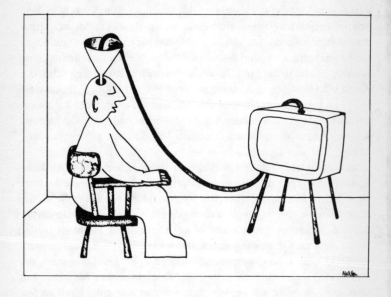

Die Realität sieht allerdings anders aus, die Angst gehört hier als ein *chronischer* Zustand zum Bestandteil fast jeder Psyche. Dies ist jedoch nicht normal, sondern ein Krankheitssymptom, auch wenn es «normal» erscheint, von dieser Krankheit befallen zu sein. Die Gefahr ist groß, daß wir uns von statistischen Häufungen täuschen lassen – gerne täuschen lassen, um das Problem beiseite schieben zu können. Dies ist der Abwehrmechanismus der Ohnmachtserklärung, den wir allzuleicht und gerne aufgreifen, aus Bequemlichkeit, aus Zeitmangel und auch aus Angst, auf Erkenntnisse zu stoßen, die uns unsere Verantwortlichkeiten bewußt machen.

Das verhängnisvolle Menschenbild,
das unser Denken knebelt

Das Menschenbild, das die meisten Durchschnittsbürger und Fachleute wie Psychologen, Soziologen, Sozialbiologen, Sozialpsychologen in ihrem Kopf tragen, ist falsch. Es wird von den Fachleuten (Psychologen, Soziologen, Philosophen) erzeugt, von den meinungsbildenden Autoritäten unserer Gesellschaft (Politiker, Arbeitgeber, Pädagogen, Theologen, Journalisten) verbreitet und von der Mehrzahl der Kinder, Schüler, Lehrlinge, Studenten, Arbeitnehmer lernend introjiziert.

Das Über-Ich ist nicht nur voll von Normen, die das persönliche, private Verhalten steuern, sondern auch voll von psychologischen Grundannahmen über das Wesen des Menschen. Normen und Menschenbild hängen eng zusammen und festigen sich gegenseitig. Das krankmachende strenge Über-Ich kann nur abgebaut werden, wenn das falsche Menschenbild durch ein richtigeres ersetzt wird.

Ein Beispiel. Eine 35jährige Frau läßt sich von mir in der Praxis zunächst beraten, weil sie unter häufiger Migräne und großer Selbstunsicherheit leidet. Wir stellen fest, daß die Migräne psychogen verursacht ist, also nur dann auftritt, wenn sie die meist unbewußte Wut gegen das autoritäre Verhalten ihres Ehemannes unterdrückt. Sie versucht, diese Wut zu verdrängen, weil ihr Über-Ich sagt, daß sie ihren Ehemann wertschätzen soll und ihm «untertan zu sein» hat. Diese Über-Ich-Norm stammt aus der Erziehung des Elternhauses. Ihr liegt die Meinung zugrunde, daß «eine Frau zum Mann aufsehen können muß». Ich frage: «Ist das wirklich für Sie erforderlich?» Sie antwortet: «Ja, sonst könnte ich ihn nicht lieben.» Diese falsche Meinung über das Verhältnis der Geschlechter wird durch ein falsches Menschenbild über die Geschlechter weiter gefestigt. Ich sage: «Was halten Sie von der Emanzipation? Danach haben Sie die gleichen Rechte wie Ihr Mann, Sie können sich als gleichwertig fühlen und sein autoritäres Verhalten als ungerechtfertigt zurückweisen. Ihr Mann muß hier lernen, Sie gleichwertig zu behandeln.» Darauf die Ehefrau: «Das kann er nicht lernen, denn er ist eben ein Mann, weibliches und männliches Verhalten ist ererbt, von Geburt an vorbestimmt, da kann man sich nicht vergewaltigen.» Hier wird das falsche Menschenbild von der Vererbung der männlichen und weiblichen Eigenschaften sichtbar. Es ist sinngemäß dieselbe Argumentation, die Mitscherlich der Angst gegenüber einnimmt: Die Angst gehört zum Menschen, das ist die Lebenser-

17

fahrung eines Wissenschaftlers. So gehört angeblich die «Überlegenheit» des Mannes zur Ehe, auch das ist Lebenserfahrung.

Therapie kann nur erfolgreich sein, wenn sie das falsche Menschenbild aufdeckt und richtigstellt. Dies ist die große Schwierigkeit der Psychotherapie und psychologischen Beratung. Sicherlich ist es hilfreich, wenn die Kindheit durchgesprochen wird und der Therapeut emotional offen Anteil nimmt. Es ist nötig, Verdrängungen bewußt zu machen, Abwehrtechniken zu entlarven, verborgene Wünsche und Ängste aufzudecken und beim Namen zu nennen. Es ist oft erforderlich, autogenes Training zu üben und den Kreislauf durch Sport zu stärken. Oft ist es hilfreich, dem einzelnen die Angst vor den Mitmenschen zu mildern, indem er lernt, in einer Selbsterfahrungsgruppe sich zu offenbaren und von der Gruppe angenommen zu werden. Aber was nützt das alles, wenn sich das Menschenbild und das Selbstbild nicht verändern, wenn immer noch insgeheim geglaubt wird, daß der Mann in einer Partnerschaft das stärkere Wesen ist oder wenigstens sein sollte, weil vererbte männliche Eigenschaften im Vergleich zu den vererbten weiblichen Eigenschaften das zementieren.

Das autogene Training mildert die Migräne kurzfristig, das Gespräch mit dem Psychologen gibt einige Tips, sich zu wehren, die Gruppentherapie zeigt, daß auch Männer weinen können und ihre Probleme haben, die zu verstehen sind – schließlich erlöst die Scheidung von dem autoritären Mann, der «halt nicht der Richtige» war. Was nützt das alles, wenn diese Frau bei der nächsten Partnerwahl unbeirrt wieder von ihrem falschen Menschenbild gesteuert wird?

*Das Menschenbild,
das uns die Wissenschaft vermittelt*

Zwei Auffassungen von der psychischen Beschaffenheit des Menschen liegen im Streit, auf der einen Seite stehen die «Environmentalisten» oder Milieutheoretiker und auf der anderen Seite die «Deterministen». Die Milieutheoretiker halten den Menschen vorwiegend für ein Produkt der Gesellschaft und des sozialen Milieus, in dem er lebt. Sein Verhalten wird nach ihrer Auffassung von Erziehungseinflüssen stärker geprägt als von genetischen Vorprogrammierungen. Zu den Milieutheoretikern gehören die amerikanischen Behavioristen und zum Teil europäische Psychoanalytiker, Psychotherapeuten und Pädagogen.

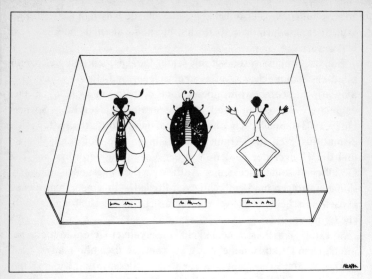

Das Menschenbild, das uns die Wissenschaft vermittelt

Die «Deterministen» halten sowohl die schlechten wie die guten Eigenschaften des Menschen für genetisch festgelegt und deshalb für unveränderbar, zumindest räumen sie den Erbeinflüssen auf die Persönlichkeitsstruktur eine größere Bedeutung ein als den Milieufaktoren. Zu den Deterministen zählen viele Zoologen, Biologen, Verhaltensforscher, Psychiater, Sozialpsychologen und Pädagogen. Insgesamt sind mehr Wissenschaftler zu den Deterministen als zu den Milieutheoretikern zu rechnen. Viele Forscher versuchen, sich neutral zu geben, wollen sich also weder zur einen noch zur anderen Richtung offen bekennen, neigen jedoch nach meiner Erfahrung insgeheim doch zum Determinismus.

Das Menschenbild der beiden Auffassungen ist natürlich jeweils anders und beinhaltet entsprechende politische Konsequenzen. Gesellschaftsveränderer, Sozialrevolutionäre, Humanisten, Utopisten, Weltverbesserer vertreten meist die Auffassungen der Milieutheorie, während die Konservativen, Bewahrer, Traditionalisten auf die «natürliche, genetisch festgelegte» Struktur der bestehenden Verhältnisse verweisen, die determiniert ist und nicht geändert werden kann. Dies be-

19

trifft vor allem die Persönlichkeitsunterschiede zwischen Klassen, Rassen, Bildungsschichten und Geschlechtern, die als unabänderlich gesehen werden.

Ein Determinist verteidigt mit seiner biologischen und gleichzeitig politisch-ideologischen Auffassung eigene und Privilegien seines Standes, meist unbewußt, aber gerade deshalb um so heftiger. Der englische Philosoph und Sozialdarwinist Herbert Spencer (1820–1903) sprach sich ohne Skrupel gegen die Abschaffung der Armut aus, weil sie «Armut der Unfähigen, die Not der Unklugen und der Hunger der Faulen» von der Vorsehung verordnet sei. Die Gesellschaft sollte nach seiner Auffassung die ungesunden, schwachsinnigen, trägen und untüchtigen Mitglieder in einem natürlichen Prozeß ausscheiden; das sei eine natürliche und deshalb unumstößliche Ordnung.

So extrem spricht sich heute kein konservativer Determinist in einer öffentlichen Diskussion mehr aus, aber am Biertisch hört man oft noch deftige Worte: «Das Leben ist eben ein Ausleseprozeß, wie im Tierreich, die Starken kommen nach oben, die Schwachen und Dummen bleiben unten. Das ist ja auch richtig so.» Oder: «Die Bundesrepublik ist doch viel zu sozial. Im Grunde finanzieren wir die Dummen, Faulen und psychisch Kranken, die sich durchhängen lassen; im Tierreich würden die verhungern. Das ist richtig so, weil sie die Gemeinschaft der Lebensfähigen nur belasten.»

Dieses sozialdarwinistische Denken und deterministische Menschenbild ist weit verbreitet, und es ist deshalb psychologisch nicht verwunderlich, daß die Nationalsozialisten mit ihrer Rassenideologie weit offenstehende Meinungstüren einrannten.

Der Nationalsozialismus ist tot, aber der Rassismus lebt natürlich weiter, sowohl in Deutschland wie auch in vielen anderen Ländern. Große Erfolge feierte bei den englischen Kommunalwahlen «The National Front» (6 Prozent der Stimmen in London, bis zu 20 Prozent im übrigen England), die alle Farbigen aus England vertreiben will, weil sie «unsere Zivilisation erniedrigen, denn sie hatten ihre Großmütter noch im Suppentopf». Auch Einwanderer, die seit Generationen in England leben, sollen abgeschoben werden, mit der biologischen Begründung: «Wenn eine Katze Junge in einer Fischkiste kriegt, werden die dadurch keine Fische.»[1] Ähnlich argumentieren auch die Deterministen, wenn es um die Verteilung von Privilegien der Klasse, Bildung, Intelligenzentfaltung geht: «Wenn ein Obdachlosenkind in einer Oberschichtfamilie aufwächst, wird es dadurch keine echte Oberschichtpersönlichkeit.»

Vor allem die Intelligenz ist ein wesentlicher Streitpunkt zwischen Milieutheoretikern und Deterministen. Die Milieutheoretiker sind Erziehungsoptimisten und glauben, daß jedes hirnorganisch gesunde Kind durch entsprechende Ausbildung einen hohen Intelligenzquotienten (IQ) erreichen kann (auch ein Kind aus der sozialen Unterschicht), wenn die negativen Milieufaktoren beseitigt werden.

Die Deterministen sind dagegen Erziehungspessimisten, da nach ihrem Denkmodell der Intelligenzentfaltung Erbgrenzen gesetzt sind, die auch durch Beseitigung von ungünstigen Milieufaktoren nicht übersprungen werden können. Die Deterministen sind der Ansicht, daß Intelligenz zu 80 Prozent erbbedingt und nur zu 20 Prozent von Umwelteinflüssen abhängig ist; daß es deshalb unbestreitbare und unüberwindbare IQ-Unterschiede zwischen einzelnen Bevölkerungsgruppen und Rassen gibt; beispielsweise schneiden nach ihren Untersuchungen die amerikanischen Neger in Intelligenztests durchschnittlich um 15 Punkte schlechter ab als die weiße Bevölkerung Nordamerikas. Die Hauptvertreter dieser Auffassung sind Arthur R. Jensen, Professor an der Berkeley-Universität in Kalifornien und Hans Jürgen Eysenck, Professor für Psychologie an der Universität London.

Wer sich für die Darstellung des deterministischen Standpunktes interessiert, dem sei das Buch Eysencks empfohlen, dessen Titel bereits zeigt, daß mit der Diskussion um die Intelligenzvererbung ideologisch viel auf dem Spiel steht: «Die Ungleichheit der Menschen» (München 1975). Eine umfassende Darstellung des Determinismusproblems gibt auch der «Zeit»-Journalist Dieter E. Zimmer in dem Buch «Der Streit um die Intelligenz, IQ: ererbt oder erworben?» (München 1975). Diese mehr journalistisch abgefaßte, übersichtliche und leicht lesbare Darstellung gibt dem Laien zunächst einen guten Überblick über den Streit um die Vererbung der Intelligenz. Allerdings kommt Dieter E. Zimmer zu einem Schluß, den ich selbst nicht teile: «Den Glauben an die unbegrenzte Plastizität des Menschen, an die Omnipotenz des Gesellschaftlichen, hat der Jensenismus nachhaltig erschüttert. Die Natur spielt vorerst wieder mit»[2], oder noch deutlicher: «Intelligenz ist nicht vorwiegend ein Produkt von Umwelteinflüssen: Familie, Milieu, Schule. Dem, was sich durch Umweltintervention erreichen läßt, setzen die Erbanlagen Grenzen.»[3]

Ich bin Milieutheoretiker und deshalb ganz anderer Meinung. Nach der Lektüre von Eysencks Beweisführungen bin ich nach wie vor der Meinung, daß die IQ-Ungleichheit der Menschen sich zwar in Tests niederschlägt, weil sie in unserer Gesellschaft vorhanden ist, aber keineswegs auf eine achtzigprozentige Erbbeeinflussung zurückzuführen ist. Ich bin der Auffassung, daß die Intelligenzkapazität der Menschen prinzipiell plastisch ist und daß nicht *die Natur* die Intelligenzunterschiede in den Testergebnissen schafft, sondern das *soziale Milieu* und unser Schulsystem. Die sogenannten «Grenzen der Erbanlagen» sind keineswegs so eng, wie dies von Jensen, Eysenck und anderen Deterministen behauptet wird. Hier wird Ideologie getrieben, teilweise unbewußt, teilweise aber auch sehr gezielt.

Wissenschaftler sind nicht frei von Ideologien, weder Naturwissenschaftler noch Psychologen oder Philosophen. Sie sind Anhänger eines Menschenbilds, das sie in ihre Hypothesen hineinprojizieren, und sie beeinflussen damit mehr oder weniger bewußt die Ergebnisse ihrer Forschungen. Die *objektiven Wissenschaften* sind nicht so objektiv, wie sie sich selbst und anderen vormachen wollen. Auch ein finanziell unabhängiger Privatforscher ist nicht frei von ideologischem Denken und dem Bedürfnis, seine Ideologie zu belegen. Der Tübinger Philosoph Ernst Bloch sagt zu diesem Problem: «Wie zum Beispiel Ideologiebildung seit eh und je dem Interesse des Profits diente, indem sie die Sache in ihrem Sinne auslegte, die Frage in ihrem Sinne stellte und eine andere Fragestellung überhaupt nicht zur Tür hereinließ.»[4] So wird die Sache im Sinne eines Menschenbilds, einer Weltanschauung und politischen Ideologie ausgelegt und die wissenschaftliche Frage in diesem Sinne gestellt.

Manche Wissenschaftler gehen noch weiter, sie manipulieren die Ergebnisse ihrer Forschung, um das zu beweisen, was sie sich zu beweisen vorgenommen haben; sie sind sogar bereit, ihre Ergebnisse zu fälschen, um ihr Menschen- und Weltbild zu stützen, abzusichern und weiter zu popularisieren – aus persönlichen Karrieregründen, aber auch, damit sie ihre Ideologie weiter aufrechterhalten können, wie der Fall Burt zeigt, der auf den folgenden Seiten beschrieben wird.

Der britische Psychologe Sir Cyril Burt (1883–1971) gilt als der Vater der englischen Erziehungspsychologie. Er entwickelte in England zur selben Zeit wie der Franzose Binet Testverfahren zur objektiven Messung der Intelligenz. Von 1924 bis 1931 war er Professor für Pädagogik an der Londoner Universität, danach Professor für Psychologie am Londoner City College.

In den zwanziger Jahren formulierte er seine Intelligenztheorie, wonach Intelligenz eine «angeborene, allgemeine und kognitive Begabung» ist. Er ermittelte in Tests den durchschnittlichen IQ-Unterschied zwischen Arbeiterkindern (IQ = 92) und Selbständigen (IQ = 120) und führte diese Unterschiede auf die Vererbung zurück. 1943 zog er die typische Deterministenschlußfolgerung in dem Aufsatz «Ability and Income» (Fähigkeit und Einkommen), daß die Verteilung des Einkommens ein Abbild von angeborenen Fähigkeiten in der Gesellschaft ist.

Seit den zwanziger Jahren untersuchte Burt eineiige Zwillinge, die in ihrer Erbausstattung gleich sind, um zu zeigen, welchen Einfluß verschiedene Umweltbedingungen auf den Intelligenzquotienten haben. Burts Hypothese lautete: Auch wenn die Umwelt und die Erziehungseinflüsse noch so verschieden sind, so setzt sich die vererbte Intelligenz doch durch. Eineiige Zwillinge sollten also in ihrer Intelligenz ähnlicher sein als andere Geschwisterpaare.

Was zu beweisen war, wurde von Burt auch bewiesen: Eineiige Zwillinge, die zusammen aufwuchsen (also identische Umweltbedingungen hatten), zeigten die höchste IQ-Übereinstimmung. Die nächsthöchste Übereinstimmung ermittelte er bei getrennt aufgewachsenen (also in verschiedenen Milieus lebenden) eineiigen Zwillingen und dann folgten andere getrennt aufgewachsene Geschwisterpaare. Das wissenschaftliche Fazit aus Burts Untersuchungsergebnissen lautete: In verschiedenen Milieus setzt sich die angeborene Intelligenz gegen die Umwelteinflüsse durch. Bildungspolitisches Fazit: Kostspielige Erziehungsprogramme für sozial benachteiligte Gruppen sind wenig empfehlenswert, da die Intelligenz durch die Vererbung festgelegt ist.

Burts wissenschaftliche Ergebnisse waren jahrzehntelang angesehene Grundlagestudien, die von Pädagogen, Psychologen und Soziologen an allen europäischen Universitäten zitiert, gelehrt und gelernt wurden. Auch für die Deterministen Arthur Jensen und Hans Jürgen Eysenck war Burt Kronzeuge und Lehrer.

An deutschen Gymnasien wird Burts und Eysencks Lehre von der Vererblichkeit der Intelligenz in scheinwissenschaftlicher Formelsprache gelehrt, wie der folgende Brief eines Schülers zeigt, den ich im Oktober 1977 erhielt.

«Mein spezielles Problem: Sie behaupten auf Seite 65 (meines Buches ‹Statussymbole› [Anm. d. Verf.]), daß alle Menschen – mit Ausnahme derer mit geistigem Handicap – ‹mit dem gleichen geistigen Rüstzeug für die Entfaltung der Intelligenz auf die Welt kommen›, Intelligenz also nicht erblich bedingt ist. Nun bin ich mir schon im klaren, daß die Reizfaktoren der Umwelt größte Bedeutung haben für die Ausprägung der Intelligenz eines Kindes, doch daß sie von alleiniger Bedeutung hierbei sein sollen, erstaunte mich sehr. Denn ich hatte in der Schule (ich bin Schüler der 13. Klasse eines humanistischen Gymnasiums) im Biologieunterricht von eben diesen 80 Prozent Erbeinfluß auf die Intelligenz (Eysenck) gehört. Und zwar komme man auf dieses Ergebnis auf Grund der Zwillingsforschung:

$$h^Z = \frac{V_{ZZ} - V_{EZ}}{V_{ZZ}}$$

V_{ZZ} = Variation zwischen einem zweieiigen Zwillingspaar
V_{EZ} = Variation zwischen einem eineiigen Zwillingspaar
h^Z = Heritabilität = Anteil der genetischen an der gesamten phänotypischen Variation

Nun stimmten bei den eineiigen Zwillingen 92 Prozent in der Intelligenz überein, V_{ez} sei also gleich 8 Prozent.

Bei den zweieiigen Zwillingen stimmten 56 Prozent in der Intelligenz überein, V_{zz} sei also gleich 44 Prozent.

$$h^Z = \frac{44 - 8}{44} = 80 \text{ Prozent}$$

Beim Schulerfolg jedoch sei es genau anders: da seien 16 Prozent erbbedingt (die genauen Werte beim Schulerfolg sind mir entfallen). Dieses Ergebnis verwunderte mich auch, zumal da doch der IQ nach den Früchten des Schulerfolgs bemessen wird, wie ich meine. Der IQ kann doch wohl erst gemessen werden, sobald das Kind eine gewisse Erziehung erfahren hat. Dies spräche für Ihre Theorie der Nichtvererbung der Intelligenz, oder zumindest widerlegt es sie nicht. Außerdem gibt es einen Grundsatz in der Evolutionslehre, der besagt, daß Modifikationen nicht erbbar sind (also ein Holzfäller kann zum Beispiel seinem Kind nicht seine kräftigen Muskeln vererben). Ich weiß hier allerdings nicht genau, ob Intelligenz in die Reihe der Modifikationen gehört.

Kurz und gut: Ich fragte nach Beendigung der Lektüre von ‹Statussymbole› nochmals zwei Lehrer, um Gewißheit zu erlangen. Der eine antwortete auf meine Frage, ob Intelligenz denn nun wirklich erbbar sei – ich hätte nämlich das Gegenteil gelesen – ‹Wo haben Sie denn das aufgegabelt? Das wird schon so ein linker Sozi sein.› (So nach dem dargelegten Motto: Der weiß eh nichts, sonst würde er nicht opponieren.) Ich dankte für diese erschöpfende Auskunft und stellte meinen Sozialkunde- (zugleich Biologie-)Lehrer im Unterricht (wir nahmen gerade die Schichtungsstruktur in der BRD durch) zur Rede, ob er denn wirklich mit Sicherheit behaupten könne, es gäbe eine vererbte Intelligenz. Sie hätten darauf die Gesichter einiger meiner Klassenkameraden sehen sollen: sie verzogen ihr Gesicht zu einem milden, mitleidigen Lächeln, als wollten sie sagen: ‹O ja, Gleichheit für alle.› (Sie sind wohl sehr stolz auf ihre hohe Rasse.)

Der Lehrer sagte nun, Intelligenz ließe sich bestimmt vererben, doch man dürfe die 80 Prozent nicht überbewerten, da dies nur sogenannte ‹Testintelligenz› sei. Im selben Atemzug jedoch führte er ein Beispiel an: Man hat eineiige Zwillingspaare genommen und getrennt aufgezogen. Als diese beiden später jeweils erwachsen waren, machte man den Intelligenztest, und siehe da: Die verschiedenen Zwillingspaare unterschieden sich kaum im IQ. Folgerung: Die Umwelt hat kaum einen Einfluß auf die Intelligenz. Ein anderes Beispiel: Bei der Spartakiade in der DDR hätte sich gezeigt, daß diejenigen erste Preise in Mathematik erhielten, deren Väter auch schon gute Mathematiker waren. Es gäbe also so etwas wie Reinerbigkeit für Mathematik.»

Ich antwortete dem Gymnasiasten mit dem Hinweis auf die Nachprüfung der Burtschen Theorie. Der amerikanische Psychologe Leon Kamin von der Princeton University überprüfte 1972 die wissenschaftlichen Untersuchungen Burts und kam zu dem Ergebnis, daß die Korrelationskoeffizienten der Intelligenz zwischen den Zwillingspaaren statistisch manipuliert sein müssen und wesentliche Daten fehlen. Sein Urteil über Burts Forschungsarbeiten zur Intelligenz formulierte er vernichtend: «Die Zahlen, die Professor Burt hinterlassen hat, sind keiner ernsthaften wissenschaftlichen Aufmerksamkeit wert.»[5]

Warum wurden diese Zahlen vor Kamin von niemandem genau überprüft? Einmal, weil die wissenschaftliche Unantastbarkeit des angesehenen Psychologen Burt, der 1946 als erster Psychologe geadelt wurde, außer Frage stand. Zum anderen war sein Verdienst unausgesprochen weniger die statistisch und empirisch saubere Arbeit, sondern das Ergebnis, das eine Hauptstütze der Vererbungstheorie der Intelligenz darstellte und damit das Menschenbild der Bildungs- und Finanzoberschicht bestätigte, daß die Natur die Menschen durch angeborene Intelligenzgrenzen voneinander scheidet. Jedes wissenschaftliche Ergebnis, das diesen Nachweis erbringt, kann auf große Beachtung und Popularisierung hoffen. So kommt zum Menschenbild des Wissenschaftlers (es gibt angeborene Intelligenzunterschiede) noch das Karrieremotiv hinzu. Burt ist kein Einzelfall, allerdings ein besonders spektakulärer, weil seine Untersuchungen als Basisergebnisse auf der ganzen Welt von psychologischen Universitätsinstituten verbreitet werden.

In der Zwillingsforschung wurde auch von anderen Wissenschaftlern nicht sauber gearbeitet. Die Ergebnisse stehen und fallen in ihrer Beweiskraft mit dem getrennten Aufwachsen der eineiigen Zwillinge. Leon Kamin kritisiert drei weitere Zwillingsstudien, die 1937 von Newman, Freeman und Holzinger, 1962 von Shelds und 1965 von Juet-Nielsen durchgeführt wurden. Er beanstandet, daß die Zwillinge nicht in wirklich getrennten Umwelten, sondern meist in sehr ähnlichen Umwelten (zum Beispiel ein Haus weiter von Verwandten) aufgezogen wurden. Damit aber steht und fällt das Hauptargument der Vererbungstheorie. Beweiskraft hätte nur eine Untersuchung, die eineiige Zwillinge in deutlich unterschiedlichem Milieu, das genau definiert wird, in der Intelligenz- und Persönlichkeitsentwicklung erfaßt.

In meiner Verwandtschaft kann ich ein eineiiges Zwillingspaar seit 20 Jahren bewußt beobachten, das zusammen aufwuchs, nach dem zwanzigsten Lebensjahr getrennte Wege ging, aber danach in etwa im gleichen sozialen Milieu blieb. Die Persönlichkeitsentwicklung verlief sehr unterschiedlich, genauso unterschiedlich, wie sie bei zweieiigen

Zwillingen oder anderen Geschwisterpaaren verlaufen würde. Auch die Intelligenz hat eine unterschiedliche Ausprägung erreicht, wie eine Intelligenzmessung mit dem IST-Test ergeben hat. Der Intelligenzunterschied kann nicht auf einen Wechsel des sozialen Milieus zurückgeführt werden, sondern auf Unterschiede in der gesamten Persönlichkeitsentwicklung. Der eine Zwilling heiratete und fand Erfüllung in der Ehe und Familie, der andere Zwilling blieb Junggeselle, wurde insgesamt skeptischer, ängstlicher, vorsichtiger, eigenbrötlerischer, egozentrischer, introvertierter als der andere Zwilling, der aufgeschlossener, kontaktaktiver, optimistischer, mutiger, weltzugewandter wurde. Diese Charakter- und Persönlichkeitsentwicklung hat einen Einfluß auf die Intelligenzentwicklung. Vor allem die Erfolgs- und Mißerfolgserlebnisse durch die Lebensumstände (in gleichem sozialen Milieu) und die erworbene Fähigkeit, mit der Angst fertig zu werden, diese Faktoren beeinflussen nach meiner Erfahrung die Intelligenzentwicklung besonders stark.

Es wachsen mitunter im Unterschichtmilieu psychisch unbeschadete Menschen heran, die relativ frei von Angst sind und ihre Intelligenz ungestört entfalten können, und im Oberschichtmilieu wachsen gar nicht so selten psychisch sehr lädierte, ängstliche Menschen heran, die sich sehr schwertun, ihre Intelligenzkapazität zu entwickeln. Mit diesem Hinweis möchte ich keinesfalls sagen, daß es gleichgültig wäre, in welchem sozialen Milieu jemand heranwächst, denn sicherlich haben es Arbeiterkinder schwerer und Unternehmerkinder leichter, mit unserem Schulsystem zurechtzukommen, aber es gibt Ausnahmen, und sie lassen sich auf Erziehungskonstellationen zurückführen, die einmal günstig und einmal ungünstig (auch unabhängig vom sozialen Milieu) verlaufen können. Optimal ist natürlich für das Heranreifen eines Kindes ein Milieu, das alle finanziellen Förderungsmöglichkeiten bietet und eine freie, kreative Entwicklung ohne Angst und Unterdrückung zuläßt. Diese optimale Entwicklungsmöglichkeit ist jedoch auch im Oberschichtmilieu oft ein seltener Glücksfall.

In der psychologischen Eignungsberatung wurde ich häufig mit Abiturienten aus Unternehmerfamilien konfrontiert, die finanziell alle Chancen hatten: eigenes Stockwerk mit drei Zimmern in der elterlichen Villa, also die Möglichkeiten der räumlichen Selbstentfaltung; Musikinstrumente, Bücher, Malkasten, Fotolabor, eigener Sportwagen, ausgedehnte Sommer- und Winterurlaube, Sport, Segeln und Skilaufen; und doch waren sie teilweise mit achtzehn Jahren bereits psychosomatisch schwer gestört, sie waren nervös, gehemmt, schreckhaft, schwitzten an den Händen, litten unter Spannungskopfschmerzen und hatten Konzentrationsprobleme. Die Intelligenzkapazität war da, und trotzdem erzielten sie in Intelligenztests nur Durchschnittswerte (IQ = 98 bis 107). Die Intelligenz ist eine sensible Leistungsfähigkeit, und sie reagiert sehr störanfällig, wenn in der Persönlichkeitsentwicklung und seelischen Gesamtstruktur Probleme auftreten.

Diese Abschweifung soll darauf hinweisen, mit welcher Vorsicht die IQ-Messung in der von Burt und anderen durchgeführten Art zu interpretieren ist. Solange die Persönlichkeitsfaktoren nicht miteinbezogen werden, sind gemessene Intelligenzunterschiede von Personen wenig aussagekräftig über die Vererbung der Intelligenz.

Psychologen sind keineswegs die einzigen Wissenschaftler, die Daten «frisieren». Das englische Wissenschaftsmagazin *New Scientist* veranstaltete im September 1976 eine Umfrage, wie häufig Manipulationen entdeckt wurden. Das Ergebnis ist für mich nicht überraschend.

Wissenschaftler	*gemeldete Fälle*
Physiker	20
Psychologen	14
Biochemiker	13
Chemiker	12
Biologen	11

Der britische Biochemiker Robert Gullis gestand in der Zeitschrift *Nature*, mehrere Jahre lang gefälschte Meßergebnisse veröffentlicht zu haben. «Er sei von seinen Hypothesen über die Wirkung von Opiaten auf den Zellmechanismus so überzeugt gewesen, daß er sie als Meßwerte niedergeschrieben habe.»[6] Er meinte, daß er die Meßwerte ruhig niederschreiben könne, da sie sich so oder ähnlich bestätigen müßten.

Diese Gefahr der Manipulation besteht vor allem bei Wissenschaftlern, die ein festgefügtes Welt- und Menschenbild haben, das nach ihrer Auffassung so oder so bestätigt werden kann, nicht aber in Frage zu stellen ist. Wenn die Realität sich trotzdem bockig verhält, «um so schlimmer für die Realität». So werden Fakten zu Artefakten, nach dem Duden «das durch menschliches Können Geschaffene; Kunsterzeugnis»[7].

Wieviel Freiheit können wir erwarten?

Wir können nicht mehr politische und persönliche Freiheit erwarten, als unser Menschenbild zuläßt. Unser Gesellschaftssystem – Schule, Beruf, Partnerschaft – ist vom deterministischen Menschenbild bestimmt; es läßt deshalb der Persönlichkeit und Individualität nur wenig Spielraum.

Der Mensch wird nach diesem Menschenbild vorwiegend in den Grenzen der Vererbung geprägt. Persönlichkeitseigenschaften, wie Introversion, Extraversion, weibliche oder männliche Eigenschaften, Initiative, Trägheit, Fleiß, Ausdauer, Führungseigenschaften, sind danach genetisch vorgegeben. Vor allem der Bereich der geistigen Leistungsfähigkeit, wie Intelligenz, Kreativität, Gedächtnis, Begabungen und Talente, sollen bis zu 80 Prozent bei der Geburt durch die Vererbung festgelegt sein. Auch die Tendenzen zur Kriminalität, Genialität oder Psychopathie sollen durch Vererbung stark determiniert sein.

Dem einzelnen seien von der Natur relativ enge Grenzen gesetzt, in denen er sich entwickeln kann. Die Aufgabe der Erziehung bestehe darin, bei den «Minderbegabten» und wenig Intelligenten durch Förderung einen möglichst durchschnittlichen Stand zu erreichen. Für die Begabten und Intelligenten bestehe die Möglichkeit einer weiteren Förderung und Auslese, denn ihre Erbanlagen ermöglichen eine höher differenzierte Selbstentfaltung; sie werden einmal zur Elite gehören, einer Pyramide, die zwangsläufig nach oben immer enger werden muß – ein Naturgesetz, das angeblich durch die Vererbung vorgegeben ist.

Nach der statistischen Normalverteilung des Mathematikers K. F. Gauß, die von allen Intelligenzforschern bei der Konstruktion von Intelligenztests zugrunde gelegt wird, verteilt sich die Intelligenz in der Bevölkerung etwa so:

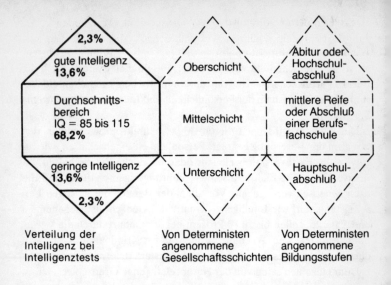

| Verteilung der Intelligenz bei Intelligenztests | Von Deterministen angenommene Gesellschaftsschichten | Von Deterministen angenommene Bildungsstufen |

Nach der Theorie der Deterministen verteilt sich die Intelligenz in der Bevölkerung statistisch nach einem biologischen Naturgesetz, das grob die «angeborenen» Fähigkeiten in den Gesellschaftsschichten widerspiegelt. Nach dieser Auffassung müßte auch die Bildung, der berufliche Status und das Einkommen, wenn dies alles biologisch gerecht verteilt wird, in etwa diesem Schema entsprechen, also 13,6 Prozent Oberschicht, 2,3 Prozent an der Spitze, 68,2 Prozent Mittelschicht, 13,6 Prozent Unterschicht und 2,3 Prozent untere Unterschicht. In der Realität entspricht die Verteilung der Bildung jedoch nicht der Gaußschen Normalverteilung. In der Bundesrepublik bot sich 1970 unter 26,6 Millionen Erwerbstätigen folgende Bildungsverteilung nach dem jeweils höchsten Schulabschluß:

73   Prozent Volksschul- bzw. Berufsschulabschluß

10,5 Prozent Abschluß einer Berufsfach- oder Fachschule

9,3 Prozent Mittlere Reife

1,9 Prozent Abiturabschluß

1,5 Prozent Abschluß an einer Ingenieurschule

3,8 Prozent Hochschulabschluß

---

100   Prozent der Erwerbstätigen der Bundesrepublik[8]

Die nach dem deterministischen Menschenbild anzunehmende Bildungsverteilung ist anders als die tatsächlich abgeschlossenen Bildungsstufen in der Bundesrepublik.

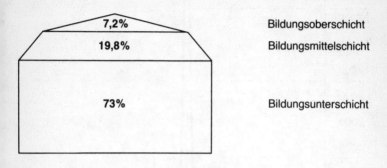

7,2%	Bildungsoberschicht
19,8%	Bildungsmittelschicht
73%	Bildungsunterschicht

Die Erwerbstätigen in der Bundesrepublik 1974 nach ihrer Stellung im Beruf:[9]
44,8 Prozent Arbeiter
39,5 Prozent Angestellte (31,4 Prozent) und Beamte (8,1 Prozent)
 9,8 Prozent Selbständige

Und so verteilen sich die monatlichen Durchschnittseinkommen 1974 auf die Berufsgruppen:[10]

Arbeiter	1660 DM brutto
Angestellte	1950 DM brutto
Beamte	2559 DM brutto
Selbständige	5021 DM netto

Bis 2000 DM monatlich netto verdienten 1974
57,5 Prozent der Arbeiter,
50,2 Prozent der Angestellten,
 8,4 Prozent der Selbständigen und

über 4000 DM monatlich netto verdienten 1974
 6,7 Prozent der Arbeiter,
12,9 Prozent der Angestellten,
48,0 Prozent der Selbständigen.[11]

Dieses Zahlenspiel soll zeigen, daß Angestellte und Arbeiter, also zusammen 84,3 Prozent der Erwerbstätigen, im Durchschnitt 1974 un-

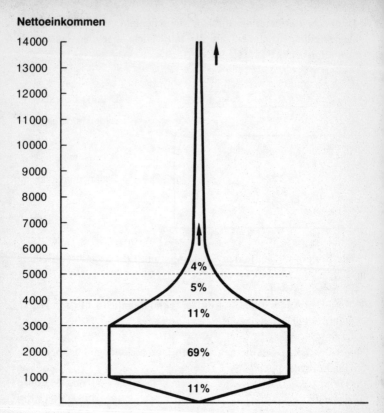

Nettoeinkommen

14000	
13000	
12000	
11000	
10000	
9000	
8000	
7000	
6000	
5000	4%
	5%
4000	11%
3000	
2000	69%
1000	
	11%

*Das verdienen Arbeitnehmerhaushalte (ohne Selbständige)
im Monat netto.*

ter 2000 DM netto monatlich verdienten und sich in ihrem Monatseinkommen im groben Durchschnitt nur unwesentlich unterscheiden.

Der Einkommensdurchschnitt liegt für 69 Prozent der Arbeitnehmer (ohne Selbständige) zwischen 1000 und 3000 DM netto. Nun würde es der Gaußschen Normalverteilung entsprechen, wenn 15,5 Prozent unter 1000 DM liegen würden und 15,5 Prozent bei bis zu 4000 DM. Die Grenze nach unten liegt fest, aber nicht nach oben, denn 9 Prozent der Arbeitnehmer und sogar 48 Prozent aus der Gruppe der Selbständigen und Unternehmer liegen über 4000 DM. Nach oben wird also die Gaußsche Normalverteilung nicht eingehalten, weder von der Verdienstgrenze (4000 DM) noch von der Prozentverteilung der Arbeitnehmer (siehe Schaubild S. 32).

Die Pyramidenspitze wird nach oben extrem dünn. Dieses Einkommensbild hat nichts mehr mit der deterministischen Rechtfertigung der Intelligenz zu tun, sondern ist eine typische gesellschaftliche Systemeigenschaft, die fast unbegrenzte Erweiterungsmöglichkeiten nach oben für eine kleine Eliteschicht von Angestellten (etwa 2 Prozent leitende Angestellte unter den Erwerbstätigen schaffen den Aufstieg im Flaschenhals) und 9,8 Prozent der Selbständigen gestattet; vor allem letztere erhalten die Möglichkeit für diesen Aufstieg, denn die Hälfte von ihnen verdient über 4000 DM netto pro Monat.

Warum diese langatmigen statistischen Ausführungen? Weil diese Transparenz nötig ist, um zu begreifen, daß unser gesellschaftliches und wirtschaftliches System zwar die «Gerechtigkeit» eines biologischen Determinismus als Ideologie zugrunde legt, aber diese Gerechtigkeit, wenn man genauer hinsieht, nach oben nicht praktiziert, vor allem nicht im Ausbildungssystem und auch nicht in der Verteilung der Einkommen.

Oberflächlich betrachtet, scheint es eine gerechte Verteilung von Bildung und Einkommen zu geben; nur bei näherem Hinsehen erkennt man die Struktur einer feinen Differenzierung nach oben auf einem dicht zusammengedrängten plumpen Mittel- und Unterbau, der als Basis für die Elite und ihre Privilegien dient. Der breite Mittel- und Unterbau bewegt sich in der Einkommensschicht zwischen 1000 und 3000 DM netto. Es ist verständlich, daß deshalb eine Tendenz bei der Bevölkerung besteht, sich zur Mittelschicht zu rechnen, wie eine Repräsentativbefragung im Juni 1976 ergab; mit gut 56 Prozent aller Nennungen galt dem Mittelbegriff (Schicht, Stand, Klasse) die eigene Zuordnung.[12]

Nur 25 Prozent rechneten sich zur Arbeiterschicht (-klasse), obwohl 44,8 Prozent die tatsächliche berufliche Stellung des Arbeiters einnehmen. Es ist verständlich, daß sich Arbeiter mit einem durchschnittlichen Verdienst zur Mittelschicht und nicht zur Unterschicht zählen. Die Mittelschicht hat heute eine Breite von 56 Prozent im Bewußtsein der Bevölkerung, was sich in etwa mit der Einkommensskala zwischen 1000 und 3000 DM netto deckt. Wer 2000 DM verdient, fühlt sich sehr wahrscheinlich besonders in der Mitte integriert.

Der «alte Mittelstand» war die Gruppe der Selbständigen und freien Berufe, die mehr und mehr abnehmen (von 1960 bis 1976 um 26 Prozent). Die Selbständigen rechnen sich selbst zu 60 Prozent zur Mittelschicht und nur zu 4 Prozent zur Oberschicht.[13] So entspricht das Gesellschaftssystem und die Selbsteinschätzung des eigenen Standorts in etwa dem angenommenen deterministischen Modell. Nach oben wird der Flaschenhals für wenige Auserwählte eng und spitz, hier ganz im Sinne eines stillschweigend angenommenen Sozialdarwinismus, wonach der Stärkere und «Lebenstüchtigere» die größten Chancen haben darf und soll.

Das deterministische Menschenbild macht dem Menschen Angst, weil es enge Grenzen setzt und dadurch ein Gefühl der Enge erzeugt. Vor allem im schulischen und beruflichen Ausleseprozeß wird die Grenze und Beengung der Möglichkeiten des Aufstiegs erlebt und dies weckt zwangsläufig Angst. Auf Enge sowohl im körperlichen, seelischen und geistigen Bereich reagiert der Mensch mit Angstgefühlen, die den Sinn haben, die ängstigende Situation zu verändern oder zu verlassen. Wenn sowohl Veränderung als auch Flucht nicht möglich sind, wird die Angst chronisch und mit Abwehrtechniken verarbeitet. Zum deterministischen Menschenbild gehört die Angst und alle damit zusammenhängenden psychischen Folgen der Deformierung.

Das milieutheoretische Modell des Menschen ist ganz anders beschaffen. Es geht von der Plastizität, der Entwicklungsfähigkeit des Menschen aus und sieht keine Grenzen der Vererbung. Die Gaußsche Normalverteilung ist für den Milieutheoretiker ein Maßstab, der nicht auf Grund der Vererbung von Eigenschaften Verteilungsunterschiede anzeigt, sondern auf Grund der unterschiedlichen milieu- und erziehungsbedingten Voraussetzungen. Der Kurvenbauch ist nach oben oder unten beliebig verschiebbar, je nachdem wie die Ausbildungssituation in einer Bevölkerung beschaffen ist und welche Hemm- oder Förderfaktoren auf die Persönlichkeitsentwicklung einwirken. Die Milieutheorie sieht die Ausprägung von Eigenschaften und Fähigkeiten also in einem ganz anderen Licht, führt sie nicht auf unabänderliche Naturgegebenheiten zurück und neigt deshalb zu einem Gesellschaftsmodell, das mehr Bildungs- und Einkommensgerechtigkeit anstrebt.

Für die Entfaltung der Persönlichkeitseigenschaften besteht zunächst größtmögliche Freiheit. Danach ist jeder Mensch befähigt, Intelligenz, Kreativität und Begabungen zu entfalten, wenn er die Ausbildung dafür erhält. Die Grenze liegt nicht in der Vererbung, sondern in den gegebenen Voraussetzungen und Möglichkeiten des Milieus. Diese sind veränderbar, gestaltbar, dem Menschen frei verfügbar, sie hängen vom Erziehungsstil der Erziehungspersonen ab. Dieser Erziehungsstil kann fördernd, freiheitlich oder unterdrückend eng sein. Ist er allerdings eng, entsteht die Begrenzung der Entfaltung durch Unterdrückung, Diktatur, Dressur, Versklavung, gesetzte Anpassungsnormen und Regeln. Die Milieutheorie bedingt keineswegs zwangsläufig mehr Weite, sondern führt häufig zur Enge eines «optimalen» Erziehungsstils. Die Folge ist auch hier wieder für das Kind Angst, Abwehrtechniken und psychische Deformierung.

Das milieutheoretische Modell wird deshalb in der Erziehung nur dann fruchtbar, wenn zu der erkannten plastischen Persönlichkeitsstruktur des Menschen ein variationsreicher, plastischer Erziehungsstil hinzukommt. Die Milieutheorie verbessert die Pädagogik dagegen nicht, wenn nach Regeln der Verhaltensforschung das Kind wie eine Maschine zu optimaler Funktion gebracht wird oder streng das Reglement der Lerntheorie angewandt wird. Die Techniken der *Konditionierung* lassen sich bei Menschen und Tieren zwar anwenden, sie sind teilweise auch erfolgreich, aber sie werden der plastischen Struktur des Menschen nicht gerecht. Das kann nur ein variationsreicher Erziehungsstil, der wissenschaftlich so schwer faßbare Kriterien wie Liebe, Einfühlung und Lebensfreude verlangt.

2.
Die Anatomie der Angst

«Das Dasein der meisten Menschen ist von der Angst davor geprägt, ihr Leben voll zu entfalten.»
Alexander Lowen

Die Angst ist eine natürliche psychische Funktion, die das Leben schützen soll. Der Schmetterling fliegt in die Flamme ohne Angst – und verbrennt. Wenn wir den Flug des Falters beobachten, ergreift uns eine mitfühlende Angst, die der Schmetterling nicht empfindet, da ihm, im Gegensatz zu uns, die Erfahrung fehlt.

Schimpansen dagegen nähern sich einem unbekannten Gegenstand neugierig, zunächst mit leichter Angst und Vorsicht, da sie erst prüfen, ob es sich um etwas handelt, das gefährlich oder ungefährlich für sie ist. Sie leben also stärker aus der Erfahrung heraus und viel weniger instinktgesteuert als ein Schmetterling. Das instinktunabhängigste und erfahrungsorientierteste Lebewesen ist der Mensch, das ist einerseits seine Stärke, aber andererseits seine Schwäche unter dem Aspekt der Angstanfälligkeit. Ein erfahrungsorientiertes Lebewesen braucht die Angst, um gefährliche Situationen zu meiden oder vorsichtiger zu handeln.

Das Angstgefühl ist ein wertvolles Korrektiv, das biologisch im Dienst der Lebenserhaltung und des Selbstschutzes steht. Es erzeugt die Bereitschaft zur Vorsicht, Zurückhaltung und wachen Überprüfung der jeweiligen Situation.

Im Dschungel und auf der Savanne ist das Angstgefühl ein positiver Faktor der Psyche, jedoch nicht immer im Klima des großstädtischen, zivilisierten Lebens, denn der Mensch reagiert nicht nur mit Angst auf eventuell lebensgefährliche Situationen physischer Art, sondern auch auf psychische Schmerzen, wie zum Beispiel Liebesverlust, Entzug der Zärtlichkeit, negative Bewertung durch Tadel und Strafandrohung. In der Erziehung werden diese psychischen Schmerzerzeuger von fast allen Eltern, auch von den freiheitlich und antiautoritär orientierten, angewandt, um das Kind zu Folgsamkeit, Gefügigkeit, Ordnung und Disziplin zu bringen. Das Kind möchte psychische Schmerzen genauso vermeiden wie körperliche Schmerzen durch Schläge.

Je häufiger Eltern die Schmerzerzeuger einsetzen (ich spreche im folgenden nicht von körperlicher Bestrafung, sondern von den seelischen Erziehungsmitteln), desto stärker ist dem Kind bewußt, daß dies und jenes psychische Schmerzen bringt, also dies und jenes zu lassen ist oder anders gemacht werden muß, um die unangenehmen Folgen zu vermeiden. Sobald es jedoch trotzdem dies oder jenes unternimmt, hat es Angst vor dem drohenden psychischen Schmerz. In diesem Dilemma gibt es nur zwei Auswege: Das Kind lernt die Angst innerseelisch zu verarbeiten, sie zu unterdrücken und dann trotzdem das Verbotene zu tun, in der Hoffnung, nicht erwischt zu werden, oder es unterläßt das Verbotene, erfüllt die Forderungen der Erziehungspersonen, paßt sich also an.

Die Entwicklung der Persönlichkeit und seelischen Konstitution wird durch diesen Prozeß der Angstverarbeitung und Anpassung geprägt. Es entwickeln sich die Freudschen Instanzen Es, Ich und Über-Ich in charakteristischer Weise, wobei das Über-Ich mit seinen introjizierten (verinnerlichten) Normen stark wird und das Ich und Es zügelt, beherrscht und unterdrückt. Das Über-Ich wächst zur steuernden und Angst weckenden Instanz in der Persönlichkeitsstruktur aus, es übernimmt die Rolle der Erziehungspersonen beim heranwachsenden und erwachsenen Menschen mehr und mehr, so daß das Individuum schließlich selbst will, was es früher sollte und damals nur tat, um psychischen Schmerz und Angst zu vermeiden.

Es bilden sich nach und nach die verschiedenen psychischen Abwehrmechanismen heraus, die dem Über-Ich helfen, die Angst vor den psychischen Schmerzen zu vermeiden. Diese Abwehrmechanismen wurden erstmals von Anna Freud, der Tochter des Begründers der Psychoanalyse, 1936 in dem Buch «Das Ich und die Abwehrmechanismen»[1], detailliert beschrieben. In meinem letzten Buch[2] habe ich diese Mechanismen vorgestellt, mit Beispielen anschaulich gemacht und durch einige neue Mechanismen erweitert.

Die einzelnen Abwehrmechanismen sind: Identifizierung, Verdrängung, Projektion, Symptombildung, Verschiebung, Sublimierung, Reaktionsbildung, Vermeidung, Rationalisierung, Betäubung, Abschirmung, Ohnmachtserklärung, Rollenspiel und Gefühlspanzerung. Diese Hauptmechanismen, die von jedem in der Industriegesellschaft «normal» erzogenen Menschen praktiziert werden, zeigen sich beim einzelnen in individueller Ausprägung; der eine neigt mehr zur Projektion, der andere mehr zur Rationalisierung oder Betäubung. Häufig treten bei einer Person alle 14 Abwehrmechanismen in Funktion, wobei einige besonders häufig angewandt werden und andere seltener.

Durch den Einsatz eines Abwehrmechanismus soll das psychische Gleichgewicht hergestellt und die Angst vermieden werden. Der aktuelle Vorteil liegt also auf der Hand, die Nachteile bestehen jedoch in der Hinwendung zur Scheinlösung, Übertünchung des Problems, Lüge und psychischen Störung von der Neurose bis zur Psychose. Diese negativen Seiten der Abwehrmechanismen werden von den meisten Menschen gern in Kauf genommen, um die Angst niederzuhalten und nicht mit ihr konfrontiert zu werden.

Es kommt unvermeidlich die Angst zum Vorschein, wenn eine Abwehrtechnik abgebaut wird. Die *Identifizierung mit Autoritäten* (Eltern, Lehrer) ist zum Beispiel sehr schwer zu unterlassen, da sonst Protest erforderlich und Widerstand zu leisten wäre gegen unterdrückende Normen. Diese Angst wurzelt sehr tief in der Psyche (in der Kindheit) und würde ein Aufbrechen des Über-Ich verlangen. Um die Angstinstanz in der eigenen Persönlichkeitsstruktur zu entschärfen, ist allerdings die Entrümpelung der Über-Ich-Inhalte dringend erforderlich. Zum Über-Ich-Gerümpel gehört unter anderem auch das im Vorangegangenen beschriebene deterministische Menschenbild über die «Natur und das Wesen des Menschen».

Ein weiterer nur schwer aufgebbarer Abwehrmechanismus ist die *Verdrängung* von unbequemen Erlebnissen und Erkenntnissen. Die Verdrängung ist wohl der jedermann geläufigste Abwehrmechanismus. Wer sich vornimmt, nicht mehr zu verdrängen, erlebt eine Kränkung natürlich besonders bewußt und schmerzlich. Er muß die Angst aushalten, die entsteht, wenn er die Kränkung gedanklich oder im Gespräch durcharbeitet.

Die *Symptombildung* ist ein Abwehrmechanismus, der dem Willen zunächst nicht zugänglich ist, denn es ist ja gerade ein Kennzeichen der Symptombildung, daß sie sich in einer Form bemerkbar macht (Magengeschwüre, Herzschmerzen, Kopfschmerzen, Muskelverkrampfungen, Schlafstörungen), die nicht direkt in Zusammenhang mit einer psychischen Belastung zu stehen scheint. Durch die körperliche Erkrankung, die psychogen beziehungsweise soziogen verursacht ist, wird ein Alarmsignal gesetzt, daß der Mensch überfordert ist, den Konflikt fliehen möchte, aber nicht kann und dann in der organischen Krankheit Ruhe, Entlastung und Entschuldigung sucht. Die Ärzte schätzen, daß ein sehr hoher Prozentsatz ihrer Patienten, die unter organischen Beschwerden leiden, eigentlich psychogen erkrankt sind und deshalb vor allem eine psychologische Beratung oder psychotherapeutische Betreuung benötigen.

Die *Rationalisierung* wird von jedem Menschen fast täglich angewandt, um sich selbst zu schützen, zu beruhigen, die schmerzliche Wahrheit zu verschleiern. Das Eingeständnis der wahren Wünsche und Gefühle verlangt Offenheit gegenüber sich selbst und die Bereitschaft, sich der Angst zu stellen, sie auszuhalten und nach neuen Wegen zu suchen, ohne den Abwehrmechanismus Rationalisierung ein Problem zu lösen und den Zustand psychischer Ausgeglichenheit oder Balance zu erreichen.

Auch die *Projektion* ist, wie alle Abwehrmaßnahmen, eine Technik der Angstabwehr: es werden Eigenschaften und Verhaltensweisen, die man an sich selbst verurteilt, in andere hineinprojiziert und dort kritisiert und heftig bekämpft. Die Projektion schafft deshalb zwar kein Leidens- oder Krankheitsbewußtsein, und doch ist sie tiefenpsychologisch gesehen eine seelische Deformation, die den Blick für die vorurteilslose Wahrnehmung der Wirklichkeit trübt.

Die *Verschiebung* ist zunächst eine Entlastung, weil die Befriedigung von Triebimpulsen aus Angst auf Ersatzobjekte verschoben wird und dort zur Abreaktion kommt. So werden zum Beispiel aggressive Impulse an Ersatzobjekten (Ehefrau, Kinder, Tiere) abreagiert, die eine Sündenbockfunktion einnehmen. Für den Abreagierenden mag dies befreiend und von aggressivem Druck zunächst entlastend sein, aber die sozial schädliche Verhaltensweise wirkt wieder neurotisierend zurück, wenn das Ersatzprojekt (Sündenbock) neurotische Reaktionen zeigt.

Die *Reaktionsbildung* ist ein Angstabwehrmechanismus, der die klare Wahrnehmungsfähigkeit trübt, indem eine Empfindung ins Gegenteil verkehrt wird. Aus Angst vor der Antipathie gegenüber einer Autoritätsperson wird zum Beispiel anderen und *auch sich selbst* gegenüber eine vorgetäuschte Sympathie gezeigt. Aus Angst, sich zu verlieben, sich selbst eine Zuneigung einzugestehen, wird emotional heftig zum Ausdruck gebrachte Antipathie oder gar Haß gezeigt. Auch dies ist eine Reaktionsbildung, eine Abwehr seelischer Wirklichkeit.

Ein häufig auftretender und einfach zu verstehender Abwehrmechanismus ist die *Vermeidung*. Was Angst einflößt, Unlustgefühle weckt, die Gefahr einer Frustration in sich birgt, wird vermieden, um dadurch der unangenehmen Situation zu entgehen. Auf diese Weise wird in der

Seele eine scheinbare Harmonie erzeugt, die jedoch auf Kosten der offenen Lebendigkeit geht, denn die Entfaltungsmöglichkeiten können mehr und mehr eingeschränkt werden, bei der der Vermeider im schlimmsten Fall nur noch in seinem Zimmer vor dem Fernsehapparat sitzt und sich nicht mehr mit der «feindlichen» Realität konfrontiert.

Es könnten auch noch die anderen Abwehrmechanismen aufgeführt werden, wie Sublimierung, Betäubung, Abschirmung und Ohnmachtserklärung, und etwas über die Schwierigkeit gesagt werden, sie zu überwinden. Das führt an dieser Stelle jedoch zu weit. Hier kommt es zunächst auf die Erkenntnis an, daß Abwehrmechanismen eine Methode zur Bewältigung von Angst sind, die zu einer *Abwehrpanzerung* führen, zu einer Befindlichkeit, die populär unter anderem auch als «dickes Fell» bezeichnet wird.

Wer ein dickes Fell hat, kann Kränkungen und Erlebnisse, die Angst erzeugen, so bewältigen, daß die Angst nach außen nicht sichtbar wird und auch innerlich nicht konkret als deutliches Angstgefühl gespürt wird. Er identifiziert sich mit den Normen der Autoritäten, verdrängt Bedürfnisse, verschiebt die Befriedigung auf Ersatzobjekte, ist katzenfreundlich statt aggressiv, vermeidet die Herausforderung, rationalisiert Erlebnisse, die ihn kränken sollten, projiziert seine negativen Gefühle in andere, bildet psychosomatische Symptome, sublimiert sexuelle und aggressive Spannung durch Arbeitswut im Beruf und in der Freizeit. Er betäubt sich mit Alkohol, schirmt sich ab durch Psychopharmaka, erklärt sich für ohnmächtig, spielt das Rollenspiel mit und verhält sich rational, ohne Gefühle zu zeigen. Das dicke Fell ist perfekt, wenn ihn nichts mehr berührt, er absolut cool reagiert, selbstbeherrscht und kontrolliert ohne Angst, weil er sich auf seine Abwehrmechanismen verlassen kann. Der beschriebene Mensch gilt als Erfolgsmensch, der unbeirrt und unbeirrbar seinen Weg nach oben geht, sich nicht anfechten und aus der Erfolgsbahn werfen läßt, ohne Angst, ohne zu weinen, ohne Traurigkeit und impulsive Fröhlichkeit, sehr funktionstüchtig und als leitender Angestellter brauchbar.

Wenn man diesem Erfolgsideal entspricht, sieht man nicht so recht ein, warum man die Abwehrmechanismen abbauen soll. Wenn das gesamte Abwehrrepertoire zu einem lückenlos geschlossenen System zusammengefügt ist, ist eine gepanzerte Persönlichkeit erreicht, die scheinbar ohne psychischen Leidensdruck lebt und meist beruflich erfolgreich ist. Besteht allerdings nur eine kleine Lücke im Abwehrsystem der Basismechanismen, dann machen sich Symptombildungen stärker bemerkbar, Angst flackert mehr oder weniger heftig auf, Betäubung, Abschirmung und Gefühlsunterdrückung wird mobilisiert und der Mensch spürt, daß er zwar zumeist gut funktioniert, aber dennoch leidet und zutiefst unglücklich ist.

Das Abwehrsystem: Basis- und Folgemechanismen

Basismechanismen frühe Kindheit	Folgemechanismen Kindheit und Jugend	Folgemechanismen Jugend- und Erwachsenenalter
Identifizierung	Projektion	Betäubung
Verdrängung	Symptombildung	Abschirmung
Verschiebung	Sublimierung	Ohnmachtserklärung
Reaktionsbildung		Rollenspiel
Vermeidung		Gefühlspanzerung
Rationalisierung		

Die Tabelle zeigt, wie die Abwehrmechanismen sich nach und nach bilden und aufeinander aufbauen. In der früheren Kindheit werden zunächst die Identifizierung, Verdrängung, Verschiebung, Reaktionsbildung, Vermeidung und Rationalisierung angewandt und eingeübt. In der späteren Kindheit und Jugendzeit kommen die Projektion, die Symptombildung und Sublimierung hinzu. Vor allem Konflikte mit der Entfaltung der Sexualität können zum Ausweichen in die Sublimierung führen. Im Jugend- und Erwachsenenalter bilden sich nach und nach die Folgemechanismen Betäubung, Abschirmung, Ohnmachtserklärung, Rollenspiel und Gefühlspanzerung heraus.

Nur wenigen gelingt es, ihr Abwehrsystem lückenlos zu schließen und damit ein wirklich «dickes Fell» oder, weniger harmlos ausgedrückt, einen scheinbar unverwundbaren Seelenpanzer zum Selbstschutz zu entwickeln. Die meisten behalten ungepanzerte Stellen, die einerseits ihr psychisches Leiden sichtbar machen, andererseits aber die Möglichkeit, ihr Leben voller zu entfalten, offenhalten. *An diese noch offenen und aufgeschlossenen Menschen richtet sich das Buch, nicht an die Gepanzerten und Dickfelligen, die Tips suchen, wie man möglichst noch dickfelliger, unverwundbarer und cleverer wird.*

Das Buch beschäftigt sich nicht mit einzelnen Phobien (wie Schlangen-phobie oder Spinnenphobie), über die experimentelle Untersuchun-gen der Lern- und Verhaltensforschung vorliegen. Es geht um die all-gemeine Angst, die nur tiefenpsychologischer Erforschung zugänglich ist, weil mit dieser Angst aus ethischen Gründen beim Menschen nicht experimentiert werden kann.

Die Angst, ein Examen nicht zu bestehen, wird als Prüfungsangst bezeichnet. Diese Angst ist auf eine konkrete Situation bezogen und tritt nur in dieser Situation auf, insofern ist sie verwandt mit den soge-nannten Phobien. Die Angst eines selbständig Gewerbetreibenden, dem Konkurrenzdruck nicht gewachsen zu sein und die selbständige berufliche Existenz aufgeben zu müssen, wird häufig als Existenzangst bezeichnet. Unter dieser Angst leiden nicht nur die Selbständigen, die den engen Flaschenhals der Einkommensskala hinaufdrängen, son-dern auch die Arbeiter, Angestellten und Beamten im großen Topf der Durchschnittsverdiener. Sie haben Angst, bei der nächsten (auch klei-nen) Beförderung nicht dabeizusein, Angst vor der Konkurrenz der intrigierenden Kollegen, Angst, arbeitslos zu werden, wenn die Fir-menleitung den Rationalisierungsrotstift ansetzt, auch diese Ängste sind an die berufliche Existenz geknüpft.

Unter Existenzangst soll jedoch im folgenden etwas anderes verstan-den werden, etwas weniger konkret Faßbares, als die Sorge um die be-rufliche Fortentwicklung. Existenzangst ist die Angst vor den mehr oder weniger erkannten und vom einzelnen benennbaren psychischen Schmerzen, die in der Kindheit und Jugend erfahren wurden, den Er-wachsenen prägten und ihn täglich spürbar neu bedrohen, sofern ein Abwehrsystem nicht perfekt funktioniert. Existenzangst ist die Angst, die auf Grund der bestehenden Verhältnisse in der Gesellschaft immer wieder täglich neu Angst erzeugt. Quelle der Angst sind die Herr-schaftsverhältnisse in Schule, Beruf und Familie, der emotionale Cha-rakter der mitmenschlichen Beziehungen, die Entfremdung von der ei-genen Individualität und Selbstentfaltung, das Leistungs- und Konkur-renzprinzip im mitmenschlichen Kontakt, die Angst, die Menschen voreinander haben. Diese Existenzangst kann ganz grob und allgemein formuliert als eine Angst vor der Entfaltung des individuellen Lebens in einer begrenzten und Grenzen setzenden Umwelt angesehen wer-den. Sie ist bei der Mehrzahl der Menschen chronisch und taucht nicht nur ab und zu auf, wie zum Beispiel eine konkret faßbare Prüfungs-angst oder Schlangenphobie.

Die ständig vorhandenen, den Menschen im Alltag überall anstoßenden Ängste werden von mir als Existenzangst bezeichnet. Davon muß eine andere Angst, die von Philosophen beschrieben wird, abgegrenzt werden, die diffuse Angst des Menschen, der sich bewußt wird, in die Welt geworfen zu sein, der die Sinnlosigkeit dieser Existenz empfindet und den Tod vor sich sieht. Mit dieser allgemeinen *Seinsangst* will sich das Buch nicht auseinandersetzen, obwohl ab und zu philosophische Fragestellungen dieser Art auftauchen werden.

Die chronische Existenzangst sollte abgegrenzt werden von den verschiedenen neurotischen Ängsten, und sie darf nicht verstanden werden als die Grundlage aller Angstsituationen. Die einzelnen Ängste sollten getrennt voneinander betrachtet werden, und es ist wenig sinnvoll, sie auf eine Grundangst oder *Urangst* zurückzuführen, wie das Geburtstrauma – das von Otto Rank und Melanie Klein beschrieben wurde – oder die *Trennungsangst* des Säuglings bei der Trennung von der Mutterbrust, die Sigmund Freud entdeckte.

Das Grundmodell der Angstentstehung ist eine erlebte Begrenzung, Einschränkung, Enge, Unterdrückung, die das Leben an der freien Selbstentfaltung behindert und psychischen Schmerz erzeugt, wenn sie durchbrochen wird. Wenn Jean Améry sagte, daß derjenige nicht mehr heimisch in dieser Welt werden kann, der die Folter erlebte, so kann auch derjenige nicht mehr ohne Existenzangst leben, der in seiner freien Persönlichkeitsentfaltung mit dem Erziehungsmittel des psychischen Schmerzes unterdrückt wurde, denn diese Erinnerung kann er nie mehr vergessen, die Existenzangst nie mehr löschen, nur mildern und täglich neu verarbeiten.

Angst, «draußen zu stehen»

Psychische oder körperliche Schmerzen dienen der Erziehung, im Kind Angst zu erzeugen, damit es sich den Forderungen fügt. Es versucht, diese Schmerzen zu vermeiden, und damit gleichzeitig die Angst vor ihnen. Nach der Vermeidung ist jedoch die Welt für das Kind keineswegs in Ordnung, denn der Wunsch nach freiheitlicher Selbst- und Lebensentfaltung taucht immer wieder auf – es möchte das Verbotene dennoch tun. Um gegen diesen Wunsch anzugehen, der durch die

Angst und Vermeidung nicht beseitigt ist, und der deshalb weiterhin Angst vor den Folgen erzeugt, werden die verschiedenen beschriebenen Abwehrtechniken eingesetzt: Das Kind identifiziert sich mit den Forderungen, introjiziert sie in sein wachsendes Über-Ich, es verdrängt aufsteigende Wünsche und Triebimpulse, es vermeidet die offene Auseinandersetzung und verschiebt die Befriedigung auf Ersatzobjekte. Es lernt also sehr früh, sich an die Forderungen der Autoritätspersonen anzupassen, ihre Wünsche zu erfüllen und sich von den eigenen Wünschen zu entfremden, sofern sie mit schmerzlichen Folgen und Angst verbunden sind. Die Anpassung und Unterordnung wird als eine Möglichkeit erlebt, Angst und Schmerzen zu mildern. Insofern dienen die Abwehrmechanismen der Angstbewältigung und auch gleichzeitig der Anpassung. Das Kind erlebt, wenn es sich anpaßt, daß es dann leichter, bequemer und schmerzfreier sein Leben bewältigt.

Die Anpassung an die Forderungen der Eltern, Erziehungspersonen, Lehrer und im weiteren Sinne der Gesellschaft ist das Ziel der Erziehung und der Selbsterziehung. Die gelungene Anpassung beruhigt zunächst, wogegen Anpassungsschwierigkeiten den Erziehungsdruck und die Angst verstärken; das Kind fühlt sich ausgeschlossen, isoliert, ungeliebt und verloren. Zur Angst vor den schmerzlichen Strafen kommt die Angst davor, ausgestoßen zu werden, draußen zu stehen, allein und verlassen zu sein und mit dem Leben nicht fertig zu werden.

Diese Ausschließungsangst ist mit der Angst vor konkreter Strafe zwar verbunden, aber sie lauert im Hintergrund als die viel größere Strafe, die existenziell bedrohlich empfunden wird. Deshalb sind psychische Schmerzen als Erziehungsmittel (Liebesentzug, seelische Kälte, Verachtung) wirkungsvoller, weil ängstigender als eine Ohrfeige, wenn danach die seelische Verbindung wieder hergestellt ist. Viele Eltern erziehen allerdings mit Liebesentzug *und* körperlicher Bestrafung, damit die Wirkung (Angst, Anpassungsbereitschaft) verstärkt wird und der Prozeß der Angstabwehr, Anpassung und Über-Ich-Bildung sich beschleunigt. Bei den meisten Kindern ist dieser Prozeß sehr wirksam und sie werden fähig, sich den Anforderungen der Eltern, der Schule, des Berufes und der Gesellschaft zu fügen. Sie bauen ihr individuelles Abwehrsystem auf und verfolgen mit großem Eifer eine Persönlichkeitsentwicklung nach den gewünschten Normen. Sie bemühen sich ein Leben lang, das Abwehrsystem fester und dichter zu machen und sich mehr und mehr an die Normen ihrer Charakterschablone und ihrer Gesellschaftsschicht anzupassen. Das macht sie zumindest äußerlich und oberflächlich zufrieden, weil es ihre Angst mildert.

So funktioniert der Anpassungsprozeß:

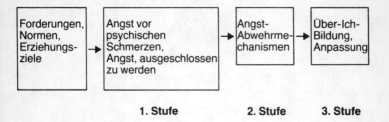

Durch diesen dreistufigen Anpassungsprozeß geht fast jedes Kind hindurch. Seine *Verhaltensauffälligkeit* und *Persönlichkeitsstörungen* gelten als Ausdruck einer noch nicht vollständig gelungenen Anpassung und zeigen das Aufbäumen der Individualität gegen die Fremdbestimmung. Dies wird von Eltern und Lehrern als ein Makel empfunden, der medizinisch oder psychologisch behandelt werden muß. Auf Anraten der Lehrer oder auch aus eigener Initiative heraus konsultieren die Eltern den Psychologen, um sich Tips geben zu lassen, wie die Anpassungsschwierigkeiten durch psychologische Tricks beseitigt werden können. Rät der Psychologe, dem Kind mehr Möglichkeiten zur unangepaßten Selbstentfaltung zu geben, stößt er auf das Unverständnis der Eltern. Sie sagen offen oder hinter seinem Rücken «schlechter Psychologe». Gibt er aber den Eltern die gewünschten Tips zur weiteren Unterdrückung, dann sagt er zu sich selbst «schlechter Psychologe», sofern er sein Verhalten nicht so rationalisiert: «Das angepaßte Kind hat es leichter im Leben.»

Soll man zu der Fähigkeit, die Angst aushalten zu können, erziehen? Wird ein unangepaßter Mensch, der freiheitlich erzogen ist, kriminell? Kann ein unangepaßter Mensch in unserer Gesellschaft erfolgreich sein und glücklich werden? Das sind die Fragen, die dem Psychologen gestellt werden, nicht nur bezüglich der Erziehung, sondern auch bei der Beratung Erwachsener. Meine Antworten sind einfach und eindeutig: Das Kind kann so erzogen werden, daß es keine Angst zu ha-

Alptraum: Symbol für die Lebensangst

ben braucht, «draußen zu stehen». Kommt es jedoch trotzdem einmal zu einer Situation, in der diese Angst geweckt wird, dann sollte die Angst ausgehalten werden können ohne Flucht in die Anpassung. Ein Mensch, der unangepaßt sich selbst freiheitlich verwirklichen kann, wird nicht kriminell, da er nicht destruktiv oder antisozial eingestellt ist. Ein unangepaßter Mensch kann in unserer Gesellschaft erfolgreich sein und glücklich werden.

Die Antworten sind einfach, aber es ist schwierig zu beweisen, daß es so ist und so sein muß, da diese Antworten sämtliche niedergehaltenen und abgewehrten Ängste wecken und dadurch Widerstand und Abwehr erzeugen. Allerdings schlummert in jedem Menschen eine Ahnung davon, daß es so ist, aber es fehlt der Mut, sich damit auseinanderzusetzen und so wehrt der Verstand alle Argumente ab. Ein exemplarisch vorgestellter Lebenslauf wird beispielsweise in einer solchen verstandesmäßig abwehrenden Argumentation als ein «Einzelfall» bezeichnet, den man «nicht verallgemeinern» kann; jeder Einzelfall ist ein «Sonderfall», der nichts besagt. Wird dagegen kein konkretes Beispiel angeführt, sondern eine abstrakte Schlußfolgerung gezogen, dann sind es «Theorien», die mit der Praxis wenig zu tun haben. Wird das Problem einfach dargestellt, erhält man den Hinweis, daß alles viel «komplizierter und komplexer» ist; wird es sehr komplex dargestellt, dann ist in der Realität alles «einfacher und deshalb anders». Es werden die intellektuellen Abwehrformeln gebraucht: Das ist «nicht miteinander vergleichbar», das ist «nicht genügend untersucht», das ist «eine Meinung, keine wissenschaftlich bewiesene Tatsache» usw.

Leuchtet trotzdem eine Einsicht in das reale Problem der Angst, Anpassung und der Notwendigkeit, die Anpassung zu überwinden, auf, dann heißt es: «Alles schön und gut, aber wenn alle so frei erzogen würden, wenn es keine Anpassung mehr gäbe, dann würde Chaos entstehen, weil sich keiner mehr unterordnen wollte, keiner würde mehr am Fließband stehen, es gäbe keinen Fortschritt, keine moderne Technik und keine Bequemlichkeit.»

Die meisten Menschen können über dieses Thema nur in Extremen denken: entweder Anpassung und die Gesellschaft funktioniert oder psychische Freiheit, und das destruktive Chaos bricht herein. Diese Horrorvision der psychischen Freiheit zeigt den innerseelischen Druck, der nötig ist, um die Freiheitsimpulse niederzuhalten. Dadurch entsteht die Meinung, daß die Freiheit eine Explosion sein müßte, die alles niederreißt und vernichtet. Zu dieser Explosion der Freiheit wird es jedoch nie kommen, da die gesellschaftliche Entwicklung zu mehr Freiheit und weniger Anpassung immer sehr langsam erfolgt und nur mit zaghaften kleinen Schritten vor sich geht.

Die Angst, daß Freiheit über die Menschen so hereinbrechen würde, daß sie nun alle über die Stränge schlagen, rauben, morden, huren und sich alles Böse antun, das durch die Erziehung zur Anpassung bisher niedergehalten wurde, ist Ausdruck des falschen Menschenbildes, das die meisten in ihrem Kopf haben, das ein Horrorbild des Menschen ist.

Seelische Erkrankung als Folge der Angst

Wann ist ein Mensch seelisch gesund, wann ist er krank? Diese Frage ist im medizinisch-somatischen Bereich etwas leichter zu beantworten als im psychischen, weil die seelischen Symptome weniger leicht materiell greifbar und sichtbar sind. Ein Geschwür auf der Haut kann jeder sofort als Krankheit erkennen, eine verdrängte Angst nicht.

Die Abwehrmechanismen werden oft von Psychologen und gebildeten Laien zu den gesunden Reaktionsweisen der Seele gerechnet, weil sie so häufig sind, daß sie von fast jedem Menschen praktiziert werden, auch von den Psychologen, Psychotherapeuten und Neurologen selbst. Eine Krankheit kann jedoch durchaus häufig auftreten, ja bei jedem Menschen einer Gesellschaft; dann gilt sie im demokratisch-statistischen Sinne als «normal», als die Regel, aber sie bleibt deshalb trotzdem eine Krankheit.

Die so weit verbreiteten «normalen» Abwehrmechanismen, die angeblich «jeder braucht», um sich in die Gesellschaft einzugliedern und sich den vorgefundenen Normen anzupassen und unterzuordnen, gelten als seelische Reaktionsweisen, die zur psychischen Störung führen können, aber nicht müssen. Es werden graduelle Unterscheidungen getroffen: ein bißchen Verdrängung, Vermeidung, Rationalisierung, Reaktionsbildung, also Angstbewältigung, gilt noch als gesund, aber mehr Verdrängung, Vermeidung usw. führt zur Krankheit.

Als Krankheit gilt dann das Auffällige, das Auftreten von nicht mehr zu übersehenden Symptomen, vor allem psychosomatischer Art wie Kopfschmerzen, Magengeschwüre, Herzneurose, Schlaflosigkeit, Kreislaufstörungen. Die psychosomatischen Symptome sind zwar psy-

Angstabwehrreaktion

chogen verursacht, aber sie werden behandelt, als wären sie somatogen. Nicht die Ursache, die im psychischen Bereich liegt, wird angegangen, sondern das erkennbare Symptom mit Psychopharmaka, Diät, Kur und Gymnastik. Kaum ein Mediziner erkundigt sich nach der Angst; wird sie vom Patienten einmal, was selten genug vorkommt, als mögliche Ursache für die Symptomatik genannt, dann kennt der Arzt ein Psychopharmakon im Sinne des folgenden Werbetextes: «Wenn die Angst das Problem ist. Die Dysregulation des Vegetativums wird durch Dämpfung des psychischen Konflikts, durch den Abbau von Angst- und Spannungszuständen aufgehoben, das sich potenzierende Wechselspiel Angstspannung ←→ funktionelle Organerkrankung abgebaut. Die autonomen Regulationen pendeln sich ein, das in seiner Funktion gestörte Organ ist dem Einfluß des psychischen Konflikts entzogen.»[3] Solange die Tablette chemisch wirkt, ja – und dann? Die Psychopille bewirkt die «Dämpfung des psychischen Konfliktes», sie dämpft ihn, aber er bleibt bestehen. Das vegetative Nervensystem wird beeinflußt, «die autonomen Regulationen pendeln sich ein», ja, aber nur solange die Tablette wirkt, dann pendeln sie sich wieder aus. Das gestörte Organ «ist dem Einfluß des psychischen Konflikts entzogen», aber nur solange er gedämpft wird und unter der Glasglocke der chemischen Wirkung steht; dann kommt er zurück und das Organ wird erneut gestört.

An anderer Stelle verspricht die Arztwerbung bezüglich der gleichen Tablette: «Organfunktionsstörungen und psychosomatische Erkrankungen verlieren ihre psychogene Basis.» Schön wär's. Die psychogene Basis ist die Angst und der der Angst zugrunde liegende Konflikt, diese psychogene Basis kann nicht mit einer Tablette weggezogen werden. Es wird suggeriert, die psychogene Basis sei chemisch zu beseitigen, sie säße im organischen Bereich des Patienten und nicht in seiner Einstellung oder in einer objektiven Außenweltsituation, die eine Änderung der Einstellung und eine Veränderung der Situation erfordert.

Damit ich nicht falsch verstanden werde, möchte ich betonen, daß ich nicht prinzipiell gegen Psychopharmaka eingestellt bin, sondern ihren Einsatz in der Chirurgie und Anästhesiologie vor und nach einer Operation befürworte. Bei der Behandlung von Angstneurosen oder zur Bekämpfung psychosomatischer Symptome können Psychopharmaka jedoch nur eine kurzfristige *Notlösung* sein, bis die psychologische Beratung oder Psychotherapie einsetzt. Es ist gefährlich zu glauben, daß Psychopharmaka als alleinige therapeutische Maßnahme genügen würden, wie von den meisten Medizinern angenommen wird. Durch Psychopharmaka wird dem Konflikt zwar zunächst die Schärfe genommen, aber nicht der zugrunde liegende Kern behandelt; zusätzlich kommen die negativen Nebenwirkungen; sie machen sich vor allem nach längerem Tablettenkonsum immer stärker bemerkbar (Benommenheit, Schwindel, Müdigkeit, Mundtrockenheit, Übelkeit), ganz abgesehen von den in der Arztwerbung vorsichtig formulierten Folgen: «Bei einem Psychopharmakon dieses Typs ist es nicht völlig auszuschließen, daß längere und hochdosierte Anwendung bei entsprechend disponierten und zu Mißbrauch neigenden Patienten zu einer gewissen Abhängigkeit führen kann.»

Angst tritt selten allein auf, sondern meist zusammen mit psychosomatischen Symptomen und oft mit Stimmungslagen wie Trauer, Melancholie und Depression, Minderwertigkeitsgefühlen, Stimmungsschwankungen von fröhlich bis depressiv im häufigen und raschen Wechsel, Schuldgefühle, Zwangsgedanken, Verfolgungsideen oder Größenideen. Die Angst wird zu verdrängen versucht und wird deshalb häufig nicht gemeinsam mit den angeführten seelischen Symptomen bewußt empfunden oder nur ab und zu. Die Angst ist jedoch als Basisempfindung am Anfang der psychosomatischen oder psychischen Erkrankung immer mitbeteiligt und wird erst später von anderen Gefühlen, Stimmungen oder Beschwerden überdeckt.

Die Entstehung seelischer Krankheiten geschieht allmählich, sehr langsam, schleichend, in einem Prozeß, der nach eigenen Wachstumsgesetzen abläuft, stagnieren kann, sich steigern kann bis zur Psychose und sich auch mitunter wieder zurückbildet. Der Beginn der meisten seelischen Störungen liegt bereits in der Kindheit bei der Einübung der beschriebenen Abwehrmechanismen. In der Pubertät durchlaufen die meisten Menschen eine Phase der erhöhten Sensibilität für die Verlogenheit des Abwehrsystems. Kurzfristig entsteht aufrührender Protest, es werden schöpferische Kräfte geweckt, die Fremdbestimmung abzuschütteln, und das Bedürfnis erwacht, zu sich selbst zu finden. Die Pubertät bringt deshalb einerseits erhöhte Angstanfälligkeit mit sich, aber auch die Chance, sich zu befreien und zu heilen von den psychischen Schäden der Kindheit. Die Fremdbestimmung setzt sich jedoch als sogenannter «Ernst des Lebens» auf die Dauer meist wieder durch, wenn der berufliche beziehungsweise schulische Leistungsdruck zunimmt und die Eheschließung vor der Tür steht. Das Abwehrsystem setzt dann mit noch größerer Härte und Festigkeit ein, wenn sich der einzelne im Berufs- und Eheleben konform verhalten möchte.

Die Grafik zeigt, wie sich die seelische Erkrankung aufbauen und nach und nach steigern kann.

Stufenweise Zunahme der seelischen Erkrankung

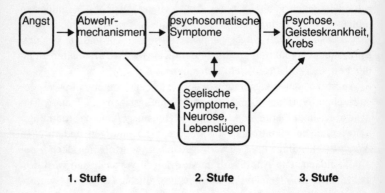

1. Stufe **2. Stufe** **3. Stufe**

Die grafische Darstellung kann den Eindruck erwecken, als sei die Angst der Ursprung für eine Entwicklung, die nach und nach über die Neurose zur Psychose führen würde, so als wäre durch die Anfangsangst ein Keim gelegt, der heranwächst und in der Psychose zur Blüte kommt. Diese Auffassung wäre ein Mißverständnis. Nicht die Angst selbst ist die seelische Krankheit, sondern die Art und Weise, wie der einzelne sie zu bewältigen versucht, führt ihn nach und nach in die Erkrankung an Körper, Seele und Geist. Oft ist später nur noch schwer erkennbar, daß der Erkrankung eine tieferliegende Angst zugrunde liegt. Vor allem die körperlichen Symptome lassen meist nicht den Zusammenhang mit der Angst erkennen. So ist verständlich, daß viele Ärzte glauben, daß der Patient geheilt sei, wenn die Magengeschwüre herausoperiert werden. Das ist jedoch nicht der Fall (wenn die Ursache Angst ist), da seine Reaktionsweise auf die Angst sich in Zukunft erneut einen psychosomatischen Weg bahnen wird, bis hin zum Herzinfarkt oder Krebs, um nur zwei Beispiele zu nennen.

Fast alle organischen Erkrankungen können psychogen von der Angst ihren Ursprung nehmen – auch Unfälle können dadurch ausgelöst werden; ein Spiel mit dem Tod, eine Herausforderung an das Leben, daß es vielleicht danach in einer Art Wiedergeburt doch noch angstfreier und lebendiger gelingen könnte.

Wann verschlimmert sich eine Neurose und geht über in die Psychose, wann geht die Neurose zurück und wann tritt die Heilung ein? Diese Vorgänge sind abhängig von der Lebensweise des Menschen, von den erlebten Situationen, die wieder und wieder Angst auslösen und wieder und wieder die individuellen Abwehrmechanismen in Gang setzen oder von glücklichen Umständen, die ihn zur Selbstverwirklichung und Erfüllung führen, so daß die Angstauslöser mehr und mehr zurückgehen und er fähig wird, sie zu durchschauen und sogar schließlich (hinterher) über sie zu lächeln und darüber zu sprechen – dann benötigt er keine Abwehrtechniken mehr und das starre Abwehrsystem baut sich nach und nach ab, er ist offen der Angst gegenüber, kann sie aushalten und aktiv, bewußt und ehrlich darauf reagieren, er kann über sie reden und sich nach der Angstspannung angemessen entspannen, nicht mit Alkohol, sondern durch schöpferische Produktivität oder Liebe zu seiner Umgebung. In diesem nach meiner Beobachtung seltenen Fall geht die Neurose oder psychosomatische Erkrankung von selbst zurück, und der Mensch wird wieder gesund – ohne natürlich eine Garantie dafür zu besitzen, daß es nun immer so bleiben wird, denn die Lebensumstände können sich ändern, so daß der psychogene Erkrankungsprozeß erneut in Gang gesetzt wird.

Diese Vorgänge der seelischen Erkrankung und Heilung sind den meisten, auch den meisten Medizinern, unbekannt. Sie ereignen sich sehr spontan und unbewußt. Um sie besser zu verstehen und vorbeugend oder gar selbsttherapierend einzugreifen, ist Wissen über die Zusammenhänge erforderlich, das ich auf den folgenden Seiten zu vermitteln versuchen werde.

Lebenslügen als Angstfolgen

In der Grafik auf Seite 52 über die dreistufige Zunahme der Erkrankung tauchte in der zweiten Stufe der Begriff «Lebenslüge» auf, der noch nicht näher erläutert wurde. In dem Buch «Lassen Sie sich nichts gefallen» habe ich acht typische Lebenslügen ausführlich beschrieben und analysiert. Ich möchte mich einerseits nicht wiederholen und Leser langweilen, die dieses Buch studiert haben, aber andererseits will ich auch nicht einfach nur auf dieses frühere Buch verweisen und seine

Kenntnis voraussetzen. Kurze Wiederholungen sind deshalb ab und zu unvermeidlich, aber ich hoffe, daß die neuen Gedanken, die daran anschließen und darauf aufbauen, den Leser nicht langweilen, der das frühere Buch gelesen hat und deshalb mit den acht Lebenslügen bereits vertraut ist.

Die Abwehrmechanismen sind die erste Stufe der falschen, krankmachenden Angstverarbeitung. Daß sie falsch ist, darauf verweist auch immer wieder Anna Freud in ihrem Standardwerk «Das Ich und die Abwehrmechanismen»: «Der Analytiker hat also die Aufgabe, zuerst den Mechanismus der Abwehr zu erkennen. Damit ist ihm ein Stück der Ich-Analyse gelungen. Seine nächste Aufgabe ist dann, das von der Abwehr Geleistete wieder rückgängig zu machen, das heißt, das durch Verdrängung Ausgelassene zu erraten und wieder einzufügen, das Verschobene zurechtzurücken, das Isolierte wieder zu verbinden.»[4] Dieser Vorgang des Rückgängigmachens ist jedoch schwer, da es meist nicht bei der ersten Stufe der Erkrankung geblieben ist, sondern auf die Abwehrmechanismen beim Erwachsenen die zweite Stufe bereits aufgebaut ist, nämlich die Neurose mit ihren vielgestaltigen Symptombildern und die Lebenslügen, die sich gegenseitig ergänzen und stützen.

Die Lebenslügen sind Denkhaltungen, Einstellungen, Lebensphilosophien, die helfen sollen, das Leben in Verbindung mit den Abwehrmechanismen «erfolgreich» zu bestehen und Mißerfolge möglichst zu vermeiden. Die Abwehrmechanismen helfen, die Lebenslügen zu stützen, aufrechtzuerhalten und gegen Angriffe zu verteidigen. Die einzelnen Lebenslügen ergänzen und verfilzen sich zu einem Lügensystem.

Ich bezeichnete die Lebenslügen nach der für sie charakteristischen Lügenaussage. Die erste Lebenslüge lautet: «Charakter ist wichtiger als Individualität.» Aus dem Abwehrmechanismus «Identifizierung mit den Normen der Erziehung und Gesellschaft» entwickelt sich eine Normenlust und der sogenannte Charakterpanzer auf Kosten der Individualität. Eigener und fremder individueller Ausdruck wird verurteilt und bekämpft.

Die zweite Lebenslüge «Der Mensch braucht Vorbilder und Ideale» ist die Folge der ersten Lüge, führt zur verstärkten Selbstmanipulation und zur weiteren Selbstentfremdung. Die dritte Lebenslüge «Sicherheit geht vor, Freiheit führt zum Chaos» wurde bereits angedeutet, als die Angst beschrieben wurde, «draußen zu stehen». Das Anpassungsstreben wird weiter ausgebaut und verbindet sich mit der Normenlust zum Anpassungszwang. Sicherheit und Geborgenheit werden nur in der Anpassung gefunden, wogegen Freiheit Angstgefühle weckt.

Die vierte Lebenslüge «Jeder ist sich selbst der Nächste» entspringt der Erkenntnis, die Individualität und Selbstentfaltung bisher nicht gefunden zu haben. In einer sozialen Umwelt von charaktergepanzerten Menschen, die selbstentfremdet in Konkurrenz aufeinander bezogen sind, erscheint die Ego-Zentrierung als der einzige Ausweg, das Leben erfolgreich zu bewältigen – und so treibt die vierte Lebenslüge den Menschen weiter in die Isolation. Sie wird gestützt und ergänzt durch die fünfte Lüge: «Die Menschen sind nicht gleich, es gibt Rang- und Wertunterschiede.» Hieraus folgert das Geltungs- und Statusstreben, das die Isolation des fremd- und selbstmanipulierten Charakterpanzers weiter verschärft. Neben der Isolation verstärkt sich das Konkurrenzdenken und das Angstgefühl vor den Mitmenschen.

Weiter vervollständigt wird das bisherige Lügensystem durch die sechste Lüge: «Intelligenz ist wichtiger als Gefühl.» Zum allgemeinen Charakterpanzer kommt die Gefühlsunterdrückung und Gefühlspanzerung hinzu. Gefühle sind beim Konkurrenzstreben nur hinderlich, wogegen die Entwicklung der Intelligenz und Rationalität förderlich erscheint, um sich durchzusetzen und gegenüber den Mitmenschen zu behaupten. Gefühle werden abgewertet und geradezu haßerfüllt bei anderen verurteilt (Projektion). Sie gelten als Krankheit – obwohl sie unter psychologischem Aspekt ein Zeichen von Lebenswille und Gesundheit sind.

Die siebte Lebenslüge «Wer liebt, möchte besitzen» ist als Ergänzung zum bisherigen Lügensystem psycho-«logisch». Der Besitzwille des eifersüchtig Isolierten und konkurrenzbezogenen Angepaßten, der vor Gefühlen und Individualität Angst hat, macht sich natürlich auch gegenüber dem Sexual- und Liebespartner in egoistischer Weise bemerkbar. Der Besitz des geliebten Partners soll die Isolation ein bißchen erleichtern helfen und wird eifersüchtig gehütet als «meine Liebe, mein Partner».

Die achte Lebenslüge schließlich, «Der Körper ist Mittel zum Zweck», beruht auf dem Besitzdenken und dem Erfolgsstreben des Isolierten, der seine Emotionen unterdrückt und die Intelligenz überbewertet. Was zählt, ist die vordergründig erfolgreiche Funktion; so wird der Körper mißbraucht und die seelisch-körperliche Einheit mißachtet. Die Signale des Körpers werden überhört, da eine immer stärkere Entfremdung vom Körper eintritt, so daß die Meinung entsteht, daß Körper und Seele zwei getrennte Dinge sind. Schließlich zählt nur noch *eine* Funktion als wichtig: die Intelligenz und die aus ihr fließende Rationalität. Reaktionen aus dem emotionalen und körperlichen Bereich werden der Intelligenz untergeordnet.

Diese Kurzcharakterisierung der acht Lebenslügen, die sich gegenseitig ergänzen und mit den Abwehrmechanismen in enger wechselseitiger Verbindung stehen, zeigt, wie sich der «normale» Mensch in unserer Zivilisation und modernen, hochtechnisierten Gesellschaft verhält, um sein «Leben zu meistern». Er sucht den Erfolg, die Anpassung und funktionstüchtige Eingliederung um jeden Preis – eigenartigerweise mit einer Technik, die zwar nach außen hin oft zu funktionieren scheint, die ihn aber in die psychische Erkrankung und Neurose führt. Er nimmt das alles in Kauf und ist sich nicht darüber klar, daß sich die seelisch-körperliche Funktionseinheit für diese Mißhandlung rächt. Statt dessen baut dieser beschriebene Mensch das Lügensystem weiter und weiter aus. Wenn sich die Magengeschwüre melden und der Herzinfarkt droht, gibt er seinem «schwachen Körper» die Schuld, nicht seiner falschen Lebenseinstellung. Wenn er sich gedrückt, depressiv und unglücklich fühlt, dann ist seine Konstitution daran schuld, nicht seine Lebensweise. Er schluckt Psychopharmaka, die ihn zunächst für kurze Zeit entlasten, dann aber neue Probleme mit sich bringen.

Der beschriebene neurotische Mensch wird kränker und kränker und erstarrt schließlich auf einer gepanzerten Stufe der Unlebendigkeit, die ihm nur noch ein freudloses Leben ermöglicht, das im günstigsten Fall auf dieser Stufe stagniert; häufig jedoch schreitet der Erkrankungsprozeß weiter fort, führt zu psychosomatischen Symptomen, die «Operationen erforderlich machen», und führt schließlich zum Krebs, die einprogrammierte Selbstvernichtung. Daneben eröffnen sich die vielen Spielarten der verschärften Neurose und Psychose. Das Endergebnis ist in jedem Fall körperliches und seelisches Leiden – auch wenn der äußere Erfolg als Fassade dem einige Zeit zu widersprechen scheint.

So teilte uns der Schriftsteller und Lehrer Fritz Zorn (Pseudonym) 1976 in einem bisher beispiellosen Dokument als Aufforderung zur Umkehr mit: «Ich bin jung und reich und gebildet; und ich bin unglücklich, neurotisch und allein. Ich stamme aus einer der allerbesten

Familien des rechten Zürichseeufers, das man auch die Goldküste nennt. Ich bin bürgerlich erzogen worden und mein ganzes Leben lang brav gewesen ... Natürlich habe ich auch Krebs, wie es aus dem vorher Gesagten eigentlich selbstverständlich hervorgeht.»[5] Am liebsten würde ich die folgenden 200 Seiten dieses Buches hier weiter zitieren, weil aus jeder seiner Schilderungen die exemplarische Selbstentlarvung der Abwehrmechanismen und Lebenslügen deutlich hervorgeht, obwohl diese beiden psychologischen Begriffe niemals auftauchen.

Der reiche, gebildete Fritz Zorn (nach außen erfolgreich!) hat seine zur Abwehr und Lüge erzogene Existenz schließlich bereits mit 32 Jahren nach langen Phasen der Depression und Gefühlspanzerung mit dem Krebstod bezahlt. Er starb nicht unbewußt, sondern kämpfte zum Schluß mit Hilfe der Psychotherapie in einem Erhellungsprozeß gegen seine seelische und körperliche Erkrankung vergeblich an. Das von ihm hinterlassene Dokument ist in seiner Schärfe und Schonungslosigkeit einzigartig. Ein besonders wichtiger Abschnitt unter vielen anderen ist auch dieser: «Ich bin mein ganzes Leben lang unglücklich gewesen, und ich habe mein ganzes Leben lang nie ein Wort darüber gesprochen, aus dem wohlerzogenen Empfinden heraus, daß sich so etwas ‹nicht schicke›. In der Welt, in der ich lebte, wußte ich, daß ich traditionellerweise um keinen Preis stören oder auffallen durfte. Ich wußte, daß ich korrekt und konform sein mußte, und vor allem – normal.

So wie ich die Normalität aber verstand, bestand sie daraus, daß man nicht die Wahrheit sagen, sondern höflich sein soll. Ich war mein ganzes Leben lang lieb und brav, und deshalb habe ich auch Krebs bekommen. Das ist auch ganz richtig so. Ich finde, jedermann, der sein ganzes Leben lang lieb und brav gewesen ist, verdient nichts anderes, als daß er Krebs bekommt. Es ist nur die gerechte Strafe dafür.»[6]

Angst durch enges Denken

Die Normen einer Gesellschaftsschicht oder eines Gesellschaftssystems können eng sein, zu eng für die seelische Gesundheit eines Menschen. Die engen Normen der Schweizer Oberschicht, an denen Fritz Zorn in einer Villa am Zürichseeufer langsam seelisch erkrankte, beschreibt er in seinem Buch «Mars» sehr detailliert. In dem kurzen bereits zitierten Text kommen einige dieser engen Einstellungen zum Ausdruck:

- Über das Gefühl, unglücklich zu sein, wird nicht gesprochen, weil sich das nicht schickt.
- Man soll nicht stören und nicht auffallen.
- Das Verhalten soll wohlerzogen und korrekt sein.
- Man soll nicht die Wahrheit sagen, sondern höflich sein.
- Es ist gut, lieb und brav zu sein.

Er nennt noch viele solche Verhaltensregeln, die er von Kind an zu befolgen hatte und auch widerstandslos, ohne aufzubegehren, befolgte. Dazu gehörte unter anderem, vornehm und zurückhaltend sein, ruhig, gesittet, gefühlsbeherrscht, ohne seelische oder sexuelle Probleme, ordentlich, sauber, korrekt, gut bürgerlich, distinguiert, sich nicht einmischen, sondern die Rolle eines Zuschauers einnehmen, über den Dingen stehen, die anderen in ihrem Verhalten eher etwas lächerlich finden, abgerundet sein, nach Harmonie streben, Streit vermeiden, keine andere Meinung als Autoritätspersonen haben, Autorität respektieren, Pflichten der Schule, des Studiums und Berufs gewissenhaft und fleißig erfüllen, sich zu «schwierigen» Problemen nicht mit einer vorschnellen Meinung äußern, abwarten, bis sich die Wellen legen, dann kann man nichts falsch machen.

Normalerweise wird angenommen, «Geld macht frei», also Geld oder gar Reichtum wäre die Lösung vieler seelischer Probleme; wer in der Oberschicht heranwächst, hätte es deshalb besser, weil er mehr Entfaltungsmöglichkeiten hätte. Das ist nicht immer richtig, da in der Oberschicht häufig ein sehr strenger Verhaltenskodex herrscht, der zur «Gefangenschaft im goldenen Käfig» führt, wie folgende Charakterisierung des Vaters von Fritz Zorn beweist: «Ich denke hier etwa an einen unserer Nachbarn, der immer eine Menge phantastischer Autos besaß und auch mit großem Genuß benutzte; das war ein bißchen lächerlich, das war ein bißchen neureich, denn mein Vater war viel reicher als der besagte Nachbar, besaß kein Auto und konnte überhaupt nicht Auto fahren; das war distinguierter.»[7]

In diesem engen Klima von Verhaltensregeln der Distinguiertheit, Höflichkeit, Geruhsamkeit, Behütetheit, Harmonie, Korrektheit und Sterilität wurde Fritz Zorn zu einem lebenden Leichnam erzogen. Er konnte keine Liebe empfinden und fühlte sich seelisch impotent. Nach außen hin war die Fassade des Erfolgs allerdings makellos; Zorn machte sein Abitur, studierte Sprachen, promovierte und arbeitete in Zürich als Gymnasiallehrer. «Wie's da drinnen aussieht», das spielte keine Rolle, selbst auf die Idee, danach zu fragen, kam niemand, denn es war doch äußerlich alles in Ordnung; Zorn hatte Erfolg, er bewies Intelligenz und hatte keine finanziellen Sorgen. Daß er sich seelisch impotent fühlte und bis zu seinem Krebstod mit 32 Lebensjahren mit keiner Frau geschlafen hatte, darüber konnte er sich nur mit seinem Psychotherapeuten aussprechen.

In seinem Krankenbericht schilderte er sehr minuziös das enge Denken seiner Gesellschaftsschicht und die nicht mehr abwehrbare Depression und Traurigkeit, seine Unfähigkeit, laut zu klagen und zu weinen. Er paßte sich an und verhielt sich ruhig, lieb und brav. Erst im Angesicht des Todes, als er schonungslos mit seiner Erziehung und Gesellschaftsschicht schreibend-verarbeitend abrechnete, konnte er die Angst überwinden, das enge Denken, die engen Einstellungen und Verhaltensregeln zu kritisieren und den Verlust der Lebendigkeit, Spontaneität, Impulsivität und Weite zu beklagen. Seine letzten Sätze, vier Monate vor seinem Tod, lauten: «Ich habe über die Sache, wider die ich bin, noch nicht gesiegt. Ich habe aber auch noch nicht verloren und, was das Wichtigste ist, ich habe noch nicht kapituliert. Ich erkläre mich als im Zustand des totalen Krieges.» [8] Er war bereit, gegen das enge bürgerliche Denken, in dem er erzogen wurde, anzukämpfen, sich frei zu machen und Konventionen abzuwerfen, aber es war bereits zu spät für einen aktiven Neubeginn, da ihn der zu weit fortgeschrittene Krebs einholte. Sein Dokument bleibt jedoch als Warnung und Lehre bestehen; es sollte zur Pflichtlektüre in den Gymnasien werden.

Ich zitiere absichtlich den Fall Zorn besonders ausführlich, obwohl ich aus meiner Praxis ähnliche Fälle berichten könnte (die allerdings mit dem Leben davongekommen sind), da seine Krankengeschichte von jedem Interessierten nachgelesen werden kann, also durch eine ausführliche, jedermann zugängliche Selbstschilderung belegt ist. Dokumente dieser Art sind leider sehr selten. Die Fallschilderungen aus der Feder eines Psychologen oder Psychotherapeuten können dagegen abgewehrt werden mit Argumenten wie: «Das ist psychologisch hineininterpretiert, man kann es glauben oder auch nicht.» Solche Äußerungen zeigen den Widerstand gegen die psychologischen Erkenntnisse, die rationalisiert werden, die man nicht ernst nehmen möchte, «da der Therapeut vielleicht etwas übertreibt und sich wichtig tut».

Ist das enge Denken wirklich so gefährlich für die Gesundheit? Viele Menschen wachsen in der Oberschicht oder Mittelschicht mit den geschilderten Verhaltensregeln heran, sie passen sich an, stören nicht, sondern sind «brav», und sie haben keine Depressionen, sie fühlen sich nicht unglücklich, sie erkranken nicht an Krebs. Das ist richtig, viele bleiben unauffällig, sie schreiben schon gar nicht einen Bericht über ihre Empfindungen, sie glauben, daß mit ihnen alles in Ordnung sei und sie sagen von sich, daß sie sich glücklich fühlen.

Viele können sich neben dem engen Denken einige Stellen in ihrer Seele und in ihrem Erleben bewahren, die noch weit und offen sind. Es gelingt ihnen, die Fassade nach außen einigermaßen aufrechtzuerhalten, aber doch ab und zu in heilsamer Weise «über die Stränge» zu schlagen, sich lächerlich zu machen, die Liebe zu wagen, ihre Sexualität zu entfalten – sie erkranken deshalb nur in leichterer Form. Sie sind einerseits angepaßt und empfinden Angst, die Anpassung einmal zu durchbrechen, aber sie können diese Angst aushalten und sie durchbrechen die Schranken der Konvention ab und zu.

Ich kenne viele Ehepaare, die nach außen hin – und sie machen sich das auch selbst vor – eine «glückliche» Ehe führen, in Anpassung an die Normen der Gesellschaft, sich jedoch nicht lieben und keine sexuelle Befriedigung beim selten ausgeübten Geschlechtsverkehr empfinden. Am Biertisch – die wenigsten suchen deswegen die Praxis des Psychologen auf – wird mir dann gestanden: «Ich liebe meine Frau nicht mehr, ich bin bei ihr oft impotent, und ich glaube, auch sie ist frigide. Ich vermute, daß sie in unserer fünfjährigen Ehe, außer am Anfang, keinen Orgasmus gehabt hat.» Diese Beichte stimmt mich sehr traurig, denn sie offenbart ein großes psychisches Elend hinter der Fassade der «glücklichen Ehe», zu deren Aufrechterhaltung beide Partner erzogen wurden. Sich die Wahrheit zu gestehen, würde eine komplizierte Struktur der verschiedensten Ängste zutage bringen. Wenn ich frage: «Wie hältst du diese Ehe aus?» bekomme ich oft die Antwort: «Ich halte das nur aus, weil ich ab und zu mit einer Frau schlafe, die ich auf Geschäftsreisen in einer Bar kennenlerne. Dann bin ich nicht impotent, und ich habe den Eindruck, daß ich auch imstande bin, meiner Partnerin sexuelle Befriedigung zu geben.» Dies meine ich mit der Aussage: «... aber sie können diese Angst aushalten, und sie durchbrechen die Schranken der Konvention ab und zu.»

Nicht alle Eltern der Oberschicht oder Mittelschicht erziehen ihre Kinder in einem so perfekt geschlossenen System der Distinguiertheit, zur «Ruhe» und «Harmonie». Meist sind ihnen einige Dinge besonders wichtig, zum Beispiel Sauberkeit, Leistungsbereitschaft, Pflichtbewußtsein, Höflichkeit, aber andere wieder weniger wichtig, beispielsweise Pünktlichkeit, emotionale Spontaneität, Sexualität. Wenn solche Freiräume der Selbstentfaltung dem Kind bleiben, hat es die Möglichkeit auszuweichen, und es wird nicht durch und durch neurotisiert, sondern nur auf den Gebieten, in denen es sich engen Verhaltensnormen anpassen muß. Es gelingt ihm deshalb später leichter als beispielsweise Fritz Zorn, die Angst vor der Selbstentfaltung (auch in den Gebieten enger Verhaltensnormen), zu überwinden und unter Umständen auch hier ein Stück Selbstentfaltung nachzuholen.

Die Funktion der Einstellungen

Mehrfach wurde bereits darauf hingewiesen, daß Körper und Seele eine Einheit sind und nicht voneinander getrennt werden können. Wenn ich vom Körper, von der Psyche und vom Denken spreche, so geschieht sprachlich zwar eine Trennung, aber es sollte immer bewußt bleiben, daß eine biologische Einheit gemeint ist, also Körper und Seele aufeinander bezogen sind, miteinander in Korrespondenz stehen. Getrennt von dieser psychosomatischen Einheit ist die Außenwelt, die Realität des umgebenden Milieus. Die Sinnesorgane dienen der Wahrnehmung der Außenweltreize, die innerlich, also körperlich und seelisch verarbeitet werden und Reaktionen hervorrufen. Das durch die Sinnesorgane vermittelte Abbild von der Außenwelt ist subjektiv und unterscheidet sich zum Beispiel von den Tierarten zum Menschen sehr stark, aber auch innerhalb einer Art von Individuum zu Individuum. Herr Maier sieht einen blühenden Kirschbaum also immer etwas anders als Herr Müller. Die Wahrnehmung ist selektiv an Erfahrungen und Bedürfnissen orientiert. Der Verliebte sieht die Welt anders als der Depressive, der Selbstmörder anders als der Künstler, der ein neues Werk plant.

Die Außenwelt wird nicht nur computerartig über die Sinnesorgane registriert und erlebt, sondern sie wird zusätzlich über die *Einstellungen* verarbeitet. Zu den Einstellungen gehören die moralischen und ästhetischen Bewertungsmaßstäbe und die Lebensphilosophien. Diese Instanz in der Innenwelt ist mit dem Über-Ich verbunden, das vor allem, wie bereits erwähnt, die introjizierten Normen der Autoritätspersonen enthält und die Aufgabe des Gewissens übernimmt. Das Über-

Wir sehen das, was in uns ist

Ich ist jedoch nur ein Teilbereich, allerdings ein wichtiger, innerhalb der Einstellungsinstanz. Diese Instanz hat die Aufgabe, die auftretenden Ereignisse zu bewerten und daraus Verhaltenskonsequenzen abzuleiten. In dieser Instanz ist das subjektive Wissen über den Menschen, die Welt, die Moral, die Ästhetik, die Sexualität usw. gespeichert. Hier ist das deterministische oder milieutheoretische Menschenbild und alle ideologisch gefärbten Meinungen über das Wesen des Menschen, das Ich und die Verhaltensweisen der Mitmenschen gespeichert. In dieser Instanz befindet sich die Privatpsychologie und die von anderen vermittelte und selbst zurechtgedachte Lebensphilosophie. In dieser Instanz ist das Denken eng oder weit, also beeinflußt von dem psychodynamischen Prozeß der Erziehung und der Angstverarbeitung durch Abwehrmechanismen. Die Lebenslügen werden hier gespeichert, und sie beeinflussen von hier aus das Leben und prägen die verschiedenen Neuroseformen.

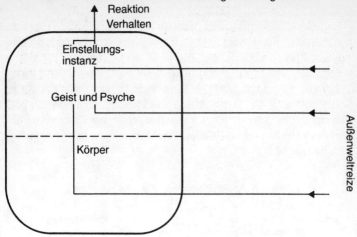

Das Verhalten wird über die Einstellungsinstanz gesteuert.

Der Sitz dieser Instanz befindet sich im Gehirn, aber da der Körper und die Emotionen durch Angst- beziehungsweise Glücksgefühle mitbeteiligt sind, ist die Einstellungsinstanz nicht isoliert zu sehen. Sie besitzt jedoch eine Schlüsselposition für das Verhalten und die Gestaltung des Lebens.

Insofern hat sie eine Kontroll- und Machtfunktion, die diktatorisch (eng) oder liberal (weit) ausgeübt werden kann. Die der Einstellungsinstanz untergeordnete Seele-Körper-Einheit reagiert auf die Herrschaft der Einstellungsinstanz entweder gehorsam oder revoltierend. Je härter die Herrschaft ausgeübt wird, um so unterdrückter sind Körper und Seele, um so unwahrscheinlicher erfolgt eine Revolution, um so heftiger, explosiver und gewalttätiger kann sie eines Tages ausbrechen.

Sind Seele und Körper der Einstellungsinstanz treu ergeben und willig untertan, weil dadurch Vorteile winken, erkranken sie nur langsam und schleichend durch die Bildung der Charakter- und Gefühlspanzerung. Sind Seele und Körper dagegen «zu stark» geknebelt, zeigen sich heftigere Krankheitssymptome, die eine Revolte nach innen darstellen. Körper und Seele versuchen, sich durch die Krankheit (als ein Notsignal an die Umwelt) zu retten, obwohl das meist nicht gelingt, da die Einstellungsinstanz (des sich selbst bereits massiv entfremdeten

63

Menschen) ohne Psychotherapie keine Veränderung im Bewußtsein zuläßt.

Das Schaubild unten zeigt, daß Außenweltreize (soziale Situationen, beruflich und privat) *über die Einstellungsinstanz verarbeitet* werden und entweder Geist oder Psyche in die Neurose oder Psychose treiben oder sich in einem Verdrängungsprozeß als psychosomatische Symptome niederschlagen. Der Einstellungsinstanz kommt also eine Schlüsselposition für die psychische und körperliche Gesundheit oder Erkrankung zu. Die «falsche» Einstellung führt zur Erkrankung, die «richtige» Einstellung ist heilend. Psychotherapie regt zu einem Einstellungswandel an.

Wege in die verschiedenen Krankheitsformen

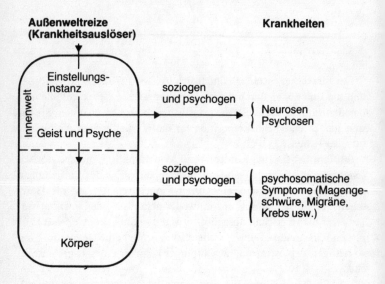

Woher kommen die Einstellungen?

Es könnte nach dem vorhergehenden Abschnitt der Eindruck entstehen, als würde ich mit der Einstellungsinstanz, in der richtige und falsche Einstellungen für den Entstehungsprozeß (Pathogenese) der Neurosen, Psychosen und psychosomatischen Symptome gespeichert sind, dem Individuum die alleinige Schuld für seine Erkrankung zuschieben. Das ist nicht der Fall. Das Individuum muß in zweierlei Hinsicht von dieser Schuld entlastet werden. Die Außenwelt trägt die aktuellen Streßreize und Konflikte an den Menschen heran, er ist also abhängig von dem sozialen Milieu, in dem er heranwächst und lebt, insofern werden Symptome soziogen (von der Gesellschaft erzeugt) und nicht nur psychogen (von der Seele erzeugt) hervorgerufen.

Es wurde auf die Verarbeitung der Außenweltreize in der Einstellungsinstanz, die zur seelischen Innenwelt gehört, hingewiesen. Diese Einstellungsinstanz ist nicht etwas ganz und gar Individuelles, sondern sie hat sich in der Entwicklung des Menschen vom Kind zum Erwachsenen langsam ausgebildet, sie hat sich angefüllt mit Einstellungen, Meinungen einzelner oder mehrerer Menschen- und Weltbilder, die nicht nur aus dem Individuum in eigener Denkarbeit entwickelt werden, sondern von außen als Information hereingebracht wurden. Auch diese Informationen sind abhängig von der sozialen Schicht des Elternhauses, von der Schule, den Lehrern und den Arbeitsbedingungen. Die Außenweltreize können von der Einstellungsinstanz nur so verarbeitet werden, wie es die Einstellungen und Meinungen zulassen. Wenn also eine krankmachende Umweltsituation mit falschen Einstellungen verarbeitet wird, ist die Erkrankung die Folge. Die eigentliche Ursache der Krankheit liegt nicht nur im Kranken, sondern auch in seiner krankmachenden Umwelt.

Was ist krankmachende Umwelt? Die krankmachende Umwelt des «distinguierten» Oberschichtmilieus beschrieb der bereits zitierte Fritz Zorn. Krankmachende Umwelt im Mittelschichtmilieu ist die unerträgliche Erziehung zur schulischen Spitzenleistung und zum Konkurrenzdenken, wie der Tübinger Kinder- und Jugendpsychiater Reinhart Lempp unter anderem in dem Buch «Problemkinder» beschreibt.[9] Die Angst vor der Schule weitet sich aus zur Angst vor dem Leben. Lempp: «Diese Kinder leben in Angst und diese Angst verbindet sich fest mit der Erfahrung, die man mit seiner eigenen Leistung macht. Sie werden leistungsängstlich, und da unsere Gesellschaft sich stolz als

Leistungsgesellschaft bezeichnet, bekommen sie Angst vor dieser Gesellschaft, vor dem Leben.»[10] Treffender kann man die krankmachende Umweltsituation für die Kinder nicht formulieren.

Im Beruf läßt der Leistungsdruck nicht nach, und die Angst wird wieder und wieder geweckt mit allen bereits beschriebenen Angstfolgen. Nur wenige bringen die Kraft zur beruflichen Selbständigkeit auf, sich in einen Beruf hineinzuentwickeln, in dem sie sich frei entfalten können und Befriedigung durch Selbstverwirklichung und schöpferischen Ausdruck finden.

An diesem Punkt verbindet sich Außenweltsituation (zunehmende Konzernbildung und Bürokratisierung) mit der Einstellungsinstanz, in der gespeichert ist: «Es kommt auf Sicherheit an. Eine selbständige Berufstätigkeit ist riskant, die Chancen für Erfolg sind ungünstig. Ideenreichtum und Kreativität sind erforderlich; die Laufbahn in einer großen Firma oder Behörde ist ein einfacherer Weg, das Leben zu bewältigen.»

Zu den gespeicherten Informationen in der Einstellungsinstanz kommt die Eigenschaftsstruktur mit dem Abwehr- und Lügensystem hinzu. Die Eigenschaften sind: anpassungsfähig, geduldig, fleißig, autoritätsgläubig, weisungsgebundene Orientierung, mangelnde Eigeninitiative, fehlende Kreativität, Vorsicht, Resignation, wenig Flexibilität, Depression, Nervosität, psychosomatische Symptome, Ängstlichkeit usw.

Ein Teufelskreis setzt sich in Gang: durch die Außenwelt werden Einstellungen vermittelt und krankmachende und unterdrückende Reize ausgeteilt, die Angstabwehr (Abwehrmechanismen, Lebenslügen) verursachen und die eine Persönlichkeitsstruktur mit den oben beschriebenen typischen Eigenschaften aufbauen, die als Reaktion auf neue, unterdrückende und krankmachende Umweltreize denselben Prozeß wieder in Gang setzen: Angstabwehr, Festigung der Persönlichkeitsstruktur.

Wie kann der einzelne aus diesem Teufelskreis herausgeholt werden? Der Hebel muß an zwei entscheidenden Stellen angesetzt werden: einerseits an den Umweltbedingungen, durch Veränderung, und andererseits an der Einstellungsinstanz, aus der das introjizierte Einstellungs- und Denkgerümpel hinausgeworfen wird und so der Kopf frei gemacht wird zur wachen und klaren Beurteilung der sozialen Umwelt und der persönlichen Stellung in dieser Umwelt.

Die Veränderung der Umwelt hat auf längere Sicht durch politische

Reformen zu geschehen. Der Psychiatrie-Kritiker Ernest Bornemann von der Universität Salzburg hierzu: «Das Ehrlichste, was wir Ärzte, Psychiater und Psychoanalytiker für unsere Patienten tun können, ist, ihnen zu sagen, daß niemand ihnen helfen kann. Nur sie selbst können sich helfen und das nur, indem sie an der Heilung der Gesellschaft, die sie krank gemacht hat, aktiv mitwirken.»[11]

Diese Meinung kann ich nicht ganz teilen, denn Bornemann ist der Auffassung, daß *keine* Psychotherapie helfen kann, bevor nicht die krankmachenden Umweltbedingungen beseitigt sind. Dieser Gedanke hat viel Logik, da die Therapie stark gefährdet ist, wenn die Umweltbedingungen weiterwirken, und sie wäre auch nicht nötig, wenn es die krankmachenden Umweltfaktoren nicht gäbe. Es sollte daraus der Schluß gezogen werden, daß Psychotherapeuten und Psychologen das Übel bei der Wurzel packen und Reformpolitiker werden oder, falls sie hier keine Chancen sehen, für Veränderungen als Sozialreformer kämpfen.

Die politische Laufbahn ist jedoch nach meiner Auffassung nicht die Aufgabe der Psychologen und Psychotherapeuten. Sie sollten mit den Mitteln kämpfen, die ihnen gemäß sind, mit den Waffen ihres Wissens, also durch Aufklärung. Zu diesen Psychologen gehört zum Beispiel der Neo-Psychoanalytiker und Schriftsteller Erich Fromm, der internationale Bestseller schreibt und dabei immer wieder sagt: Wenn ihr überleben wollt, dann müßt ihr euch menschlich ändern, dann müßt ihr eure Einstellung revidieren und ein lebensbejahendes, nicht am Haben, sondern am Sein orientiertes Leben führen.

In seinen beiden letzten Büchern «Anatomie der Destruktivität» und «Haben oder Sein» hat er diese Aufklärungsarbeit eindringlich geleistet. Der Leser wird einem Bewußtseinsbildungsprozeß in der Einstellungsinstanz ausgesetzt, in seinem Kopf wird ein Keim gelegt, der freilich beim einen abstirbt, aber bei einem anderen Wirkung zeigt und sich zu entwickeln beginnt. Dieser sieht die Welt und sich selbst mit anderen Augen, er ist in Zukunft auf Grund der veränderten Einstellung den Außenweltreizen weniger hilflos ausgeliefert. Derselbe Vorgang geschieht in einer Psychotherapie in mühsamer Einzelarbeit zwischen Therapeut und Patient, aber auch im Kopf eines Buchlesers, der unter Leidensdruck steht und bereit ist, sich auf einen Bewußtmachungsprozeß durch Mitdenken einzulassen.

Ich halte die individuelle Psychotherapie und Bücher mit therapeutischem, aufklärendem Ziel für sinnvoll und selbstverständlich auch für politisch, selbst wenn sich zunächst nichts schnell Sichtbares in der Struktur der Außenweltverhältnisse verändert.

Dem einzelnen, der psychisch leidet und der erkrankt ist, kann die politische Arbeit nicht aufgehalst werden, da er oft zunächst gar nicht genau weiß, warum er erkrankt ist, welche Faktoren der Außenwelt und seiner Einstellung (Innenwelt) krankmachend sind und welche nicht.

Ich halte es für unverantwortlich und inhuman, dem psychisch an der Umwelt Erkrankten auch noch die Belastung und Verantwortung an der Heilung der Gesellschaft aufbürden zu wollen. Er kommt mit seinem Leben nicht zurecht und soll sich außerdem dem noch viel größeren Streß der aktiven politischen Arbeit aussetzen; davon halte ich nichts. Zuerst müssen seine Einsicht, sein Wissen um die Verhältnisse in der Einstellungsinstanz wachsen. Er muß sich zunächst in individuellem Weg aus seinen Konflikten mit der Umwelt und seiner Einstellung befreien, den Ballast an falschem Wissen abwerfen, bevor er sich an die Belastung der aktiven Heilung der Gesellschaft machen kann. Er kann nicht die Umwelt reformieren, solange er die alten Inhalte seiner Einstellungsinstanz weiter mit sich herumschleppt.

Zunächst muß der einzelne genau wissen, was ihn krank gemacht hat und warum, bevor er das nötige Selbstbewußtsein entwickelt, um an der Heilung der Gesellschaft aktiv mitzuwirken. Auch dieses theoretische Wissen allein genügt noch nicht, denn er muß praktische Wege finden, psychisch zu gesunden, auch wenn der Widerspruch zu bestehen scheint, daß man nicht gesunden kann, wenn die krankmachenden Reize weiter einwirken.

Es ist mir ein unerträglicher Gedanke, daß der psychisch kranke und deformierte Mensch Revolutionär werden könnte und sich ohne weitere Arbeit an seinem Ich an die Veränderung der Gesellschaft heranmacht. Er kann seine Krankheit nicht heraushalten und schafft meist schlimmere, inhumanere Zustände als zuvor. Das beste Beispiel hierfür ist der destruktiv-sadistische Stalin, der Unterdrückungen beseitigen wollte und dafür noch schlimmeren Psychoterror schuf, wie jeder in Solschenizyns «Archipel Gulag» nachlesen kann.

Die zukünftigen Revolutionäre sollten sich also weniger im Umgang mit der Waffe bilden und sich weniger Gedanken über den Partisanenkrieg machen, sondern zunächst einmal ihre psychische Struktur heilen, bevor sie neues Unglück der Unmenschlichkeit und Unterdrückung schaffen. In den Untergrund gehen, mit der Waffe in der Hand, hat noch keinen seelisch Kranken psychisch gesund gemacht, auch wenn es manchen Theoretikern als konsequente revolutionäre Tat erscheint.

Die sinnvolle Revolution kommt weder von unten (Proletariat) noch von oben (Establishment), sondern von innen aus der Einstellungsinstanz, sie führt zunächst einmal zu einer Veränderung des individuellen Lebens. Je mehr Menschen sich dieser Veränderung von innen und der Veränderung ihrer individuellen Lebenssituation widmen, um so mehr Druck entsteht auf die jeweils Herrschenden in einer Demokratie (nur für Demokratien gilt das Gesagte), sich den neuen Verhältnissen anzupassen, um so eher kommen auch die gewünschten Reformen der Umweltbedingungen.

Ein Beispiel, wie das in der Vergangenheit geschehen ist: Früher war die Ehe eine Lebensgemeinschaft, in der der Mann Haushaltsvorstand, Namensgeber und Alleinverdiener war. Bis 1958 bedurfte es seiner Genehmigung, wenn die Ehefrau einen Beruf ausüben wollte. Er war berechtigt, ihren Arbeitsvertrag zu kündigen, ohne sie zu fragen.

Heute kann die Familie den Namen der Frau führen, der Mann muß auf die Frau Rücksicht nehmen, wenn sie einen Beruf ausübt, es ist den Eheleuten heute ausdrücklich selbst überlassen, welche Art Lebensgemeinschaft sie aufbauen wollen, ob er verdient oder sie, oder beide, oder beide halbtags.

Das keimende und aufblühende Selbstbewußtsein der sich emanzipierenden Frauen hat Druck auf die Gesetzgebung ausgeübt. Veränderungen der Denkinhalte und Meinungen über die Geschlechterrolle und Gleichberechtigung in der Einstellungsinstanz vieler Menschen haben die Verhältnisse der Außenwelt langsam verändert.

Das Selbstbild

In der Einstellungsinstanz befindet sich neben dem allgemeinen Menschen- und Weltbild auch das gespeicherte Selbstbild, die Meinung von der eigenen Person, von ihren Fähigkeiten und Eigenschaften. Dieses Selbstbild kann positiv oder negativ geprägt sein, also sich entweder als Selbstachtung oder Selbstverachtung darstellen.

Das Selbstbild wächst mit dem Aufbau der Einstellungsinstanz langsam mit. Die Meinungen anderer über das Selbst, Aufwertungen und

Abwertungen, werden hier gespeichert und zu einem subjektiven Selbstbild verarbeitet, das großen Einfluß auf das Verhalten ausübt.

Die meisten Menschen besitzen ein negatives Selbstbild, da sie vorwiegend mit Tadel, Strafe und negativer Bewertung ihrer Fähigkeiten und Eigenschaften in ihrer Lebensgeschichte konfrontiert werden. Der Erziehungsstil der meisten Eltern geht davon aus, daß Tadel und Kritik das Kind motivieren, bessere Leistungen zu zeigen und persönliche Eigenarten zu verändern. Sie erreichen dadurch jedoch im besten Fall freudlose Anpassung und Minderwertigkeitsgefühle. Es entsteht eine Diskrepanz zwischen dem realen Selbst und dem idealen Selbstbild, dem nachgestrebt werden soll, aber das nicht erreicht werden kann, weil in der Kritik die Forderungen meist zu hoch geschraubt werden, mit der falschen Annahme, daß dann der Drang zur Leistungssteigerung oder Verhaltensänderung besonders groß sei.

Das negative Selbstbild hat starke Auswirkungen auf den zwischenmenschlichen Kontakt. Der Mensch mit wenig Selbstachtung ist mißtrauisch, er fühlt sich häufig angegriffen, auch dann, wenn nur eine unglückliche Formulierung vorliegt, die nicht als Angriff gemeint war. Der Selbstunsichere hört im Gespräch mit übersteigerter Sensibilität Kritik heraus, wenn nicht besonders liebe- und respektvoll mit ihm umgegangen wird. Seine Empfindsamkeit äußert sich durch leichte Reizbarkeit und Aggressivität, aber auch als eine demütige Haltung, mehr passiv leidend als aktiv wehrend, aber mitunter heimtückisch aus dem Hinterhalt intrigierend. Der Selbstunsichere sieht die Personen um sich herum nicht objektiv und vorurteilsfrei gelassen, sondern verzerrt, und es fällt ihm deshalb schwer, einen lockeren, unkomplizierten Kontakt herzustellen.

Der Mensch mit Selbstachtung, der – wie bereits erwähnt – sehr selten ist, fühlt den Wert seiner Person von innen heraus, er gibt sich also nicht nur den fassadenhaften Anschein der Selbstachtung, wie das bei Personen mit Minderwertigkeitsgefühlen häufig der Fall ist. Er kann sich selbst gut leiden und fühlt sich wohl in seiner Haut. Kritik kann er ertragen, er neigt also nicht dazu, sie zu verdrängen oder mit empfindsamer Heftigkeit darauf zu reagieren. Seine Verteidigung ist sachlich und von gelassener Festigkeit. Er regt sich nicht darüber auf, wenn etwas schiefgeht, weil er kein Perfektionist ist und deshalb auch keine Schuldgefühle entwickelt, wenn etwas nicht so hundertprozentig gelingt. Allerdings ist auch der Mensch mit Selbstachtung aus dieser bewundernswürdigen Ruhe zu bringen, wenn er bewußt verletzt und ge-

Das Selbstkonzept

M M M

demütigt wird, wenn er destruktiver Kritik ausgesetzt wird, die um des Zerstörens und Verletzens willen ausgesprochen wird. Er reagiert dann durchaus heftig aggressiv und bringt seine Wut zum Ausdruck. Der Mensch mit Selbstachtung ist also, das muß besonders betont werden, nicht unverletzbar, wenn ihm Geringschätzung und Feindseligkeit entgegengebracht werden. Die Neurosen der Mitmenschen üben auf seine Verfassung durchaus Wirkungen aus, und er kann von den Neurosen der Mitmenschen mehr und mehr angesteckt werden, wenn er sich nicht aus einer neurotischen oder destruktiven Umgebung löst.

Da sein Selbstbild positiv ist, besitzt er den Mut, sein eigenes Leben zu leben und eine neurotische Menschengruppe zu verlassen, auch wenn ihm hierdurch Nachteile entstehen sollten. Sein positives Selbstbild befähigt ihn, einen individuellen Weg zu gehen, er schielt also nicht ständig nach Anerkennung durch die Mitmenschen und ist nicht darauf bedacht, sich angepaßt zu verhalten, da er sich so akzeptiert, wie er ist.

Das Selbstbild der Selbstachtung ist überaus wichtig für die Selbstentfaltung und psychische Gesundheit. Nur mit diesem Selbstbild ist es dem Menschen auf die Dauer möglich, einen eigenen, ihm gemäßen Lebensweg zu gehen, der die Chance des Glücklichseins bietet. Dieser individuelle Lebensweg ist nicht mit Egoismus oder Ellbogentechnik zu verwechseln, denn jeder hat das Recht auf seinen eigenen Weg und die Bewahrung seiner Selbstachtung. Wer dies antasten will, verfolgt Durchsetzungsmotive, die auf Macht und Unterwerfung hinauslaufen.

An dieser Stelle möchte ich die Thematik der Selbstachtung und der Minderwertigkeitsgefühle nicht weiter ausführen, da es mir hier vor allem darauf ankommt, die Bedeutung der Einstellungsinstanz klarzumachen: In ihr hat das Selbstbild seinen Platz, in der Informationen und Meinungen über die eigene Person gespeichert sind. Das Thema Selbstachtung und Minderwertigkeitsgefühle habe ich ausführlich in meinem Buch «Selbstbewußtsein kann man lernen» dargestellt, und ich möchte mich deshalb hier nicht wiederholen. Auf das Selbstbild werde ich an späterer Stelle nochmals eingehen, wenn ich auf die Wege zur Selbstentfaltung zu sprechen komme.

Einstellung und Krebs

Die Aussage, daß Krebs soziogene und psychogene Ursachen hat, stößt noch auf viel Unverständnis. «Natürlich habe ich auch Krebs, wie es aus dem vorher Gesagten eigentlich selbstverständlich hervorgeht», dieser Satz Fritz Zorns hat sicherlich viele Leser überrascht, denn man ist doch vorwiegend unter Laien und Medizinern der Überzeugung, daß der Krebs rein somatogen entsteht. Da aber Psyche und Physis als Einheit betrachtet werden müssen, ist psychogene Krebsauslösung keineswegs absurd, sondern sehr naheliegend. Der Organismus kann von der Psyche und Einstellungsinstanz stark belastet werden, wie unzählige Untersuchungen und Streßmessungen beweisen. Kürzlich untersuchte der Pädagogikprofessor Peter Krope von der Pädagogischen Hochschule Kiel, welchen Einfluß das Phänomen «Prüfungsangst» auf den Körper hat. Er testete 67 Studenten im mündlichen Zwischenexamen mit den verschiedensten medizinischen Meßgeräten und stellte fest:

1. Die Hauttemperatur stieg von 32 Grad Celsius (normal) auf fast 34 Grad und erreichte sogar mitunter den Fieberbereich.
2. Die Atemfrequenz stieg von 14 Atemzügen pro Minute (normal) auf über 18. Die sehr Ängstlichen gerieten sogar in Atemnot und keuchten wie bei einer Sportübung.
3. Der Puls stieg von 72 Schlägen in der Minute auf über 101 Schläge, es kamen Spitzenwerte bis 170 vor.

Es konnten natürlich nur die Veränderungen gemessen werden, die in der Prüfungssituation einer Untersuchung zugänglich sind. Nicht erfaßt wurden die inneren organischen Funktionsveränderungen, die bei Streß und Angst selbstverständlich mit auftreten, wie beispielsweise übermäßige Adrenalin-Ausschüttung (Hormon der Nebenniere, regelt die Durchblutung der Organe).

Die Prüfungsangst ist allerdings eine Extremsituation mit besonders hoher aktueller Angstbelastung. Da die meisten Menschen jedoch täglich mit aktuellen Angstsituationen in Schule, Beruf und Privatleben konfrontiert werden und zusätzlich unter chronischen, immer vorhandenen Ängsten leiden, reagiert ihr Organismus nicht entspannt, sondern gerät mehr und mehr außer Balance. Die Thymusdrüse schrumpft, und die Abwehr gegen Infektionen wird geschwächt. Der Blutfettspiegel wird erhöht und die Arterien verkalken deshalb rascher. Das Herz wird belastet, weil es mehr Blut durch Muskeln und Organe pumpt. Übermäßige Adrenalin-Ausschüttung fördert die Bildung von Magen- und Darmgeschwüren. Es wurden nur einige der bekanntesten organischen Veränderungen aufgeführt, die jedoch bereits deutlich zeigen, welchen großen Einfluß die Angst, ob sie nun bewußt oder unbewußt (verdrängt) ist, auf den Organismus ausübt.

Der Heidelberger Wissenschaftler Dr. R. Grossarth-Maticek vom Deutschen Krebsforschungszentrum (DKFZ) veröffentlichte im Juni 1976 Untersuchungsergebnisse, die die Bedeutung psychosozialer Karzinogene (Krebsverursacher) beweisen.[12] Die Untersuchung erstreckte sich über 12 Jahre und erfaßte 522 Krebspatienten.

Krebskranke zeigen besondere Persönlichkeitsmerkmale. Sie nehmen ungünstige Umweltbedingungen, gesundheitsschädigende Arbeitsbelastung, schlechte Wohnsituation in Kauf; krankmachende Umweltfaktoren werden einfach ignoriert; seelische und körperliche Überforderung beachten sie wenig.

In der Kindheit wurden sie von den Eltern häufig emotional frustriert. Es wurde ein extrem normbetontes und perfektionistisches Verhalten von ihnen gefordert. Schicksalsschläge wie Partner-, Eltern- oder Berufsverlust belasten sie psychisch stärker als gesunde Menschen. Sie neigen dazu, zwischenmenschliche Beziehungen abzubrechen, und sie kommen dadurch leicht in soziale Isolation. Krebspatienten schildern ihre Eltern als kalt, abweisend und lieblos. Sie wurden zur Normenkonformität und zu leistungsorientiertem Verhalten gezwungen. Sie empfinden sich in ihrer Phantasie als überflüssig und unerwünscht und identifizieren sich dennoch stark mit ihren Eltern, sie introjizieren die Autorität. Sie wollen eher ihr eigenes Leben aufgeben, als ihren Eltern Schwierigkeiten zu bereiten. Sie waren also, wie Fritz Zorn es beschreibt, immer «lieb und brav». Ihren Eltern gegenüber entwickelten sie kein Konfliktbewußtsein. Ihre Aggressivität ist gehemmt und die Fähigkeit, Konflikte offen auszutragen, nicht ausgeprägt.

Es ist zu begrüßen, daß die Deutsche Forschungsgemeinschaft ein medizinisch-soziologisches Schwerpunktprogramm eingerichtet hat, worunter auch das Projekt «Soziales Verhalten und Krebs» fällt. Die methodische, empirisch-statistische Beweisführung ist nicht einfach, obwohl die Sache selbst psychologisch evident ist. Trotz dieser Evidenz wird weiteres wissenschaftliches Beweismaterial erforderlich sein, damit die Mediziner sich überzeugen lassen, da sie im allgemeinen gegenüber psychosozialen Faktoren bei der Krankheitsentstehung nicht sehr aufgeschlossen sind, wie eine Äußerung von Dietrich Schmähl, Leiter des Heidelberger Instituts für Toxikologie und Chemotherapie, exemplarisch zeigt: «Wir wissen aus den Erfolgen der letzten sieben bis acht Jahrzehnte sehr wohl, daß man Krebs verhüten kann, wenn es gelingt, krebserzeugende Faktoren aus der Umwelt des Menschen auszuschalten. Diese Faktoren sind indessen stofflicher Natur und nicht irgendwelche Luft-Geistmiasmen.» [13]

Sehr häufig werden leider die psychischen und sozialen Faktoren, da nicht materiell greifbar und schwer meßbar, als spleenige «Luft-Geistmiasmen» angesehen und deshalb nicht weiter beachtet. Die beschriebenen Körperreaktionen auf Angstgefühle und Streß sollten jedoch zu denken geben. Es sollte endlich Schluß damit gemacht werden, die psychischen Phänomene so zu behandeln, als wären sie etwas obskur Nebulöses. Gerade in der zukünftigen Krebsforschung wäre diese Fehleinschätzung bedauerlich, denn hier ergibt sich nach meiner Auffassung ein neuer, bedeutender und vielversprechender Ansatz für die Krebsvorsorge und Krebsverhütung durch spezifische psychotherapeutische Verfahren, die an der weitverbreiteten karzinogenen Persönlichkeitsstruktur ansetzen könnten.

3.
Wie sehr haben wir dies alles satt

«Ich bin nicht ‹halt eben› unglücklich, ich habe nicht ‹Pech gehabt›, es ist kein Zufall, daß ich unglücklich bin. Man hat mich unglücklich gemacht. Daß ich unglücklich bin, ist nicht das Resultat eines Zufalls oder Unfalls, sondern eines Vergehens. Es ist nicht ‹passiert›, sondern es ist bewirkt worden, es ist nicht Schicksal, sondern Schuld.»
Fritz Zorn

Täglich erhalte ich Briefe von Lesern meiner Bücher, die das Unbehagen an unserer Zivilisation zum Ausdruck bringen. In diesen Briefen, die teilweise bis zu 30 Seiten umfassen, schildern die Menschen ihre Probleme im Beruf, in der Ehe, Kindererziehung, Konflikte mit Gerichten, Behörden, Schulen, Universitäten. Sie schreiben mir, um sich Luft zu verschaffen, um sich einmal ihren Kummer von der Seele zu schreiben, meist mit konkreten Fragestellungen auf ihren speziellen Fall bezogen.

Einige Zitate aus diesen Briefen sollen einen Überblick geben, wie groß für viele der seelische Druck ist.

Eine geschiedene Frau: «Wie kann ich mit 50 Jahren mein Leben noch ändern? Ich wurde immer unterdrückt.»

Ein Zwanzigjähriger: «Nach meinen eigenen Erfahrungen suchen besonders die Jugendlichen einen neuen Lebensstil, die mit der Situation in der Familie nicht zufrieden sind. Sie werden stark von ihren Eltern eingeschränkt und haben kaum Kontakt zu ihren Eltern, so daß sie mit ihnen über Probleme (persönliche Probleme wie Sexualität usw.) nicht reden.»

Ein Zweiundzwanzigjähriger: «Ich möchte frei sein, die meisten verstehen sowieso nicht, was ich meine. Ich will mich befreien von Egoismus, Herzlosigkeit, Vorurteilen und Lügen, denn die Heuchelei der meisten Menschen geht mir auf die Nerven.»

Ein kaufmännischer Angestellter: «Unsere Gesellschaft zwingt den Menschen, seine Individualität aufzugeben. Der Mensch genießt zwar den Schutz der Gesellschaft, der Institutionen, ist ihnen aber andererseits voll ausgeliefert.»

Eine Hausangestellte: «Ich möchte ja so gerne, daß alle Menschen gleich behandelt würden, jeder ist doch nur ein Mensch und sollte den

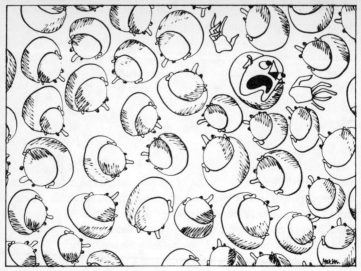

»Ich hab' es satt, mich anzupassen«

anderen genauso schätzen. Übrigens werde ich auch noch verspottet, da ich noch Gefühle habe und mir eine primitive Behandlung einfach weh tut.»

Ein Kraftfahrer: «Welche Partei würde die benötigten Sozialtherapeuten unterstützen, damit die Bevölkerung sich von der destruktiven Gesellschaftsordnung befreien kann? Ich war früher für den Marxismus.»

Ein Pädagogikstudent: «Ich erlebe es in meinem Bekanntenkreis immer wieder, wie deprimierend jene Stellung in einer großen Maschinerie empfunden wird, die den einzelnen zum Rädchen umfunktioniert, jedoch hüte ich mich mittlerweile, da ich nämlich keine vernünftigen, realisierbaren Alternativen anbieten kann, Salz auf diese Wunden zu streuen.»

Ein Handwerker: «Ihre Sorge, daß sich die Gesellschaft nur verändert, wenn erst wir uns ändern, teile ich, und ich glaube, daß nur lange Denkprozesse vorbereitend mal irgendwann etwas bewirken.»

Ein Verwaltungsangestellter: «Die Ehe- und Partnerschaftsprobleme scheinen mir die größten zu sein. Selbstentfaltung und Gefühlsbefreiung werden doch nirgendwo so stark gebremst wie in der Ehe. Wie ist

eine Entfaltung ohne Entfremdung möglich, wenn die Interessen aus-
einandergehen? These meiner Frau: Ich will die Freiheiten nicht, die
du mir einräumst. Du solltest davon so wenig nehmen wie ich mir
selbst.»

Ein Landwirt: «Daß die Erziehung auf seelische Befreiung ausge-
richtet sein soll, damit bin ich einverstanden. Das ist die Zukunft. Was
sollen nun aber wir tun, die wir erzogen sind und unter marterhaften
Angstzuständen und Beklemmungen leben, wie ich das tue? Ich möchte so gerne mein eigenes Leben leben und nicht beständig unter diesem
Alpdruck sein.»

Ein Architekturstudent: «Ich kenne Menschen, die Magengeschwüre
haben und abends heulend nach Hause kommen, weil sie im Büro sy-
stematisch fertiggemacht worden sind. Wenn man davon ausgeht, daß
diese Menschen eine Familie zu ernähren haben und einen Beruf ausüben, wo es derzeit Überschuß gibt, kann ich Verständnis aufbringen,
daß sie sich unterwerfen. Denn ich glaube, es gibt kein Arbeitsschutz-
gesetz gegen firmeninternen Terror.»

Ein Schriftsetzer: «Ich habe schon in kleinerem Kreis mit Bekannten
über Probleme der Selbstfindung gerade in bezug auf das hemmungs-
lose Wirtschaftswachstum und die Ausbeutung des einzelnen Menschen diskutiert. Bisher hatte ich den Eindruck, mit meiner Zimmer-
wand zu sprechen.»

Ein technischer Betriebswirt: «Ich leide an Depressionen, Psychopharmaka verstärken sie, zur Zeit nehme ich nichts und versuche zu
ertragen, zu schweigen, zu beten, zu fluchen und zu trinken.»

Eine Hausfrau: «Speziell die Frau als Mutter sollte aufwachen. Aus
Unwissenheit wird in der Erziehung vieles verdorben. Bis die Frau zu
sich selbst findet (wenn überhaupt je) sind die Kinder groß und leiden
an den gleichen Übeln.»

Ein Lehrer: «Schreiben Sie mehr über Möglichkeiten der Psychotherapie für Menschen, die in der Provinz leben und wie ich nicht die
Möglichkeit haben, eine ‹Analyse› durchzumachen. Schon seit Jahren
kämpfe ich gegen unmenschliche Normen unserer Gesellschaft an.»

Ein Schweizer Kaufmann: «Nach wie vor zählen in der Schule deutsche Sprache schriftlich und mündlich sowie Rechnen. Die musischen
Fächer, wie Zeichnen, Musik, Gesang, sind am Ende der sechsten Pri-
marklasse im Eimer. Leistung, Leistung, Leistung ...!»

Eine Abiturientin: «Über unser System, das kaum noch irgendwel-
chen humanistischen Maßstäben gerecht wird, habe ich mir schon oft

Gedanken gemacht. Ich bin nicht zufrieden und nicht glücklich, obwohl ich nach allgemeiner Auffassung allen Grund dazu hätte. Meine Familie gehört der gehobenen Mittelschicht an. Ich habe keine materiellen Sorgen, ganz im Gegenteil – demnach müßte es mir eigentlich gut gehen.»

Eine Sekretärin: «In einem Gespräch mit meinem Chef betonte er, daß ich eben sehr viel mehr Charakter aufbringen müsse als er, wenn er jetzt mit mir spricht, weil ich ja die Existenz verlieren kann, während sie ihm erhalten bleibt.»

Eine kaufmännische Angestellte: «Leider waren bis jetzt meine Bemühungen, einen Psychotherapeuten zu finden, vergebens, und wie ich inzwischen erfahren habe, weigert sich meine Krankenkasse, die Kosten zu übernehmen.»

Ein kaufmännischer Angestellter (unter 30 Jahren): «Laut der Freudschen Theorie haben sich bei mir die Pole von Es nach Über-Ich vertauscht und die Realität ist mir grausam bewußt und dadurch fühle ich mich den Anforderungen allgemein nicht mehr so gewachsen wie früher, weil ich die letzten 5 Jahre zuviel meiner Kraft (seelisch und körperlich) dieser Leistungsgesellschaft gegeben habe. Ich muß neu beginnen.»

Bisher erhielt ich insgesamt über 3000 Zuschriften von Lesern und Leserinnen, die aufzeigen, welchem Leidensdruck jeder einzelne ausgesetzt ist. Häufig werde ich um einen Rat gebeten, vor allem zu folgenden Problembereichen:

– Was kann man gegen eine konkrete Unterdrückung am Arbeitsplatz im Einzelfall tun?
– Ist mein Verhalten oder das meines Partners noch als normal zu bezeichnen?
– Was kann gegen psychogene Symptome wie häufige Spannungskopfschmerzen, Sexualstörungen, Schweißausbrüche, Redeangst vor Gruppen usw. getan werden?
– Welche Literatur ist für dieses oder jenes Lebensproblem empfehlenswert?
– Welche Möglichkeiten gibt es, die belastende Isolation, Angst und Selbstunsicherheit zu überwinden?

Die Briefe und Resonanzfragebogen zu dem Buch «Lassen Sie sich nichts gefallen» wurden statistisch ausgewertet. 71 Prozent der Leser waren männlich und 29 Prozent weiblich.

Die Altersstreuung

unter 20 Jahre	10 Prozent
20 bis 30 Jahre	34 Prozent
31 bis 40 Jahre	31 Prozent
41 bis 50 Jahre	15 Prozent
über 50 Jahre	10 Prozent

20 bis 30 Jahre 34 Prozent, 31 bis 40 Jahre 31 Prozent $\}$ = 65 Prozent

65 Prozent der Leser waren zwischen 20 und 40 Jahre alt. In diesem Zeitraum bricht der Lebenskampf als Kampf mit der Anpassung und um die Selbstfindung besonders heftig über den Menschen herein. Es verwundert deshalb nicht, daß sich gerade diese Altersgruppe von dem Titel «Lassen Sie sich nichts gefallen» und den Assoziationen, die er weckt, angesprochen fühlte.

*Über diese Abwehrmechanismen hätten die Leser gerne mehr erfahren**

Gefühlspanzerung	35,3 Prozent
Verdrängung	28,4 Prozent
Rollenspiel	22,6 Prozent
Ohnmachtserklärung	20,0 Prozent
Identifizierung	18,4 Prozent
Reaktionsbildung	17,9 Prozent
Symptombildung	17,9 Prozent
Vermeidung	14,2 Prozent
Rationalisierung	13,7 Prozent
Sublimierung	13,1 Prozent
Betäubung	10,5 Prozent
Projektion	10,0 Prozent
Abschirmung	8,4 Prozent
Verschiebung	7,4 Prozent

* Mehrfachnennungen waren möglich, deshalb liegt die Addition über 100 Prozent.

Diese Probleme beschäftigen die Leser besonders

Selbstfindung	67,9 Prozent
Angst	44,2 Prozent
Gefühlspanzerung und Gefühlsbefreiung	42,6 Prozent
Psychotherapie	32,1 Prozent
Humanisierung der Arbeitswelt	31,0 Prozent
Anpassung an die Normen der Gesellschaft	29,5 Prozent
Eigene und fremde Aggression	25,8 Prozent
Gleichwertigkeit der Menschen	23,7 Prozent
Emanzipation	22,1 Prozent
Geltungsstreben und Statusdenken	22,1 Prozent
Eigener und fremder Egoismus	21,0 Prozent
Rangordnung und Hierarchie	20,5 Prozent
Entwicklung und Bewertung der Intelligenz	14,2 Prozent
Vorschläge zur Therapie	14,2 Prozent
Sozialcharakter	9,5 Prozent

Diese Problemstruktur der Leser zeigt, daß die Thematik der Selbstfindung (67,9 Prozent) besonders im Vordergrund steht. Danach werden solche Probleme besonders häufig genannt, die der Selbstfindung im Wege stehen, das ist die Angst (44,2 Prozent), die Gefühlspanzerung beziehungsweise Gefühlsbefreiung (42,6 Prozent), die ausstehende Humanisierung der Arbeitswelt (31 Prozent) und die Anpassung an die Normen der Gesellschaft (29,5 Prozent). Bei der Lösung dieser Probleme wird der Psychotherapie eine wichtige Rolle beigemessen (32,1 Prozent). Die anderen 9 Problemgebiete von «Eigene und fremde Aggression» bis «Sozialcharakter» verblassen als Spezialthemen im Vergleich zu den Hauptproblemen Selbstfindung, Angst, Gefühlspanzerung und Gefühlsbefreiung. Intuitiv erfaßten die Leser ihre Problematik in der Wurzel, denn wenn die Selbstfindung gelungen ist, dann ist auch die Angst verschwunden und die Gefühlspanzerung aufgelokkert. Solange die Selbstfindung aussteht, herrscht weiterhin Angst und die Gefühle werden abgepanzert. Die Selbstfindung war schon immer das zentralste und gleichzeitig schwierigste Problem für jeden Menschen; sie ist in unserer technischen Zivilisation besonders schwierig geworden, da die Entfremdungsfaktoren, die der Selbstfindung und Selbstentfaltung entgegenstehen, angewachsen sind.

Vor allem mit meinen letzten Büchern «Selbstbewußtsein kann man lernen», «Statussymbole» und «Lassen Sie sich nichts gefallen» habe ich versucht, dem Leser auf dem Weg zur Selbstfindung mit Informationen aus der psychologischen und psychotherapeutischen Forschung behilflich zu sein.

Auf die Frage: «Hat Ihnen die Lektüre des Buches geholfen, Ihre individuellen und sozialen Reaktionen besser zu durchschauen?»[1] antworteten 67 Prozent mit «ja», 32 Prozent mit «teilweise» und 1 Prozent mit «nein». Dieses Ergebnis ist für mich sehr ermutigend, da es mir zeigt, daß meine psychologische Aufklärungsarbeit sinnvoll ist und dem Leser zu mehr Transparenz verhelfen kann.

Die meisten sind ihren psychischen Problemen gegenüber sehr hilflos und vor allem «sprachlos», deshalb ist es wichtig, daß die seelischen Instanzen Es, Ich und Über-Ich, Einstellungsinstanz, Selbstbild, die einzelnen Abwehrmechanismen und Lebenslügen durch Benennung und Beschreibung möglichst vielen Menschen bewußt gemacht werden, damit diese psychischen Phänomene in das Licht der Sprache und des Denkens transportiert werden können. Sobald sie einen Namen haben, kann man besser über sie nachdenken und sich vor allem den Mitmenschen verständlicher machen. Phänomene, die keinen Namen haben, bleiben dagegen im Nebulösen, im «nur Gefühlten» und können deshalb leicht als «Hirngespinste» oder «Einbildungen» abgewertet und abgewehrt werden.

Die Unzufriedenheit wächst

Die Symptome von leichter psychischer Unausgeglichenheit bis zur schweren neurotischen Störung nehmen zu. Bei einer Umfrage der Wickert-Institute erklärten 1977 19 Prozent der Befragten, sie litten häufig unter Depressionen.[2] Etwa 46 Prozent gaben an, daß dies «gelegentlich der Fall» sei und nur 35 Prozent antworteten mit «ganz selten» oder «nie». Mitte 1976 klagten nur 16 Prozent über häufige Depressionen, also eine Zunahme innerhalb eines Jahres um 3 Prozent; das ist viel bei einer so gravierenden Störung wie der Depression.

Die Depression ist ein Gefühl der Gedrücktheit und Niedergeschlagenheit, verbunden mit trauriger Verstimmung und resignierender Energielosigkeit. Der Depression geht in ihrer Entstehung in der Lebensgeschichte Angst voraus, das Leben nicht zu bewältigen, aus der

Enge der äußeren Umstände und inneren Verfassung (Einstellung) keinen Ausweg zu finden.

Auch die Depression hat also viel mit Enge und vor allem mit Unterdrückung (Gefühl der Gedrücktheit, des Niedergedrücktseins) zu tun. In der depressiven Verstimmung sieht man keinen Ausweg mehr aus der Enge der Situation, die Hoffnung auf eine Befreiung schwindet – damit die Lebensfreude – und Resignation macht sich breit, daß sich die Umstände nicht ändern lassen und die eigenen Möglichkeiten, sie zu verändern, gering oder gar nicht vorhanden sind.

Wenn 19 Prozent der Bundesdeutschen häufig und 46 Prozent gelegentlich (zusammen 65 Prozent) unter Depressionen leiden, dann ist das für die Verfassung der Psyche der Bevölkerung in einer Gesellschaft ein deutliches Alarmsignal. So ist psychologisch verständlich, daß der Alkoholmißbrauch ständig zunimmt, da Alkohol die betäubende und belebende Wirkung eines Psychopharmakons besitzt.

In der Bundesrepublik sind nach Auffassung des Caritasverbandes mittlerweile 2,3 Prozent der Gesamtbevölkerung Alkoholiker – also suchtkrank –, das sind 1,5 Millionen Menschen. Das Bonner Gesundheitsministerium geht von 900000, das Bielefelder Institut für Dokumentation und Information über Sozialmedizin von 2 bis 3 Millionen Alkoholkranken aus, darunter sind heute etwa 10 Prozent Jugendliche. Nach einer Untersuchung der Universität Kiel ist bereits jeder sechste Jugendliche alkoholismusgefährdet.[3]

Zwar keine Alkoholiker, aber «starke Trinker» sind etwa 37 Prozent der Bevölkerung, nach einer Untersuchung über den Alkoholkonsum bei Männern und Frauen im Alter zwischen 20 und 64 Jahren. Fast jeder zweite trinkt ständig Alkohol und nur jeder zehnte kommt ganz ohne aus, ermittelte in einer Untersuchung die Deutsche Hauptstelle gegen Suchtgefahren.[4]

Jährlich müssen in Deutschland 90000 Suchtkranke (Medikamentensüchtige eingeschlossen) behandelt werden. Vor allem der Anteil der Jugendlichen und Frauen stieg von 1961 bis 1976 stark an, bei Frauen von 8,6 Prozent auf 28 Prozent. Diese Zahlen sind nur Zirkawerte, da viele Frauen heimlich trinken.

Die «Zeitschrift für Allgemeinmedizin» berichtete über eine Erhebung an 1000 männlichen Jugendlichen zwischen 16 bis 18 Jahren, die danach befragt wurden, ob sie in ihrer Freizeit «mehr oder weniger regelmäßig» Alkohol trinken:[5]

1968	4 Prozent
1969	5 Prozent
1970	7 Prozent
1971	12 Prozent
1972	22 Prozent
1973	39 Prozent
1974	51 Prozent

Diese Zunahme des Alkoholkonsums der Jugendlichen unter 18 Jahren hängt eng mit dem Leistungsdruck an den Schulen zusammen und den Schwierigkeiten, einen adäquaten Ausbildungs- oder Studienplatz zu erhalten. Der ehemalige Bildungsminister Helmut Rohde diagnostizierte treffend, daß die Jugend unter einem «gnadenlosen Selektionsdruck» steht. Die Abiturienten, die (durch den Numerus clausus) kein Studium aufnehmen, gehen in technische und kaufmännische Berufe, sie verdrängen hier Realschulabsolventen. Diese drängen ins Handwerk und besetzen Ausbildungsplätze, die nun den Hauptschulabgängern fehlen. Schüler ohne Hauptschulabschluß (etwa 11 Prozent eines Schulentlassungsjahres) haben deshalb kaum noch eine Chance auf eine Lehrstelle. Unzufrieden sind so letztlich alle, weil sie ihre Hoffnungen auf Aufstieg und berufliche Entfaltung zurückschrauben müssen.

Dies alles ist nicht etwa nur ein deutsches Problem; denn 500000 Engländer und 600000 Franzosen unter 25 Jahren hatten 1977 keinen Arbeitsplatz. In Italien wird es 1978 für etwa 132000 Hochschulabsolventen nur 75000 ihrer Ausbildung angemessene Arbeitsplätze geben. Das amerikanische Nachrichtenmagazin «Time» spricht von der «Werther-Generation», einer Generation, die unerfüllte Hoffnungen begraben muß und sich überflüssig fühlt. So ist psychologisch verständlich, daß die Selbstmorde in der Altersgruppe bis 25 Jahre ständig zunehmen, dreimal so rasch wie in der Gesamtbevölkerung. Die Bundesrepublik steht hinter den Ländern Finnland, Tschechoslowakei, Japan und Schweden an der Spitze dieser traurigen Selbstmordstatistik.

In den letzten Jahren sammelte ich viele Statistiken über Expertenbefragungen (vorwiegend Mediziner) zum Thema der psychischen Störungen in der Bevölkerung. Daraus ergibt sich, daß von 61 Millionen Bundesdeutschen etwa 10 Millionen seelisch so erheblich erkrankt sind, daß sie als psychisch behandlungsbedürftig bezeichnet werden müssen, also immerhin jeder sechste Bürger. Jährlich erkranken über 1 Million Menschen neu an einer akuten psychischen Krise, die zu behandlungsbedürftigen Symptomen führt. Damit liegt die Zahl der psychischen Erkrankungen (Neurosen) weit über den verbreiteten Zivilisationserkrankungen an Herz, Kreislauf, Krebs usw. Die Neurose ist die Zivilisationskrankheit Nr. 1. Zu den behandlungsbedürftigen Neurosen zählen sowohl die schweren Fälle der Übergänge zur Psychose, die einer psychiatrischen (nervenärztlichen) Therapie bedürfen, als auch die leichten bis schweren psychosomatischen Symptome, also Organstörungen, die keine körperlichen, sondern seelische beziehungsweise soziale Ursachen haben.

In dieser Gruppe ist nicht die große Personengruppe erfaßt, die unter leichteren neurotischen Störungen leiden und nicht auf die Idee kommt, deshalb einen Arzt oder Psychotherapeuten aufzusuchen.

Zu den leichten Störungen rechne ich unter anderem folgende Symptome, die einzeln oder als Syndrome (mehrere Symptome treten gemeinsam auf) auftreten können.

Störungen der psychischen Gesamtverfassung
Gefühl der psychischen Unausgeglichenheit
Leichte Reizbarkeit
Neigung zur inneren Anspannung und Verkrampfung
Innere Unruhe und leichte Nervosität
Angstanfälligkeit und daraus resultierende leichte Aggressivität oder Deprimiertheit

Kontaktstörungen
Kontaktschwierigkeiten durch die oben aufgeführte psychische Gesamtverfassung, verbunden mit Selbstwertproblemen (also Minderwertigkeitsgefühlen)
Übertriebene Introversion aus Angst verletzt zu werden
Übersteigerte Extraversion, um die Kontakthemmungen zu überspielen
Isolation aus Mangel an Gefühlsaufgeschlossenheit

Störungen im Gefühlsbereich
Zu starke Gefühlskontrolle und dadurch Gefühlspanzerung, seelische Impotenz und emotionale Verholzung
Leichte Neigung zur depressiven Verstimmung
Freudlosigkeit
Humorlosigkeit

Unfähigkeit, Sexualität und Liebe zu vereinigen, Verlust der Liebesfähigkeit

Unfähigkeit, zu trauern und zu weinen

Unfähigkeit, herzlich von innen heraus zu lachen (die meisten Menschen lachen zwar häufig, aber gekonnt maskenhaft, da eine verdeckte Depression vorliegt)

Die Unfähigkeit, mit den Sinnen voll wahrzunehmen

Neigung zu antisozialen Gefühlen wie Neid, Aggression, Eifersucht, Destruktion und Haß

Störungen im Arbeitsverhalten

Arbeitssucht, innere Unruhe und Leere, wenn einmal nichts zu tun ist (zum Beispiel am Wochenende)

Leistungsscheu, die Unfähigkeit, sich für eine Tätigkeit zu engagieren

Konzentrationsstörungen

Zwangsgedanken, Kontrolliersucht, Pedanterie

Ideenflucht, die Unfähigkeit, einem «roten Faden» zu folgen

Unfähigkeit, eigene kreative Ideen zu entwickeln

Störungen durch Abwehrmechanismen

Siehe die beschriebenen Folgen der Abwehrmechanismen auf den Seiten 48–57

Störungen durch die Folgen der Lebenslügen

Charakterpanzerung

Selbstmanipulation

Anpassungsstreben

Ego-Zentrierung

Rang- und Geltungsstreben

Intelligenzüberbewertung

Liebesunfähigkeit

Körperentfremdung

Diese Symptomliste erhebt keinen Anspruch auf Vollständigkeit. Die angeführten Symptome oder Syndrombilder können in leichter Form auftreten, dann zählen sie zu dem durchschnittlichen Zustandsbild des gegenwärtigen Zivilisationsmenschen, denn fast jeder leidet mehr oder weniger häufig unter den aufgeführten Phänomenen. Verstärken sich die Symptome jedoch, wird das Leben für den Patienten immer unerträglicher, und er sucht einen Arzt auf, vor allem, wenn sich die somatischen Phänomene mitverstärken.

Die Ärzte versuchen, mit den Syndromen vorwiegend durch die Verordnung von Psychopharmaka fertig zu werden. Der Konsum von Psychopharmaka (sowohl Beruhigungs- wie auch Antriebsmedikamente) stieg in den vergangenen vier Jahren nach meiner Auswertung mehrerer Studien um 230 Prozent. Diese Anstiegsrate wird weiter anhalten, da das Gesundheitsministerium nichts durch Fördermaßnahmen unternimmt, um die Zahl der Psychotherapeuten zu erhöhen. Die allgemeine Lage hat sich sogar im August 1976 noch erheblich verschlechtert, denn nach einem Beschluß der Ersatzkassen können Diplom-Psychologen ihre Patienten nicht mehr auf Krankenschein behandeln; der Patient muß also die Kosten privat bezahlen. Diese Behinderung der Versorgung steht in krassem Widerspruch zu den geschilderten Zunahmewerten der Störungen und zu den Ergebnissen der Psychiatrie-Enquête des Deutschen Bundestages, sie ist gesundheitspolitisch gesehen als Skandal zu bezeichnen. Die Folge ist, daß sich in unserem «Sozialstaat» nur noch die obere Mittelschicht und Oberschicht die Kosten einer psychologischen Beratung und Therapie leisten können, die große Mehrheit der Bevölkerung jedoch weiterhin auf Psychopharmaka ausweichen wird – oder als mißglückter Selbstheilungsversuch auf die zerstörerische, aber öffentlich akzeptierte und tolerierte «Droge Alkohol».

Sind Sie alkoholgefährdet?
Der Weg in die Alkoholsuchtkrankheit erfolgt über drei Stadien. Prüfen Sie sich selbst mit der folgenden kleinen Checkliste.

1. Stadium
Haben Sie nach einem Alkoholabend manchmal
Erinnerungslücken? ja/nein
Trinken Sie ab und zu heimlich allein? ja/nein
Denken Sie häufig an Alkohol? ja/nein
Haben Sie Schuldgefühle, weil Sie der Auffassung sind,
daß Sie zuviel trinken? ja/nein
Trinken Sie nicht wegen des Geschmacks,
sondern vorwiegend wegen der Wirkung? ja/nein

2. Stadium

Fällt es Ihnen schwer, nach einigen Gläsern
Alkohol aufzuhören?   ja/nein

Gebrauchen Sie Ausreden vor sich selbst
und anderen, wenn Sie trinken wollen?   ja/nein

Trinken Sie schon vor dem Mittagessen?   ja/nein

3. Stadium

Waren Sie in letzter Zeit einmal tagelang
hintereinander betrunken?   ja/nein

Zittern Ihre Hände, wenn Sie das Glas heben?   ja/nein

Haben Sie das Gefühl, täglich trinken zu müssen?   ja/nein

Schon die Beantwortung von zwei bis drei Fragen mit ja zeigt, daß eine Suchtgefährdung vorliegt.

Mit diesem Buch versuche ich, einen kleinen Beitrag zur Selbsttherapie zu geben. Die bisherigen Seiten dienten dazu, über psychische Grundzusammenhänge und die gegenwärtige gesellschaftliche Situation nachzudenken. Auf den nun folgenden Seiten werde ich versuchen, verstärkt an die Einstellungsinstanz zu appellieren, altes Einstellungs- und Meinungsgerümpel kritisch zu überprüfen und durch neue Einstellungen zu ersetzen.

Die Selbsttherapie ist nur möglich, wenn der einzelne nicht nur passiv liest und die Informationen emotionslos zur Kenntnis nimmt, sondern wenn er bereit ist, engagiert mitzudenken und Rückschlüsse auf seine eigene Situation zu ziehen.

Für ein aktives Verarbeiten empfiehlt sich, dieses Buch als eine Arbeitslektüre zu betrachten und mit dem Kugelschreiber zu unterstreichen und Randbemerkungen zu machen. Wenn die Informationen durch eigene Gedanken ergänzt und erweitert werden, werden sie lebendig und erhalten einen persönlichen Bezug.

Es geht im folgenden nicht darum, daß der Leser mir zustimmt und unterstreicht, wenn er mit mir einer Meinung ist, sondern er sollte bei inneren Widerständen Kritik üben und seine Argumente formulieren, dadurch wird ein Denkanstoß gegeben. Wenn mir ein Leser nicht zustimmt, wird er angeregt, seine eigenen Ideen in Zukunft aufmerksamer zu überprüfen, ebenso kann sich seine momentane Zustimmung durch entsprechende Lebenserfahrung in Kritik verwandeln.

Für mich als Autor ist jedes Buch ein lebendiger Prozeß, nie ein endgültig feststehendes Resultat. Es kann nie der «Weisheit letzter Schluß» sein, sondern immer ein Übergangsstadium von einer Erkenntnisstufe zur nächsten. Ein Buch ist begrenzt durch die Möglichkeiten der Sprache, es ist ein Weg zur Bereicherung des Denkens, aber kein zu Ende gegangener Weg, sondern immer nur eine Anregung. Ich werde versuchen, die Lücken, die in diesem Band zwangsläufig noch sind, in einem nächsten Buch zu ergänzen.

Das äußere und innere Milieu

Zuallererst belastet den Menschen das äußere Milieu, das ihn umgibt, seine Umwelt, die sozialen und vom Gesellschaftssystem gegebenen Bedingungen, die er antrifft, in der Zeitspanne von seiner Geburt bis zum Tod. Nach einer repräsentativen Meinungsumfrage belasteten die Menschen in Deutschland 1977 in folgender prozentualer Rangreihe

Umweltverschmutzung und Lärm	46 Prozent
Materielle Verhältnisse	41 Prozent
Das Altwerden	38 Prozent
Situation auf dem Arbeitsmarkt	37 Prozent
Wachsende Kriminalität	36 Prozent
Öffentliche Verwaltung, Behörden	34 Prozent
Politische Situation	32 Prozent
Ungenügende berufliche Möglichkeiten	31 Prozent
Ungenügende Ausbildungsmöglichkeiten	30 Prozent
Macht der Großunternehmen	28 Prozent
Gesetze	27 Prozent
Überlieferte Verhaltensweisen	27 Prozent
Macht der Gewerkschaften	25 Prozent
Ständiger Wechsel der Mode	22 Prozent
Soziale Herkunft der Familie	21 Prozent
Einfluß der Kirchen	19 Prozent
Das andere Geschlecht	18 Prozent
Süchte	18 Prozent[6]

Äußere Milieubedingungen sind Umweltverschmutzung, Lärm, Situation auf dem Arbeitsmarkt, wachsende Kriminalität, Behörden, politische Situation, ungenügende Ausbildungsmöglichkeiten, Macht der

Das Ringen um die Seele

Großunternehmen, überlieferte Verhaltensweisen usw. Auf diese Milieufaktoren ist vom einzelnen nur schwer Einfluß zu nehmen, sie setzen ihm Grenzen der Lebensbedingungen und erschweren seine freie Selbstentfaltung.

Die äußeren gesellschaftsbedingten Milieufaktoren können nur durch politische Reformarbeit verändert werden, nicht durch den bloßen Wunsch (und die Kommunikation darüber), sie mögen anders beschaffen sein. Auf die einschränkenden, von außen Grenzen setzenden Milieufaktoren reagiert die Psyche, der Geist und Körper, also das innere Milieu. Dieses innere Milieu wurde beschrieben als Es, Ich und Über-Ich, Einstellungsinstanz (Menschen- und Weltbild) und Selbstbild.

Das innere Milieu (die Persönlichkeitsstruktur) reagiert auf die Einflüsse und Kräfte des äußeren Milieus sehr heftig. Da ich Milieutheoretiker und kein Determinist bin, wie ich oben in Kapitel 1 ausgeführt habe, sehe ich die Bedeutung der Umwelt für die Entwicklung und Entfaltung der Persönlichkeit so: Die Umwelt kann den Menschen entweder psychisch krank und antisozial-destruktiv oder gesund und

89

sozial-konstruktiv machen. Es gibt extrem krankmachende Umwelten (Schulsysteme, Ausbildungsplätze, Berufe, Familien, Gesellschaftsstrukturen) und heilende, erfrischende, belebende Umwelten, in denen der Mensch alle Bedingungen vorfindet, um glücklich, kreativ und psychisch gesund zu leben.

In meinen gesellschafts- und kulturkritischen Büchern (unter anderem «Statussymbole», 1975) habe ich analysiert, welche Bedingungen in unserer modernen Industriezivilisation den Menschen zwangsläufig psychisch krank machen. Ich zitierte die verschiedenen Kulturkritiker, die in ihren Analysen zu dem gleichen Ergebnis kommen. Besonders erwähnen möchte ich zwei kulturkritische Bücher von Erich Fromm «Der moderne Mensch und seine Zukunft. Eine sozialpsychologische Untersuchung» (1960) und «Haben oder Sein. Die seelischen Grundlagen einer neuen Gesellschaft» (1976) sowie die Studie des amerikanischen Sozialwissenschaftlers Daniel Bell von der «Kommission für das Jahr 2000» mit dem Titel «Die Zukunft der westlichen Welt. Kultur und Technologie im Widerstreit» (1976).

Diese Gesellschafts- und Kulturkritik unter den verschiedenen sozialen, ökonomischen und psychologischen Aspekten ist wichtig, da sie politisches Denken schärft und Aktivität wecken kann, die krankmachenden Umweltfaktoren kritischer zu sehen und zu verändern. Ich möchte jedem empfehlen, sich politisch für positive Veränderungen unserer Lebensbedingungen einzusetzen, indem er sich einer Partei oder Bürgerinitiative anschließt. Politische Arbeit ist auch Zivilcourage im Alltag, wenn der einzelne seine persönlichen Rechte fordert, auf Mißstände aufmerksam macht und sich gegen Verletzungen seiner Persönlichkeits- und Menschenrechte zur Wehr setzt.

Politische Arbeit ist aber auch, wenn er beginnt, am inneren Milieu zu arbeiten, seine Seele zu heilen und sich der Anpassung zu verweigern. Diese Wendung nach innen muß keineswegs egoistische, unpolitische Weltabgewandtheit oder egozentrische Innerlichkeit sein. Die Arbeit am inneren Milieu ist nicht Flucht aus der gesellschaftlichen Verantwortung ins «bloß Private», denn nur aus dem veränderten, gesunden inneren Milieu kann auch eine gesunde politische Tätigkeit hervorgehen. Der psychisch kranke Politiker, der seine Innerlichkeit flieht und seine psychische Krankheit in der politischen Aktion abreagiert, ist mir ein Greuel. In der jüngsten Vergangenheit hat uns Adolf Hitler demonstriert, was es bedeutet, wenn ein psychisch deformierter, neurotischer Mensch von dem Willen getrieben wird, politische

Macht auszuüben und Veränderungen im sozialen, kulturellen und ökonomischen Bereich zu vollbringen.

Adolf Hitler konnte sich nicht auf Schreibtischarbeit konzentrieren, er war unruhig, getrieben und reiste durch Deutschland, um sich «seinem Volke» zu zeigen. Er mußte immer wieder etwas in Bewegung bringen, er konnte sich nicht selbst genießen, sondern war ständig auf der Flucht vor sich. Er benötigte größere und größere Erfolge durch Veränderungen wie eine Droge. Seiner Psyche genügten nicht die ersten erfolgreichen «Blumenkriege», er mußte in seiner Unruhe weiter gehen und seine psychische Struktur war letztlich der Grund für die Eskalation in den II. Weltkrieg. Alle von ihm vordergründig angeführten politischen Argumente waren Rationalisierungen und andere Abwehrmechanismen.

Die Weltkriegsgefahr liegt auch in Zukunft letztlich nicht vorwiegend in politischen, ideologischen oder ökonomischen Gründen, die wirklich «sinnvoll» wären, sie liegt in der gesunden oder kranken Psyche der jeweiligen Politiker. Dieser psychische Faktor läßt sich zur Zeit nicht kontrollieren, und aus diesem Grund ist jede psychische Deformierung bei einem Politiker ein großes Risiko. Ich atmete deshalb auf, als beispielsweise Richard Nixon durch die Watergate-Affäre zu Fall kam.

Die Stärkung der Einzelpersönlichkeit

Die Stärkung der Einzelpersönlichkeit kann nur durch eine Veränderung des inneren Milieus geschehen. Ich bin mit Erich Fromm der Auffassung, daß keine gewaltsame Revolution des äußeren Milieus erforderlich ist, wenn das innere Milieu erstarkt: «Ich glaube nicht, daß ein gewaltsamer Umsturz dazu nötig ist, wohl aber ein Umsturz in den Köpfen der Menschen.»[7] Mit diesem Umsturz in den Köpfen ist ein Umdenken, eine Neuorientierung im inneren Milieu gemeint, also eine Veränderung in der psychischen Struktur: Es, Ich, Über-Ich, Einstellungsinstanz, Weltbild und Selbstbild.

Die Seele ist kein vorgegebener Bauplan, den der Mensch im Laufe seiner Entwicklung vom Kind zum Erwachsenen ausreifen läßt, sondern ist als ein leeres Gefäß aufzufassen, das sich nach und nach mit Inhalten füllt. Zu diesen Inhalten gehören die Erfahrungen einerseits und andererseits die persönlichen Schlußfolgerungen daraus, die sich im Verhalten dokumentieren. Aus diesen Inhalten entwickeln sich

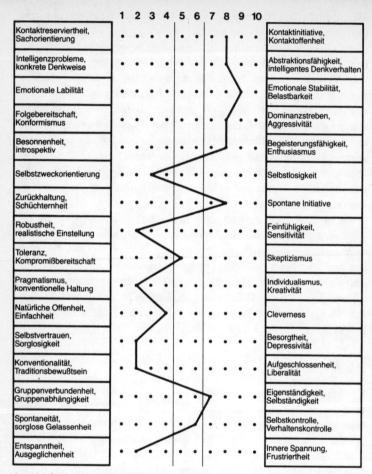

	1	2	3	4	5	6	7	8	9	10	
Kontaktreserviertheit, Sachorientierung											Kontaktinitiative, Kontaktoffenheit
Intelligenzprobleme, konkrete Denkweise											Abstraktionsfähigkeit, intelligentes Denkverhalten
Emotionale Labilität											Emotionale Stabilität, Belastbarkeit
Folgebereitschaft, Konformismus											Dominanzstreben, Aggressivität
Besonnenheit, introspektiv											Begeisterungsfähigkeit, Enthusiasmus
Selbstzweckorientierung											Selbstlosigkeit
Zurückhaltung, Schüchternheit											Spontane Initiative
Robustheit, realistische Einstellung											Feinfühligkeit, Sensitivität
Toleranz, Kompromißbereitschaft											Skeptizismus
Pragmatismus, konventionelle Haltung											Individualismus, Kreativität
Natürliche Offenheit, Einfachheit											Cleverness
Selbstvertrauen, Sorglosigkeit											Besorgtheit, Depressivität
Konventionalität, Traditionsbewußtsein											Aufgeschlossenheit, Liberalität
Gruppenverbundenheit, Gruppenabhängigkeit											Eigenständigkeit, Selbständigkeit
Spontaneität, sorglose Gelassenheit											Selbstkontrolle, Verhaltenskontrolle
Entspanntheit, Ausgeglichenheit											Innere Spannung, Frustriertheit

5 und 6 = Durchschnittsbereich (38,2% der Vergleichspersonen)

Profil 1: Erfolgreicher Verkaufsberater

auch die Persönlichkeitseigenschaften. Die Eigenschaften sind sehr formbar, sie entstehen im Laufe der Persönlichkeitsgenese in unterschiedlicher Ausprägung, je nach den Einwirkungen des äußeren Milieus auf das innere Milieu der Psychostruktur.

Die Psychologie entwickelte verschiedene Tests, um die Ausprägung der Persönlichkeitseigenschaften zu messen. Einer der bedeutendsten Standardtests dieser Art ist der 16-PF-Test von dem amerikanischen Testpsychologen Raymond B. Cattell[8], mit dem ich seit Jahren in meiner Praxis diagnostisch arbeite. Die einzelnen Eigenschaften werden in einem Fragebogenverfahren angesprochen, die Auswertung zeigt den Grad der Ausprägung auf einer Skala von 1 bis 10. Die Eigenschaften sind paarweise gegenpolig aufeinander bezogen. Beispiel: Kontaktreserviertheit und Kontaktinitiative sind zwei Ausprägungsformen der Persönlichkeitsdimension Kontaktverhalten.

Die Ausprägungen von 16 Persönlichkeitseigenschaften können optisch in einer Profilkurve dargestellt werden. Das Profil 1 offenbart die psychische Struktur eines erfolgreichen Verkaufsberaters von pharmazeutischen Produkten.

Ganz anders sieht dagegen das Persönlichkeitsprofil eines 35jährigen Malers und Bildhauers aus, der schon auf einigen Einzelausstellungen vertreten war und als exzentrisch, aber «Mann mit Zukunft» gilt.

Der Unterschied dieser beiden Persönlichkeitsprofile ist jedem sofort verständlich, da beide Personen sowohl in verschiedenen äußeren Umwelten leben als auch ein jeweils anders inneres Milieu besitzen. Dennoch ist jeder der beiden in seinem Berufsmilieu erfolgreich und hat wieder andere individuelle, für ihn charakteristische Probleme und psychische Konflikte.

Es ist interessant, einmal das Profil einer psychisch kranken, neurotischen Person dem Profil einer psychisch gesunden und angstfreien Person gegenüberzustellen. Beide Profile wurden in ein 16-PF-Schema eingetragen, der Kranke mit durchgehender Linie, der Gesunde mit gestrichelter Linie.

Die beiden Persönlichkeitsprofile sind natürlich individuelle Einzelstrukturen und lassen sich deshalb nicht generalisieren. Vor allem das Profil der psychischen Krankheit kann sich noch in anderen Ausprägungen darstellen. Bei diesem Beispiel handelt es sich um einen im Beruf erfolgreichen Sachbearbeiter einer städtischen Behörde, zweckorientiert (egoistisch), aber dabei mit Sensibilität und emotionaler

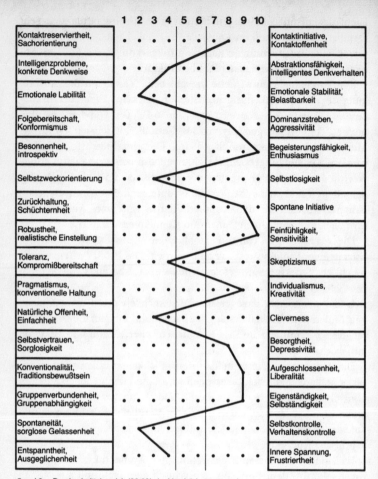

	1	2	3	4	5	6	7	8	9	10	
Kontaktreserviertheit, Sachorientierung											Kontaktinitiative, Kontaktoffenheit
Intelligenzprobleme, konkrete Denkweise											Abstraktionsfähigkeit, intelligentes Denkverhalten
Emotionale Labilität											Emotionale Stabilität, Belastbarkeit
Folgebereitschaft, Konformismus											Dominanzstreben, Aggressivität
Besonnenheit, introspektiv											Begeisterungsfähigkeit, Enthusiasmus
Selbstzweckorientierung											Selbstlosigkeit
Zurückhaltung, Schüchternheit											Spontane Initiative
Robustheit, realistische Einstellung											Feinfühligkeit, Sensitivität
Toleranz, Kompromißbereitschaft											Skeptizismus
Pragmatismus, konventionelle Haltung											Individualismus, Kreativität
Natürliche Offenheit, Einfachheit											Cleverness
Selbstvertrauen, Sorglosigkeit											Besorgtheit, Depressivität
Konventionalität, Traditionsbewußtsein											Aufgeschlossenheit, Liberalität
Gruppenverbundenheit, Gruppenabhängigkeit											Eigenständigkeit, Selbständigkeit
Spontaneität, sorglose Gelassenheit											Selbstkontrolle, Verhaltenskontrolle
Entspanntheit, Ausgeglichenheit											Innere Spannung, Frustriertheit

5 und 6 = Durchschnittsbereich (38,2% der Vergleichspersonen)

Profil 2: Maler und Bildhauer

Empfindsamkeit, skeptisch und pragmatisch, aber mit der Neigung zur Depressivität und Konventionalität; er zeigt Gruppenverbundenheit und erfüllt mit ausgeprägter Selbstkontrolle seine Pflicht. Er leidet vor allem unter seiner ichbezogenen Feinfühligkeit, der leichten depressiven Verstimmbarkeit und einer inneren Spannung, die auf eine Hemmung seiner Lebensimpulse zurückzuführen ist. Er ist zwar nach außen ein Meister in der Beherrschung und Selbstkontrolle, aber dennoch (oder gerade deswegen) fühlt er sich als ein unglücklicher Mensch, der unter seiner Panzerung und Unspontaneität leidet. Er verspürt den tiefen Wunsch, sich zu ändern, aber er entwickelt starke Ängste, eine Veränderung seiner Lebensweise vorzunehmen. In der derzeitigen Struktur fühlt er sich einerseits geborgen und relativ angstbeherrscht, aber andererseits unglücklich, unlebendig, frustriert und unfrei.

Dies wird verständlich, wenn man dagegen den psychisch Gesunden betrachtet. Er unterscheidet sich vor allem in folgenden Ausprägungen seiner Eigenschaften: Er ist kontaktoffen, fühlt sich emotional belastbar, ist anderen gegenüber tolerant und kompromißbereit, empfindet sich als Individualist und entwickelt eigenständige Kreativität, gibt sich natürlich, offen, einfach und empfindet Selbstvertrauen, er ist aufgeschlossen, mit liberaler Einstellung und handelt selbständig spontan, mit sorgloser Gelassenheit, er fühlt sich entspannt und psychisch ausgeglichen. In seiner Gesamtpersönlichkeit ist er stark, obwohl sein Dominanzstreben «nur» im Durchschnittsbereich liegt. Auffallend ist vor allem die Offenheit im Kontaktbereich, in der emotionalen Reaktion, in der Toleranz, im Individualismus, in der Einfachheit, der Natürlichkeit des Verhaltens, in der Sorglosigkeit. Daraus resultiert seine Eigenständigkeit, Spontaneität, Entspanntheit und Ausgeglichenheit.

Wie ist das Idealprofil eines so beneidenswert psychisch Gesunden zu erreichen? Diese Frage stellte mir auch der psychisch Kranke. In diesem Buch versuche ich, eine Antwort auf diese Frage zu geben. Er fühlte sich unglücklich und innerlich frustriert, weil seine gesamte psychische Eigenschaftsstruktur im Gegensatz zum Gesunden Enge aufweist.

Das 16-PF-Testprofil ist natürlich eine starke Reduzierung des reichen Seelenlebens auf ein eingegrenztes Schema, deshalb kommt nicht direkt zum Ausdruck, daß der Gesunde sich angstfrei fühlt und der Kranke von unterdrückter Angst durchdrungen ist – dies kann jedoch aus den beiden Profilen auch von einem Nichtpsychologen, der die bis-

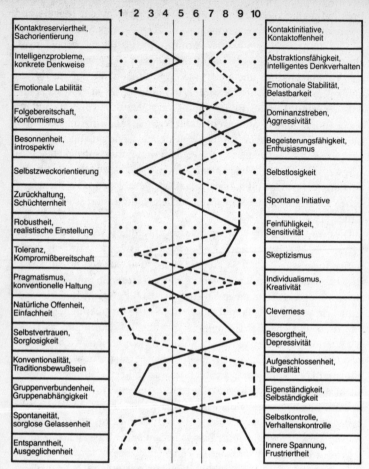

	1 2 3 4 5 6 7 8 9 10	
Kontaktreserviertheit, Sachorientierung		Kontaktinitiative, Kontaktoffenheit
Intelligenzprobleme, konkrete Denkweise		Abstraktionsfähigkeit, intelligentes Denkverhalten
Emotionale Labilität		Emotionale Stabilität, Belastbarkeit
Folgebereitschaft, Konformismus		Dominanzstreben, Aggressivität
Besonnenheit, introspektiv		Begeisterungsfähigkeit, Enthusiasmus
Selbstzweckorientierung		Selbstlosigkeit
Zurückhaltung, Schüchternheit		Spontane Initiative
Robustheit, realistische Einstellung		Feinfühligkeit, Sensitivität
Toleranz, Kompromißbereitschaft		Skeptizismus
Pragmatismus, konventionelle Haltung		Individualismus, Kreativität
Natürliche Offenheit, Einfachheit		Cleverness
Selbstvertrauen, Sorglosigkeit		Besorgtheit, Depressivität
Konventionalität, Traditionsbewußtsein		Aufgeschlossenheit, Liberalität
Gruppenverbundenheit, Gruppenabhängigkeit		Eigenständigkeit, Selbständigkeit
Spontaneität, sorglose Gelassenheit		Selbstkontrolle, Verhaltenskontrolle
Entspanntheit, Ausgeglichenheit		Innere Spannung, Frustriertheit

5 und 6 = Durchschnittsbereich (38,2% der Vergleichspersonen)

krank ——————
gesund – – – – –

Profil 3: Psychisch kranke und gesunde Testperson

herigen Gedanken über die Angst aufmerksam studiert hat, psycho-«logisch» geschlossen werden.

Psychische Gesundheit ist identisch mit Offenheit und Weite
- Kontaktoffenheit
- Toleranz
- Kreativität
- Natürlichkeit
- Selbstvertrauen
- Liberalität
- Selbständigkeit
- Spontaneität
- Entspanntheit

Psychische Krankheit ist dagegen identisch mit Enge und Begrenztheit
- Kontaktreserviertheit
- Dominanzbedürfnis
- Egoismus
- Skeptizismus
- Besorgtheit
- Gruppenabhängigkeit
- Selbst- und Verhaltenskontrolle
- Innere Spannung

Der psychisch kranke und unglückliche Mensch ist vor allem durch seine zwanghaften Reaktionsweisen gekennzeichnet, seine Starrheit und Unflexibilität, hinter der sich die Angst vor Versagenserlebnissen verbirgt. Seine Krankheit ist die Angst vor Kontaktmißerfolgen, vor zu großer Folgebereitschaft (also ausgenutzt zu werden), vor zu großer Duldsamkeit, vor der «schludrigen» Sorglosigkeit, vor allzu großer Selbständigkeit, vor der eigenen Spontaneität und Impulsivität, Schuldgefühle gegenüber der Entspanntheit und Ausgeglichenheit. Er kann die Zügel, die er sich selbst angelegt hat, nicht loslassen aus Angst, daß dann «sein Pferd (sein Ich) mit ihm durchgeht». Die Gelassenheit, das Loslassen des psychisch Gesunden machen ihm angst und sind ihm äußerst suspekt. Auf Grund seiner Angst entwickelt er Widerstände dagegen und erwartet extrem negative Folgen des Gelassenseins bei anderen. Seine Sicht dieser Eigenschaften ist etwa so:

Kontaktoffenheit – «Der biedert sich jedem an.»

Toleranz – «Der hat keine eigene Meinung.»

97

Kreativität – «Ein Spinner und Utopist.»

Natürlichkeit – «Läßt sich gehen.»

Selbstvertrauen – «Der hat den Ernst des Lebens noch nicht kennengelernt.»

Liberalität – «Der weiß nicht, was er will.»

Selbständigkeit – «Scheut die Verantwortung und die Unterordnung.»

Spontaneität – «Kann sich nicht beherrschen.»

Entspanntheit – «Hat keine Festigkeit, ist nachlässig.»

Es ist sehr schwer, den psychisch Kranken zum Loslassen, zur Entkrampfung zu bewegen, seine Widerstände gegen die innere Angst abzubauen, seine Einstellung von der Enge in die Weite zu führen. In der Weite (die ihm schwach, labil und schwankend erscheint) liegt die Stärke der Einzelpersönlichkeit, weil nur in ihr seelische Elastizität verwirklicht werden kann. Diese Elastizität der Offenheit ist Lebendigkeit, die Starrheit und Enge des Kranken verbirgt dagegen die fortschreitende Erkrankung und den Tod.

Der Kampf um den Besitz der Seele

Der Kampf um den Besitz der Seele ist ein Kampf um die Herrschaft über den Menschen. Dieser Kampf ist bereits im Sinne der Mächtigen (Politiker, Großunternehmer) entschieden, wenn man eine grobe gesellschaftliche Analyse anstellt. Ich muß in diesem Zusammenhang nochmals den scharfsichtigen Sozialpsychologen Erich Fromm aus einem Interview zitieren, in dem er sich besonders klar ausdrückt: «Ja, die Industriegesellschaft kümmert sich gar nicht mehr um den Menschen. Sie kümmert sich nur um eines: wieviel produziert wird. Der Mensch ist nur noch ein Instrument, um mehr und mehr zu produzieren und zu konsumieren. Mit anderen Worten: Damit wir eine gesunde Wirtschaft haben, brauchen wir einen kranken Menschen.»[9]

Das ist eine so harte Kritik an der Industriegesellschaft, daß sie von vielen als «extrem überspitzt» rationalisiert, also abgewehrt wird, denn sie besagt, daß die Menschen in unserer Gesellschaft bewußt, also vorsätzlich psychisch krank gemacht werden, weil die Wirtschaft solche kranken Menschen als Instrumente braucht. Dies würde bedeuten, daß die Mächtigen (also die Wirtschaftsunternehmen, die Arbeitsplät-

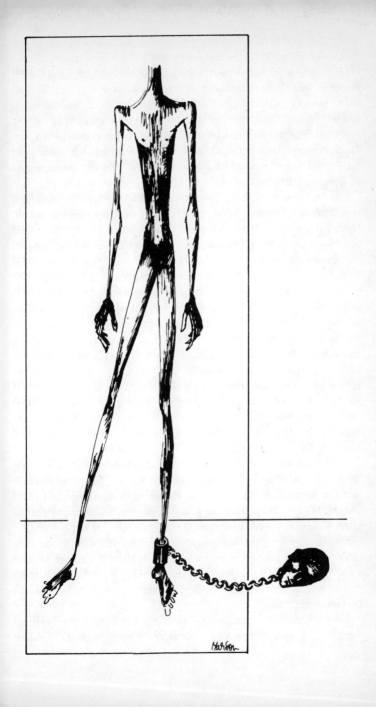

ze schaffen und Gebrauchsgüter produzieren) die Menschen in den Industriegesellschaften als einen doppelten Faktor (einerseits Arbeitskraft, andererseits Konsument) sehen, der in seinem Istzustand (durch Konsum- und Marktforschung) erforscht wird und in seinem Sollzustand bewußt produziert wird. Dies besagt auch, daß die Mächtigen um den Besitz der Seelen der Bevölkerung bemüht sind, daß sie mit gezielten Werbestrategien und mit Erziehungsstrategien arbeiten, um die Seelenstrukturen heranzubilden, die gebraucht werden, um sowohl die Produktion als auch den Konsum weiter zu steigern, «damit wir eine gesunde Wirtschaft haben».

Um die gesunde Wirtschaft dreht sich letztlich auch die Politik, denn eine kranke Wirtschaft bedeutet Regierungsparteienwechsel, soziale Unzufriedenheit und Unruhe in der Bevölkerung. Die Politiker sind die Handlanger der Wirtschaft, die sich ein Mäntelchen umhängen, das jeweils eine christliche, soziale, humanistische, liberale oder andere Färbung hat. Sie garnieren ihre repräsentativen Pflichtübungen mit ethischen Sprüchen, aber unter dem Repräsentations-Mäntelchen verbirgt sich der eigentliche Kern – der besteht aus Wirtschaftspolitik. «Psychologe, bleib bei deinen Leisten», denkt nun sicher mancher Leser, doch diese Abschweifung von der Individualpsychologie in den Bereich der Sozialpsychologie ist erforderlich, da ich von den Beziehungen zwischen äußerem und innerem Milieu gesprochen habe. Das innere Milieu ist nicht verstehbar, wenn man glaubt, die äußere soziale Umwelt ausklammern zu können. Das mag die Laborpsychologie praktizieren, was ich sehr bedauerlich finde, weil sie zu einer entmenschlichten Forschung geführt hat, zu einer Psychologie kleiner und kleinster Teile, ohne die Summe der Teile zu sehen.

Auch die Ostblockstaaten sind nichts anderes als Wirtschaftssysteme mit einem ideologisch schön gefärbten Mäntelchen, das verbergen soll, daß der Mensch ein Instrument ist, dessen Seele so manipuliert wird, wie die Machthaber es für richtig halten, um den Sollzustand zu erreichen, damit Wirtschaftswachstum (Profit) entsteht. Ob der Nutznießer der Staat ist oder ein Großkonzern, ist für die Einzelseele, die hier oder dort leben muß, nicht weiter wichtig, da sie hier wie dort, so oder so nicht mehr im Besitz ihrer selbst ist, sondern unmerklich ausgeliefert ist an ein Erziehungsprogramm, das sie vom eigenen Selbst mehr und mehr entfremdet.

Die meisten Menschen sind nicht die Besitzer ihrer Seele. Sigmund Freud sagte: «Der Mensch ist nicht Herr im eigenen Haus», sondern seine Seele sei ein fremdmanipuliertes Instrument (im Westen wie im Osten), eine Schachfigur, die in einem für den einzelnen nicht durchschaubaren Kräfte- und Gewinnspiel placiert wird. Der einzelne erhält eine Rolle zugewiesen, mit der er sich brav zu identifizieren versucht, und er geht auf dem Spielfeld unter genauer Einhaltung der gelernten Spielregeln die vorgeschriebenen Felder vor und zurück. Seine Freiheit ist nicht viel größer als die einer Schachfigur, obwohl er ein lebendes Wesen ist, ein Mensch, dessen Würde angeblich unantastbar ist. Auch die seelische Würde? Dies ist eine Frage der Auslegung und der entsprechenden «Sensibilität».

Der Kampf um den Besitz der Seele ist längst entschieden, er ist für die meisten Menschen verloren, ihre Seele wird von der Besatzungsmacht regiert. Ein Gedicht von Wolfgang Bittner bringt in ironisch überspitzter Form zum Ausdruck, um welche Erziehungsziele es geht, die sich in unserer Seele als «Lernziele» eingeschlichen haben.

Teil 2
Laßt der Seele Flügel wachsen

Lernziele

In neun Schuljahren
lernten die Kinder
LESEN
zum Entziffern der Werbeanzeigen
SCHREIBEN
zum Bestellen von Waren
RECHNEN
zum Kalkulieren der Ratenzahlungen
Lesen Schreiben Rechnen
für andere Dinge war keine Zeit [10]

Erst wenn wir die Besatzungsmacht aus unserer Seele hinausbefördern, flammt der innere Kampf wieder voll auf. Sobald der einzelne damit beginnt, wieder Herr im eigenen Haus zu werden, kümmert er sich um die «Stärkung der Einzelpersönlichkeit», um das Erwachen des Selbst, um die Entfaltung der Individualität, um das Niederreißen der introjizierten Begrenzungen und Verordnungen, um die Überwindung der Angst, um die Wiedererlangung der Selbstbestimmung.

4.
Wege aus dem engen Lebensstil

«Wir sind frei, wenn unsere Handlungen
aus unserer ganzen Persönlichkeit hervorgehen.»
Henri Bergson

Das Bedürfnis nach Selbstfindung und Selbstentfaltung ist groß und wächst ständig, deshalb schießen die verschiedensten Therapiemethoden, Trainingsprogramme und Heilsreligionen wie Pilze aus dem Boden. Zu den Psycho-Erfolgskursen, die in letzter Zeit vor allem in Amerika Furore machten, gehören u. a. das «Successful Living Seminar» (SLS) von Ranette Daniels (Kalifornien) und das «Erhard-Seminar-Training» (EST) von Werner Erhard (richtiger Name Jack Rosenberg, USA).

Zu den vielen sektenartigen Gruppen zählt in Deutschland die «Aktions-Analytische Organisation Bewußter Lebenspraxis» (AAOBLP) des ehemaligen österreichischen Happening-Künstlers Otto Mühl.

Die teilweise positiven, aber auch abstrusen Ziele dieser Gruppe drücken sich in ihren 12 Geboten aus:

«Erstens: Du sollst die kosmische Lebensenergie in deiner Lebenspraxis verwirklichen.

Zweitens: Du sollst kein Geld und kein Privateigentum haben.

Drittens: Du sollst nicht ausbeuten und dich nicht ausbeuten lassen.

Viertens: Du sollst deine Kinder nicht schädigen und beim Aufwachsen behindern.

Fünftens: Du sollst keine Gewalt gebrauchen, du sollst nicht strafen.

Sechstens: Du sollst deine Sexualität nicht auf einen Menschen beschränken, sondern sie in Lebensgemeinschaft mit anderen Menschen verwirklichen.

Siebtens: Du sollst nicht heiraten.

Achtens: Du sollst keine Zweierbeziehung haben.

Neuntens: Du sollst nicht eifersüchtig sein.

Zehntens: Du sollst deine Schädigung bekämpfen.

Elftens: Du sollst die kosmische Lebensenergie durch Selbstdarstellung sichtbar machen und dein Bewußtsein erweitern.

Zwölftens: Du sollst in gemeinsamer Arbeit mit allen Menschen zusammen die Welt gestalten.»

Den AAOBLP-Mitgliedern geht es vor allem darum, den «Kleinfamilienmenschen» in sich zu überwinden. Sie praktizieren freie Sexualität, wie vier der zwölf Gebote zum Ausdruck bringen. Da beginnen die psychologischen Bedenken, vor allem bezüglich Gebot sechs: «Du sollst deine Sexualität nicht auf einen Menschen beschränken, sondern sie in Lebensgemeinschaft mit anderen Menschen verwirklichen.» Wer nach diesem Gebot leben möchte, sollte es dürfen, aber wer seine Sexualität mit nur einem Partner verwirklichen möchte, sollte auch das dürfen. Er darf letzteres jedoch nicht, wenn er den Aktions-Analytikern beitritt. Er muß sich die Haare scheren lassen, hat sein ganzes Privatvermögen der Organisation als «Darlehen» zu übertragen und die zwölf Gebote gewissenhaft zu erfüllen. Die Tragik für die Mitglieder dieser Gruppe ist: Sie wollen die alten Regeln in Frage stellen und werden statt dessen mit neuen Regeln konfrontiert, die lediglich im Gegensatz zu den alten stehen.

«Du sollst kein Geld und kein Privateigentum haben», dieses Gebot ist doch nur eine Umkehrung des überspitzten Strebens nach Geld und Privateigentum in unserer Karriere- und Leistungsgesellschaft. Viele leiden darunter und möchten sich von der Macht des Geldes lösen. Das Loslassen des Geldstrebens muß in der Einstellungsinstanz erfolgen, es entlastet die gesamte Psyche und hat einen befreienden Effekt – aber es sollte sich um ein Loslassen in Lockerung handeln, nicht um den neuen Zwang, nun überhaupt nichts mehr zu besitzen. Das alte Problem des zwanghaften Gewinnstrebens wird gegen ein neues Problem der zwanghaften Besitzlosigkeit eingetauscht. In einer Industriegesellschaft ohne Geld zu leben – mit einer solchen Forderung wird der einzelne von der Sekte entmündigt und gefügig gemacht.

Die Gebote drei, vier und fünf sind dagegen vernünftig, wenn sie richtig realisiert werden. Die Gebote sechs bis neun, die sich mit der Sexualität und Liebe befassen, sind zu einseitig, wie bereits angedeutet. Das zehnte Gebot klingt wieder vernünftig, während die beiden letzten Gebote von banal unverbindlicher Allgemeinheit sind.

Extremer ist die Verirrung der «Kinder Gottes» des Moses David (richtiger Name David Berg), eines ehemaligen Wanderpredigers, der vor dem New Yorker Generalstaatsanwalt auf der Flucht ist und seine Hauptquartiere in Italien und Libyen aufgeschlagen hat.

Die Mitglieder dieser Sekte werden dazu angehalten, pro Tag 80 DM für ein «christliches Jugendhilfswerk» zu erbetteln und im Sekten-Quartier abzuliefern. Auch sie werden extrem besitzlos gehalten. Bei ihrem Eintritt in die Sekte müssen sie ihren Arbeits- und Studienplatz aufgeben und (natürlich) ihr gesamtes Hab und Gut der Sekte schenken und sogar künftige Erbansprüche notariell an die «Kinder Gottes» abtreten. Der Sinn dieser Enteignung ist eindeutig, wie Moses David in einem geheimen Brief den Hirten mitteilte: «Sie müssen uns alles geben, damit sie nichts haben, wohin sie zurückkehren können.»[1]

Anfällig für eine Sekte dieser Art sind junge Menschen, die mit ihrem bisherigen Lebensstil unzufrieden sind und neue Wege der Selbstverwirklichung suchen. Von der Enge ihrer bisherigen Lebensumstände, die sie belastet, kommen sie in eine noch größere Enge, aus der ein Rückweg durch die Taktik der Sektenführer sehr erschwert wird.

Experimente alternativer Lebensstile sind zu befürworten, wenn sie die persönliche Freiheit und Individualität fördern, anstatt sie zu behindern. Nicht alle Alternativgruppen dürfen in einen Topf geworfen werden, denn die Suche nach neuen Lebensformen bringt glücklicherweise auch positive Gruppen hervor, die nicht darauf aus sind, ihre Mitglieder auszubeuten.

Die Grundsatzerklärung der ökumenischen Initiative «Eine Welt» in Garbsen bei Hannover fordert von ihren Mitgliedern eine dreifache Selbstverpflichtung, die sich gegenüber den 12 Geboten der Aktions-Analytischen Organisation Otto Mühls wohltuend vernünftig anhört:

«Wir werden Entwicklungen verlangen und unterstützen, durch die bisher Benachteiligte in ihren Lebenschancen gefördert werden. Wir werden uns um Modelle bemühen, an denen in ökumenischer Gemeinschaft gelernt werden kann, Mitverantwortung im entwicklungspolitischen und umweltpolitischen Bereich wahrzunehmen.

Wir werden unseren Konsum überprüfen, wir werden ihn einschränken und in ein vertretbares Verhältnis zu den begrenzten Vorräten dieser Erde, dem Bedarf der Benachteiligten und der Umweltzerstörung bringen.

Wir werden einen spürbaren Teil unseres Geldes im Sinne dieser Initiative verwenden, in der Regel wenigstens drei Prozent des Nettoeinkommens. Wir werden das Geld folgenden Zwecken zuführen: entwicklungspolitischen Modellen, durch die die Eigenständigkeit und Handlungsfähigkeit derer gefördert wird, die in Armut und ohne eigene Gestaltungsmöglichkeit leben müssen.»[2]

Zu den negativen Wegen, sich selbst näherzukommen, steuert der Begründer der «Wissenschaft der kreativen Intelligenz», der im Januar 1976 «die Weltregierung für das Zeitalter der Erleuchtung» in 140 Ländern ausrief, Maharishi Mahesh Yogi, das «Siddhi-Programm» bei. Das Lernziel ist «die Entfaltung von Siddhis, das heißt spezieller Fähigkeiten wie Levitation, Unsichtbarmachen, außerordentliche Wahrnehmungsfähigkeit der Sinnesorgane, Allwissenheit usw.»[3] Zu den Siddhis gehört die Erfahrung reinen Bewußtseins, die Erfahrung auf der Ebene Ritam Bhara Pragya (das Bewußtsein, das einen Gedanken realisiert), Sehen von Dingen, die normalerweise verborgen sind, Erfahrung übernormaler Wahrnehmungen, Erfahrung vom Fliegen (Levitation) und Erfahrung des Unsichtbarwerdens. Der neue Fortgeschrittenenkurs, nach vier bis acht Vorbereitungskursen (à 250 Dollar pro Woche) soll dazu führen, daß der Meditierende über dem Boden schweben und schließlich fliegen kann. Das spricht alle in ihrem Selbstbewußtsein Gehemmten an, die nun hoffen dürfen, vielleicht doch eines Tages ein richtiger «Supermann» zu werden, der durch die Luft fliegt und sich, wenn er will, sogar unsichtbar macht.

Das wäre ein Ausbruch aus dem bisherigen engen Lebensstil, der alle vor Neid erblassen ließe. Mit diesem Kurs für Fortgeschrittene bietet Maharishi Mahesh Yogi etwas sehr Begehrenswertes an, aber dieser Erfolgskurs wird nur für ihn ein finanzieller Erfolg, für die Teilnehmer ein weiterer Mißerfolg, eine weitere Enttäuschung, wenn es mit dem Fliegen und Unsichtbarmachen «vorerst» (so lautet sicherlich das Trostwort) noch nicht so recht klappen will.

Die Plastikseele: Stimmungsdrogen für die Gesunden

Die Psycho-Erfolgsprogramme der verschiedensten Richtungen, die Sekten mit manipulierten und finanziell ausgebeuteten Mitgliedern und die Siddhi-Programme zur Erlangung von «Allwissenheit» oder zum Erlernen des Fliegens werden wohl mehr oder weniger kuriose Randerscheinungen bleiben im Vergleich zu der zukünftigen Entwicklung auf dem Psychopharmakasektor.

Mit Hilfe der Chemie wurden in den letzten 20 Jahren wirkungsvolle Drogen hergestellt, um psychisch Kranken aus dem depressiven Stimmungstief zu helfen, um ihnen die Überwindung der lähmenden Resignation zu ermöglichen, oder um ihre innere Unruhe zu dämpfen. Die neuen Psychopharmaka werden speziell für die «Gesunden» und «Normalen» entwickelt, für die alltägliche psychische Verfassung und ihre Schwankungen. In Amerika arbeiten an Drogen dieser neuen Art Arnold J. Mandell und Alexander T. Shulgin. Shulgin untersucht derzeit, wie Drogen, die Halluzinationen hervorrufen, zur Steigerung der normalen Kreativität eingesetzt werden können. Diese neuen Drogen haben in etwa die halluzinogene Wirkung wie LSD oder Meskalin, allerdings in gezügelter, ungefährlicher Form. Sie schärfen das Sehen und das Gehör, verstärken die Sensibilität für Außenreize, ohne in eine unkontrollierbare Verwirrung hineinzuführen oder auf chemischem Wege eine Sucht zu erzeugen.

Shulgin entwickelte außerdem Präparate, die entspannen und dadurch die Offenheit für neue Ideen und Problemlösungen steigern. Das Erfassen neuer Aspekte wird erleichtert und das Denken läuft flüssiger und flexibler ab. Außerdem arbeitet er an einer Droge, die wie Alkohol wirkt, wie ein bis zwei Gläser Cognac, allerdings ohne die Kalorienmenge des Alkohols und ohne die sonstigen Nebenwirkungen, wie die Schädigung der Leber und anschließende Symptome der Verkaterung. Die Droge wirkt nach 15 Minuten und hält in ihrem hebenden Stimmungseffekt etwa 2 Stunden an.

Der holländische Pharmakologe David de Wied arbeitet gleichfalls an neuen Psychodrogen, die aus kleinen Protein-Molekülen bestehen und Neuropeptide genannt werden. Da das Gehirn selbst solche Neuropeptide in seinen vielfältigen chemischen Prozessen produziert, sind sie als hirneigene Stoffe unschädlich, weil absolut ungiftig. Ihre chemische Struktur ist relativ einfach beschaffen, und sie können im Labor hergestellt werden.

Die Neuropeptide haben nicht nur positive seelische Wirkungen, sondern können je nach ihrer Zusammensetzung auch negative Störungen erzeugen. Das sogenannte Scotophobin (nach dem griechischen «Furcht vor Finsternis») erzeugt Angst vor der Dunkelheit, wie an der Universität von Tennessee unter Leitung von Georges Ungar an 4000 Ratten nachgewiesen wurde. Es war möglich, bei Ratten die Angst vor der Dunkelheit mit einer einzigen Injektion über 6 Tage wirksam werden zu lassen.

Diese Forschungsergebnisse zeigen, daß die Seelen-Pharmakologie bereits sehr weit fortgeschritten ist und in den nächsten 20 Jahren die ersten Spezial-Präparate für Gesunde auf den Markt kommen werden. Die Vorurteile gegen Psychopillen werden bis dahin von den Markt- und Konsumpsychologen weiter abgebaut werden, so daß die Pharmakonzerne hier ein riesiges Geschäft erwarten, da einerseits der Bedarf immens ist und andererseits die neuen Präparate ohne schädliche Nebenwirkungen sind, also sehr wahrscheinlich ohne Rezept von Apotheken und Drogerien verkauft werden können.

Die neuen Drogen werden zur Selbststeuerung der Psyche eingesetzt, um eine gleichbleibende Leistungs- und Stimmungsbalance zu erzeugen. Bei folgenden 16 psychischen Zustandsbildern und Problembereichen werden Spezialdrogen zur Gegensteuerung und Leistungssteigerung zum Einsatz kommen:

Kreativität	Erzeugung von allgemeiner Entspannung und Steigerung der Denkflexibilität.
Nervosität	Innere Unruhe und Nervosität werden beseitigt.
Schlaf	Die Schlaftablette ist jederzeit wirksam, ohne organische Nebenwirkungen, denn sie unterbindet nicht die für die Gesundheit wichtigen Traumphasen.
Trauer	Die Trauer wird durch eine Stimmungsaufhellung beseitigt.
Resignation	Es wird Initiative und Leistungsmotivation geweckt.
Gehemmtheit	Das Selbstbewußtsein wird gesteigert und eine unverkrampfte Kontaktoffenheit angeregt.
Diffuse Angst	Die störenden Angstgefühle werden nicht mehr empfunden.
Leistungsschwäche	Der Organismus und die Psyche werden zur Leistungsbereitschaft angeregt.
Konzentrationsschwäche	Die Konzentrationsfähigkeit wird geschärft.
Innere Gespanntheit	Es wird Gelassenheit erzeugt und die Fähigkeit, das Kreisen um Zwangsgedanken loszulassen.
Schuldgefühle	Die Schuldgefühle werden nicht mehr wahrgenommen.
Unzufriedenheit	Es wird innere Ruhe und Selbstzufriedenheit erzeugt.
Müdigkeit	Es entsteht das Empfinden von Frische und Wachheit.
Ärger	Das Gefühl von Zorn, Wut und Angst verfliegt.

| Wut | Die Wut ebbt ab. |
| Frustration | Die Frustrationsfolgen wie Aggressionsbedürfnis oder Resignation werden vermieden. |

Diese kleine Übersicht zeigt, welche Möglichkeiten sich mit den neuen Pharmaka für den einzelnen im Alltag ergeben. Er kann viele unangenehme Empfindungen rasch beseitigen und sich durch die Drogenwirkung in einem problemlosen Zustand der Ausgeglichenheit und des «Glücklichseins» halten. So scheint, oberflächlich betrachtet, daß die neuen Drogen nur Vorteile bieten und keine Nachteile mit sich bringen. Sie werden in der Werbung und in den Massenmedien durch die Public Relations der Pharmakonzerne sicherlich auch als ein Segen für die Menschheit gefeiert, und es wird wahrscheinlich nicht möglich sein, ihren Massenvertrieb zu verhindern, da die Vorteile für den Konsumenten allzusehr im Vordergrund stehen und die Nachteile nur durch eine differenzierte psychologische Analyse erkennbar sind.

Diese Nachteile bestehen vor allem darin, daß sich der Mensch in Zukunft noch weniger als bisher mit seinen psychischen Reaktionen und ihren Ursachen auseinandersetzen wird, sondern für jede psychische Reaktion, die ihm unbehaglich ist, zur entsprechenden Psychopille greift.

Die psychischen Schmerzen sind jedoch gesunde Reaktionen, genauso wie der körperliche Schmerz. Wenn jemand die Hand auf einer heißen Ofenplatte abstützt und wäre durch eine Droge schmerzunempfindlich, würde er sich selbst verstümmeln, ohne warnende oder lebensrettende Schmerzempfindungen zu haben. Schmerzbeseitigung hat zweifellos Vorteile, aber eben auch gravierende Nachteile, da der Schmerz im Dienst der Selbsterhaltung steht.

So ist auch psychischer Schmerz, wie Frustrationsgefühle, innere Gespanntheit, Angst und Trauer als eine Alarmreaktion zu verstehen, *nicht als eine Schwäche, die es mit falschen Abwehrtechniken zu beseitigen gilt*. Die Beseitigung der psychischen Mißempfindungen durch Drogen hindert daran, sich mit den Ursachen und Konflikten durch Nachdenken und Fühlen auseinanderzusetzen und dadurch die Lebenssituation, die diese Mißempfindungen erzeugt hat, aktiv in den Griff zu bekommen, sich zur Wehr zu setzen und konstruktive Veränderungen herbeizuführen.

Die neuen Drogen dienen der Anpassung und Leistungsbalance. Wenn die bewußte Verarbeitung von psychischen Mißempfindungen

113

ausbleibt, wird der zukünftige Pillenmensch noch stärker als bisher zu einem manipulierbaren Objekt. Die Pillen sind eine Fortsetzung der beschriebenen Abwehrmechanismen. Neben der Verdrängung oder Rationalisierung wird zusätzlich die chemische Abwehr eingesetzt, die den Effekt hat: Es muß nicht mühsam mehr oder weniger stark verdrängt werden, denn die Pille nimmt Trauer oder Angst weg, also ist wieder alles im Lot. Die Ursachen für seelische Unausgeglichenheiten werden dann noch weniger als bisher gesehen und der Mensch wird noch stärker zu einem Roboter, der mit lächelndem Gesicht seelische Belastungen annimmt und gutgelaunt weitergibt, solange er unter dem chemischen Einfluß steht. Liebeskummer wird es dann nur noch in den ersten Ansätzen geben – allerdings auch keine tief empfundene Liebe, sondern nur oberflächliche «glückliche Beziehungen» und unproblematische «glückliche Trennungen».

Die Unfähigkeit zu trauern, die Unfähigkeit zu lieben, die Unfähigkeit, Angst zu empfinden, ist nicht das, was ich meine und anstrebe, wenn ich mit diesem Buch Wege aus der Angst zu zeigen versuche. Ich glaube nicht, daß der Mensch ohne Angst ärmer wäre, denn ich sehe täglich, daß *zuviel* Angst existiert; ich bin jedoch absolut dagegen, daß die Angst chemisch überspielt wird, weil sie der bewußten psychischen und sozialen Verarbeitung bedarf (wie ich im 3. Teil weiter ausführen werde). Angst hat immer einen Grund, es ist deshalb ungesund, sie einfach zu übertünchen, ohne ihre Ursache zu untersuchen. Dann wird die Psyche zu einer chemisch gesteuerten Plastikseele, schön rosa gefärbt, gedankenlos, artifiziell, «pretty vacuum», wie die britische Punkgruppe «Sex pistols» singt.

Nicht nur an den Gitterstäben rütteln, sondern den Gefühlspanzer aufbrechen

Der italienische Schriftsteller Carlo Lorenzini veröffentlichte 1881 das Märchen «Abenteuer des Pinocchio», das ein Welterfolg wurde, weil hier symbolisch etwas zum Ausdruck gebracht wird, das jeder unbewußt bei anderen Menschen und sich selbst kennt. Pinocchio ist eine hölzerne Gliederpuppe, die von einer Fee in einen lebendigen Jungen verwandelt wird. Die unbewußte Identifikation mit Pinocchio geschieht, wenn große Teile der eigenen Seele gleichsam hölzern sind, also unlebendig, nicht von Gefühlen durchströmt.

Das Pinocchio-Syndrom äußert sich bei vielen Menschen, die angepaßt, normenbewußt, gefühlsverarmt, gefühlsgepanzert den Tages–
ablauf mechanisch, regelbewußt wie eine Marionette durchlaufen, ohne Hochs und Tiefs, scheinbar harmonisch, scheinbar in einer benei-
denswerten seelischen Balance.

Die Gefahr ist groß, daß der überbelastete, gestreßte Zivilisations-
mensch die Ausgeglichenheit als einen Dauerzustand sucht, wie es
durch die neuen Psychopharmaka versprochen wird. Die Gefühlskur-
ven werden dann in ihrem Ausschlag vor allem nach unten zu begren-
zen versucht.

Die Gefühlskurve zeigt, daß bei dieser Person insgesamt über den
Tagesablauf verteilt mehr negative Gefühlslagen auftraten als positive.

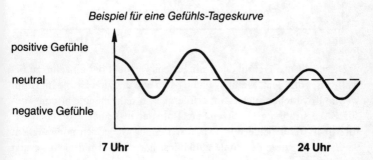

Beispiel für eine Gefühls-Tageskurve

positive Gefühle

neutral

negative Gefühle

7 Uhr   24 Uhr

115

Eine Kurve mit diesen Ausprägungen kann als alltäglich und normal angesehen werden, für einen Zivilisationsmenschen, der zum Beispiel als Sachbearbeiter, verheiratet, 3 Kinder, als abhängig beschäftigter Arbeitnehmer tätig ist. Er hat natürlich das Bedürfnis, die negativen Gefühlsperioden möglichst zu vermeiden und möglichst häufig positiv zu fühlen oder doch wenigstens neutral. Durch den Einsatz der neuen Psychopharmaka könnte die Gefühlskurve (wie in folgender Zeichnung dargestellt) verändert werden.

Die negativen Gefühlsempfindungen werden durch Psychopharmaka weitgehend unterbunden, und das Gefühlsleben erreicht einen ausgeglicheneren Gesamtverlauf. Da diese Spezialdrogen für «Gesunde» zur Zeit noch nicht im Handel sind, versucht jeder auf seine Weise, mit den negativen Phasen fertig zu werden. Sie bestehen aus folgenden Empfindungen: Ärger, Trauer, Müdigkeit, Frustration, Neid, Eifersucht, Haß, Aggression, Depression, Minderwertigkeitsgefühle, Schwächegefühl, Angst. Oft lassen sie sich nicht immer genau abgrenzen, sondern mischen sich zu einem Konglomerat von Mißgefühlen, die von den meisten nicht konkret bezeichnet werden können. In der Selbstdiagnose der Gefühlsnuancen sind wir nicht geschult, und so hört man im Alltag oft die Globaldiagnose: «Ich bin sauer. Ich fühle mich schlecht. Ich weiß nicht, was los ist, aber ich bin down. – Alles Scheiße.»

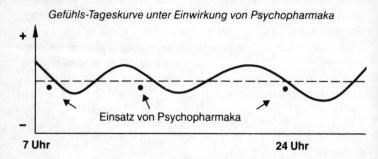

Gefühls-Tageskurve unter Einwirkung von Psychopharmaka

Einsatz von Psychopharmaka

7 Uhr   **24 Uhr**

Dieses diffuse Gefühl des Unbehagens versucht der einzelne zu bewältigen, vor allem, wenn er tüchtig sein will und den Erfolg im Beruf wie im Privatleben sucht. Um erfolgreich zu sein, möchte er eine «positive Ausstrahlung» besitzen, ein Rat, der in keiner «goldenen Erfolgsfibel» fehlt. Eine positive Ausstrahlung ist jedoch nur möglich, wenn die negativen Gefühle zumindest nach außen hin nicht gezeigt werden und möglichst aus der Seele befördert werden, zum Beispiel durch Selbstsuggestion, Verdrängung, autogenes Training, Psychopharmaka oder einen Schluck Chantré.

Am besten ist es natürlich, wenn man sich eine allgemeine seelische Verfassung antrainiert, in der negative Gefühle nicht vorkommen, also eine harmonische Ausgeglichenheit, die durch so gut wie nichts zu erschüttern ist, das berühmte dicke Fell, an dem alles wie an einer imprägnierten Regenhaut herunterläuft.

Dieses dicke Fell, die ruhige und ausgeglichene Seele wird als Ideal empfunden und, wie ich im Kontakt mit Klienten und Bekannten beobachtete, es wird vor allem von einem Psychologen erwartet. Der Laie geht davon aus, daß der Psychologe diesen (nach seiner Auffassung) idealen seelischen Zustand der seelischen Ausgeglichenheit, der auch seelische Unverwundbarkeit meint, erreicht haben muß, da er seine Seele ja genau kennt und also weiß, welche «seelischen Druckknöpfe» zu betätigen sind, damit dieser Zustand entsteht.

Ich erlebe oft die verwunderten und teilweise auch ironisch lächelnden Gesichter, wenn bemerkt wird, daß ich mich aufrege, sensibel reagiere und Verwundbarkeit zeige. Dann höre ich immer wieder den Satz: «Du als Psychologe solltest aber nicht so sensibel und mimosenhaft reagieren. Du müßtest doch darüberstehen.»

Dieses Idealbild des psychisch Ausgeglichenen und Unverwundbaren wird fälschlicherweise mit psychischer Gesundheit gleichgesetzt. Wer Gefühle wie Ärger, Gekränktheit, Trauer, Betroffenheit zeigt, der «hat sich nicht in der Gewalt» und zeigt keine psychische Intaktheit. Diese Fehlmeinung möchte ich einmal richtigstellen. Wer «negative» Gefühle offen zeigt, ist keineswegs psychisch defekt, sondern er reagiert ungehemmt, offen, psychisch völlig normal und gesund.

Wer dagegen seine Gefühle verdrängt oder verleugnet, übertüncht, überspielt und durch eine Maske verbirgt, erscheint zwar nach außen hin gelassen, diese *Scheingelassenheit* ist jedoch die Krankheit, da sie krankmachende Folgen hat. Nicht der gezeigte Affekt ist der Defekt, sondern die vorgetäuschte Affektlosigkeit.

Viele Menschen üben die äußere Gefühlsausgeglichenheit nach dem Einsetzen der Pubertät (das Kind reagiert noch gefühlsspontaner) mehr und mehr, bis sie seelisch verholzen wie Pinocchio – und unbewußt sehnsüchtig auf eine gütige Fee warten, die sie wieder lebendig macht.

Es besteht eine panische Angst vor negativen Gefühlen, da sie die angestrebte Harmonie stören könnten. Wir leben in einer Gesellschaft, in der unausgesprochen negative Gefühle bereits als seelische Erkrankung gelten, etwa wie Karies, von der ein Zahn befallen wird.

Die negativen Gefühle sind eine normale und gesunde Reaktion auf Umweltreize mit Streßcharakter. Neid, Aggression, Haß sind prinzipiell gesunde Gefühle, die nicht verborgen werden sollten, nur um die Harmonie zu bewahren. Diese Gefühle haben eine Ursache, über die es sich lohnt zu reden und nachzudenken. Der Neid und die Aggression haben Ursachen, die es lohnt zu ergründen; dadurch wird das Gefühl verarbeitet – nicht einfach abgewehrt und unterdrückt oder durch Psychopharmaka beseitigt.

Warum sollte man nicht eingestehen, daß man neidisch ist, wenn der Nachbar im Lotto 1 Million gewonnen hat? Warum sollte man nicht zugeben, daß es mich kränkt, wenn der Kollege befördert wurde und jetzt 400 DM pro Monat mehr verdient? Warum soll man lügen und sagen: «Ich gönne es ihm, ehrlich», wenn man ihm am liebsten den Tod wünscht?

Viele aggressive Wünsche sind in uns, die wir nicht nur vor anderen, sondern auch vor uns selbst zu verstecken versuchen. Wir tun so, als wären wir nur gut gesonnen, würden allen nur das beste wünschen, ganz selbstlos, ohne jedes Konkurrenzdenken.

Die Wirklichkeit ist anders, auch wenn wir uns scheinheilig gegenseitig «viel Erfolg» wünschen. In Wirklichkeit wünschen wir sehr oft «viel Mißerfolg», «Hals- und Beinbruch» im eigentlichen Sinn, weil wir zutiefst im Konkurrenzkampf mit den anderen stehen. Warum können und wollen wir das nicht zugeben? Warum wollen wir gute Menschen sein, gelassen und positiv? Weil wir aus Angst nicht nur nach außen gefühlsgepanzert erscheinen wollen, sondern sogar vor uns selbst. Wir verstecken unsere negativen Gefühle vor uns selbst, indem wir nicht wagen, über sie nachzudenken, sondern sie, sobald sie auftauchen, zudecken. Wir wollen uns nicht eingestehen, neidisch zu sein, jemand den Tod zu wünschen, jemand demütigen oder beherrschen und unterdrücken zu wollen.

Deshalb wird sehr oft die Seele auf Illustrationen von Malern und Karikaturisten als ein Abgrund an schrecklichen Dingen dargestellt, in dem Mord, Sadismus, sexuelle Perversion, Heimtücke, Haß, Aggression, Destruktion – viel Böses lauert.

Die Tiefe der Seele ist sowohl der Ort des Guten als auch des verdrängten Bösen, deshalb haben die meisten Angst davor, mit ihr in direkte Berührung zu kommen, deshalb auch die Angst vor Psychologen und Psychotherapeuten, die mit ihrem «Röntgenblick» diese Tiefenregionen der Seele durchschauen. Es ist die Angst, daß die Wahrheit über das eigene Böse entdeckt wird und ans Licht kommt, daß der Fremd- und Selbstbetrug «alles ist in Ordnung» aufgedeckt wird.

Der Psychologe erkennt das verborgene Böse an der Art und Weise, wie versucht wird, es zu verdecken. Insofern besitzt er den gefürchteten Röntgenblick in die Abgründe der Seele, da es auch seine eigenen Abgründe sind, denen er sich gestellt hat und die er vor sich selbst und vor anderen nicht verbirgt. Während ich dies schreibe, bin ich mir natürlich bewußt, daß auch viele Psychologen und Psychotherapeuten vor ihren eigenen Tiefenschichten Angst haben.

Der langen Rede kurzer Sinn: Die Konfrontation mit den «bösen Seiten der Seele», mit den negativen Gefühlen ist wichtig, damit wir sie verarbeiten können. Verarbeiten heißt nicht verdrängen, verleugnen oder übertünchen, sondern sich stellen, der Wahrheit ins Gesicht sehen, nicht nur an den Gitterstäben rütteln, sondern den eigenen Gefühlspanzer aufbrechen und die negativen Gefühle offen, frei und ungehemmt herausströmen lassen.

Mut zum Hinschauen

Neben den psychischen Instanzen Über-Ich, Ich und Es, die teilweise mit bewußten und unbewußten Inhalten gefüllt sind, können drei seelische Schichten unterschieden werden.

Die Fassaden-Schicht. Mit dieser Schicht offenbart sich der Mensch nach außen, er zeigt sich fassadenhaft, als ein an die Gesellschaft angepaßter Mensch, der sich höflich und freundlich verhält und ein einigermaßen «glückliches und zufriedenes Leben» lebt. Auf der Ebene dieser Schicht spielen sich die meisten sozialen Kontakte des Alltags ab.

Die mittlere Schicht unter der Fassade. In dieser Schicht befinden sich der Haß, der Neid, die Eifersucht, die Aggression, der Sadismus, die Habgier und die Perversionen aller Art. Der einzelne hat Angst davor, daß von dieser Schicht ein anderer etwas bemerkt, und er möchte auch selbst möglichst keine Notiz von ihr nehmen.

Auf der Ebene dieser Schicht wird ihm mitunter auch bewußt, daß er gar nicht so glücklich und zufrieden ist, wie er nach außen hin anderen (und auch sich selbst) vormachen möchte. In der Psychotherapie wird diese Schicht erhellt, und der Patient entwickelt zunächst starke «Widerstände», mit der Realität dieser seelischen Schicht konfrontiert zu werden. Er versucht also auch, dem Psychotherapeuten gegenüber zu vertuschen, zu beschönigen, zu verleugnen und zu rationalisieren, obwohl er vom Therapeuten Hilfe sucht.

Die schmerzliche und unangenehme Erfahrung der Psychotherapie besteht vor allem darin, mit den Inhalten dieser Schicht konfrontiert zu werden und sie in Ruhe betrachten zu können. Der Therapeut versucht, die «Widerstände» abzubauen und dem Patienten Mut zum bewußten Hinschauen zu geben. Es gibt allerdings Patienten, die ihre Widerstände gegen ein mutiges Hinschauen nicht aufgeben wollen – dann muß die Therapie an der Oberfläche und erfolglos bleiben.

Das Ringmodell der seelischen Schichten

Fassadenschicht

mittlere Schicht

Kernschicht

Selbst

Individualität

Die Kernschicht. Die dritte Schicht enthält die in allen Menschen vorhandene natürliche Soziabilität und Liebesfähigkeit. Sie enthält das potentiell Gute, die Fähigkeit zu solidarischem, helfendem und liebendem Aufgeschlossensein. Diese Schicht enthält das sogenannte Gute, das durch den sozialfeindlichen Erziehungsprozeß in unserer westlichen Industriegesellschaft verschüttet wurde. Die Kernschicht wird von der Fassadenschicht und mittleren Schicht überlagert und zugedeckt.

In der Kernschicht schlummert die Kraft zur psychischen Gesundheit, zu natürlichem unneurotischem Verhalten. Zu dieser Schicht müssen wir zurückfinden, wenn uns wirklich etwas daran gelegen ist, kein angepaßt maskenhaftes Leben in Rollenklischees zu leben. Der Weg zur Kernschicht unserer Seele führt zunächst über das Erkennen der Fassadenhaftigkeit der äußeren Schicht. Diese Erkenntnis fällt nach meiner Erfahrung den meisten Menschen nicht schwer. Der erste Teil dieses Buches gilt der Aufdeckung der Fassadenschicht, und ich glaube, daß der Leser genau verstanden hat, worauf meine Kritik abzielt und bei sich selbst nachprüfen konnte, was gemeint war.

Die Selbstanalyse der mittleren Schicht ist wesentlich schwieriger. Vor dieser Schicht hat der einzelne Angst, weil sie ihm als unheimlicher «Abgrund» seiner Seele erscheint. Um mit diesem Abgrund nicht konfrontiert zu werden, unternimmt er alle möglichen Ablenkungsmanöver, er wird zum Beispiel müde, kann sich plötzlich nicht mehr konzentrieren, entwickelt ablenkende Ideen und Einfälle, fühlt sich nicht wohl, bekommt Kopfschmerzen oder er greift zum Alkohol.

Wer sich mit dieser seelischen Region unter der Fassadenschicht nicht auseinandersetzen möchte, der sollte an dieser Stelle das Buch beenden. Wer jedoch bereit ist weiterzulesen, in der Hoffnung, daß er vielleicht einen Tip erhält, der ihm auf *bequeme* Weise weiterhilft, innerlich glücklicher zu werden, den muß ich enttäuschen. Der Weg aus der Angst in die psychische Freiheit, Weite und Gesundheit ist kein bequemer Weg, der mit ein paar psychologischen Ratschlägen und Tricks leicht zu begehen wäre. Der Leser muß selbst engagiert mitarbeiten, er kann sich nicht an Tips, Theorien oder Lehrmeinungen des Autors anklammern, in der Hoffnung, von ihnen getragen zu werden.

Man kann keine Katze waschen, ohne ihr Fell naß zu machen. Das heißt im übertragenen Sinn: Sie können nicht bequem aus der Angst und Enge Ihres Lebens in die Freiheit und Weite gelangen, ohne «naß» zu werden, also ohne sich mit den unangenehmen Seiten der Angstkonfrontation zu befassen. Das wird vielen so unangenehm sein, daß sie lieber in ihrem alten Abwehrzustand verharren. Dieses Buch bietet sich nicht als ein Führer an, der den Weg in die Freiheit wie einen Wanderweg genau beschreibt, denn es existiert kein einheitlicher, genau angebbarer Weg. Es gibt viele individuelle Richtungen auf einer breiten Linie der Grenzüberschreitung. Das Land der Freiheit ist ein riesiges unbekanntes Gebiet im Vergleich zu der engen Welt der Anpassung und Angst.

Wenn Sie den Weg in die Freiheit gehen wollen, kann ich Ihnen also keinen genauen Pfad beschreiben oder gar vorschreiben, aber ich kann zu erklären versuchen, welche Hindernisse Sie überwinden müssen, durch welche unangenehmen, aber befreienden Erfahrungen Sie hindurch müssen. Viele wird das abschrecken und sie werden denken, wenn das so schwierig ist, dann bleibe ich lieber, wo ich bin, da weiß ich, was ich habe. Wer so denkt, wird das Buch an dieser Stelle zuklappen oder aus bloßer Neugierde weiterlesen und alles als eine Art intellektueller Spielerei betrachten. Sie selbst müssen wissen, was Sie wollen, denn ich möchte selbstverständlich niemanden dazu überreden, einen Weg zu gehen, den er nicht aus *tiefem inneren Bedürfnis* heraus selbst gehen will.

Der erste Schritt auf dem Weg in den Zustand der schwer mit Worten beschreibbaren seelischen Freiheit von Angst besteht aus dem Hinschauen auf die seelischen Regungen und Empfindungen. Mit Hinschauen meine ich etwas, das die meisten Menschen – obwohl es so einfach klingt – nicht können, da sie gewohnt sind wegzuschauen. Das Hinschauen auf individuelle Gefühle in der jeweils gegenwärtigen Situation ist wesentlich schwerer, als es sich anhört. Wenn ein Schmetterling auf eine Blume fliegt, dann schauen Sie hin – das ist sehr einfach. Wenn Sie wütend werden oder Angst, Schuld oder Scham empfinden, dann ist das Hinschauen viel schwerer. Die meisten haben bisher immer vermieden, ihre eigene Wut, Angst, Schuld oder Scham genau zu betrachten, sondern haben statt dessen die Wut unterdrückt, die Angst verdrängt und die Schuld betäubt.

Nun müssen wir das unternehmen, was uns zunächst sehr unangenehm ist, aufmerksam auf diese seelischen Regungen achten, sie kennenlernen, sie von allen Seiten beobachten, ohne zu versuchen, sie so schnell wie möglich abzuschütteln. Zur Betrachtung der seelischen Regungen gehört Ruhe, eine kurze oder längere Zeit der Konzentration. Auch unter diesem Aspekt wird das Hinschauen all denen schwerfallen, die glauben, daß sie ständig in Aktion sein müssen.

Vielen wird es sehr schwerfallen, auf ihre seelischen Regungen zu achten und sie genau zu betrachten. Eine gute Hilfe besteht am Anfang darin, das Beobachtete aufzuschreiben. Ihre Wut oder Angst können Sie zum Beispiel in einem Tagebuch mit dem Titel «Wanderung in die Freiheit» niederschreiben, wie eine Stimmungsbeschreibung über einen Sonnenuntergang.

Das Hinschauen bezieht sich sowohl auf alle negativen seelischen

Regungen, wie Neid, Eifersucht, Haß, sadistische Wünsche, Habgier, Konkurrenzdenken, Destruktion, als auch auf die positiven Empfindungen, wie Liebe, Freude, Glück. Durch das Hinschauen wird den seelischen Regungen das Unheimliche genommen. Die negativen Gefühle, die man normalerweise nicht wahrhaben möchte, werden dadurch, daß man sie betrachtet, realer und unschädlicher, die positiven Gefühle wie Liebe und Freude werden dagegen intensiviert.

Leben mit Maske

Die Wochenzeitung «Die Zeit» veröffentlichte am 4. November 1977 einen Artikel über den «seelischen Verfall des Wolfgang R.», der von Raimund Hoghe verfaßt wurde. Mit Genehmigung des Autors nehme ich den Bericht an dieser Stelle auf, weil er viele bisher geschilderte Symptome des Menschen, der fassadenhaft lebt, an einem konkreten Fall illustriert. Es wird immer wieder kritisiert, daß Psychologen Fälle aus ihrer Praxis zitieren würden, in die sie die Symptome auch teilweise hineinprojizieren, daß sie den Ratsuchenden also zum Objekt ihrer Fachprojektionen machen würden. Deshalb kommt es mir gelegen, das konkrete Beispiel eines «Lebens mit Maske» vorstellen zu können, das von einem Journalisten – der weder Psychologe noch Psychotherapeut ist – beschrieben wird.

Der seelische Verfall des Wolfgang R.

«Nein», sagt er, die Leute hätten nichts gemerkt. «Nach außen funktionierte unsere Ehe, funktionierte das Geschäft.» Daß die Menschen nicht funktionierten, wurde überspielt – «das war etwas, was die anderen nicht erfahren durften». Wolfgang R., Mitte vierzig, leitender Angestellter, erinnert sich an Eheszenen: «Wir konnten in der wildesten Auseinandersetzung sein, aber wenn die Türklingel ging, war meine Frau sofort wieder die liebenswürdigste Person der Welt.» Und Wolfgang R. spielte trotz innerer Widerstände mit – auch in der Firma. Gesellschaftlich zahlte sich der Einsatz aus. «Lob, Anerkennung und Titel gab es Jahr für Jahr.» Die als Kreislaufbeschwerden deklarierten psychischen Krisen behinderten die Karriere nicht. «Kreislaufstörungen im Dienste der Firma sind wie Orden», erklärt Wolfgang R. heute, zehn Jahre nach seinem ersten Zusammenbruch.

«Als es am sonntäglichen Frühstückstisch mit einem plötzlichen Schwindelgefühl und Vernichtungsangst im Herzen begann, schien alles klar: Kreislaufanfall. Ins Krankenhaus zum Untersuchen und Ausruhen. In ein paar Wochen ist alles wieder gut.» Doch die Angst- und Schwindelzustände, die Depressionen, traten wieder auf. «Werden bald vorbei sein», meinten die Ärzte. Sie konnten keine organischen Schäden feststellen und sprachen von Überanstrengung, verschrieben Kreislaufmittel und gaben Wolfgang R., dem erfolgreichen Filialleiter einer Bank, den Rat: «Etwas kürzer treten, ein bißchen Ruhe.» Im Befund stand «vegetative Dystonie».

Bekannte Sätze, vertraute Phrasen ziehen sich durch die Geschichte des Wolfgang R. Wenn er von seiner Kindheit spricht, erwähnt er die «typischen Redensarten», mit denen man im bürgerlichen Elternhaus Schwierigkeiten zu bewältigen suchte. Auf Konflikte mit der Umwelt reagierte zum Beispiel die Mutter überrascht: «Wo ich doch jedem Streit aus dem Wege gehe.» Wolfgang R. versuchte, nach den Phrasen zu leben.

Die Standardsätze hinterließen Spuren. Auch dieser: «Leute, die uns mögen, kommen zu uns.» Wolfgang R.: «Meine Eltern gingen nie auf andere zu.» Man blieb «für sich» und hielt das für eine Tugend. «Meine Mutter war stolz, daß ich allein spielte, keinen anderen brauchte.» Wolfgang R. spielte die Außenseiterrolle nicht nur in seiner Kindheit. Im Beruf galt er als Einzelkämpfer, im Freundeskreis hatte er nur zu oft «das Gefühl, immer draußen zu stehen». Durchbrechen konnte er die Isolation nicht.

Im Betrieb und daheim hielt er auf Distanz. In seinem Beurteilungsbogen wurde das lobend erwähnt: «Herr R. versteht, die nötige Distanz zu wahren.» Ebenfalls positiv bewertet: «Die jahrelange Flucht in die Arbeit. Sie wurde mir als ‹hohes Betriebsinteresse› und ‹beispielgebend› gutgeschrieben.»

Den Höhepunkt seiner Karriere beschreibt Wolfgang R. so: «Ich saß mühsam an meinem Schreibtisch. Hing manchmal nur noch im Stuhl. Wenn es unerträglich wurde, blieb immer noch als letzte Möglichkeit die Bitte, wegen dringender Arbeiten nicht gestört zu werden. Und dann schluckte ich Psychopharmaka, lag, von panischer Angst und Unruhe geschüttelt, in meinem Zimmer, bis es wieder einmal, wenigstens für ein oder zwei Stunden, überstanden war.» Kollegen und Vorgesetzte sahen ihn auch zu dieser Zeit «ruhig, gelassen, in sich ruhend».

Äußeres Bild und innere Wirklichkeit stimmten nicht überein, weder in der Firma noch zu Hause. «Für Bekannte und Verwandte waren wir der Prototyp einer normalen, glücklichen Familie.» Er selbst fühlte sich «eingebunden, abhängig, geknebelt». Anfang der fünfziger Jahre, nach Abitur und Banklehre, hatte er geheiratet. Nach anderthalb Ehejahren kam das erste, im Jahr darauf das zweite Kind. Der junge Familienvater nahm Abschied von seinem Traum, noch zu studieren. Man richtete sich ein, kaufte «Möbel auf Pump». Die ökonomischen Belastungen konnten bewältigt werden. Nur: «Mein ganzer Stolz war dahin. Die Verantwortung für die Kinder, die finanzielle Situation – das hat mich bedrückt, erdrückt.»

Der psychische Abbau des Wolfgang R. zog sich – wie bei vielen psychisch Kranken – über Jahre hin, unauffällig, ohne besondere Ereignisse. Unspektakulär scheiterte auch die Ehe. Am Ende hatten sich beide Partner mit ihren Ängsten, Neurosen, Verletzungen in die Isolation zurückgezogen und «vernichtet».

Als seine Frau nach 20jähriger Ehe starb, brach Wolfgang R. zusammen. Die Umwelt zeigte Verständnis: Der «Kreislaufzusammenbruch» eines Mannes mit zwei schulpflichtigen Kindern, der seit Jahren seine kranke Frau versorgen mußte – das war begreiflich und auch noch akzeptabel.

An eine Therapie wollte Wolfgang R. lange Zeit nicht denken. «Ich fühlte mich körperlich wohl, das war für mich das Kriterium von Gesundheit.» Erst, als es ihm auch psychisch schlechtgeht, beantragt er eine Kur und kommt für sechs Wochen in eine psychosomatische Klinik. «Die ganze Fassade rutschte zusammen», sagte er, und: «Ich fühlte mich richtig gut.» Doch nur in der Klinik; draußen erlebt er neue psychische Einbrüche. «In relativ kurzer Zeit waren Konflikte massiv aufgebrochen worden. Man hatte sich verändert, nur – die Verhältnisse, in die man zurückkehrte, waren noch immer die alten. Das konnten viele nicht verkraften.» Auch Wolfgang R. gelingt es nicht. Wenige Wochen nach der Kur ist er in der psychiatrischen Abteilung.

Danach bemüht Wolfgang R. sich um eine ambulant durchgeführte Gruppentherapie. Als einer von mehr als sechs Millionen psychisch kranken Bundesbürgern sieht er sich mit einem unzureichenden psychosozialen Versorgungssystem, monatelangen Wartezeiten konfrontiert. Er «überbrückt» sie mit «verschiedenen Präparaten» und findet schließlich einen Therapieplatz. Eine Gruppenanalyse bringt ihn weiter. Er bekennt sich zu seinen Problemen und will auch in der Arbeitswelt ohne Fassaden leben. «Ich sah nicht mehr ein, wozu das Lügen und Versteckspiel im Betrieb notwendig sein sollte. Ich wurde immer weniger ‹distanziert› und sagte schließlich offen, daß die körperlichen Symptome auf psychischen Ursachen beruhen. Ich erzählte von den Behandlungsmethoden. Die Mitarbeiter faßten Vertrauen, kamen mit privaten Problemen zu mir.»

Die Offenheit hatte nicht nur persönliche Folgen: Die Arbeitsatmosphäre entspannte sich, es entwickelte sich ein kooperativer Arbeitsstil. Die Firmenzentrale beobachtete die Entwicklung trotz «legendären Betriebsklimas» nicht ohne Skepsis. Es kam zu Beanstandungen, Vorwürfen. «Auf Grund meiner Krankheit sei ich für die Mitarbeiter kein gutes Beispiel mehr, könne die Angestellten nicht genügend überwachen, nicht den richtigen Druck ausüben.»

Schließlich muß Wolfgang R. seinen «Rücktritt aus Krankheitsgründen» beantragen. «Ich resignierte.» Die Formen blieben gewahrt: Er wird von der Firma in Krankheitsurlaub geschickt («Ich fühlte mich überhaupt nicht krank»), auf einen Repräsentationsposten abgeschoben und mit einer Feierstunde offiziell verabschiedet.

«Nicht alles so schwernehmen, manches einfach unter den Teppich kehren und lernen, Privates und Berufliches zu trennen» – von den Patentrezepten seiner Umwelt will Wolfgang R. nichts mehr wissen. «Ich kann meinen Problemen nicht davonlaufen.»

Durchbruch zur Individualität

Wer auf der Ebene der Fassadenschicht lebt und fassadenhaft mit seinen Mitmenschen verkehrt, hat nicht zur Individualität gefunden, er lebt fremdbestimmt und selbstentfremdet. Zur Individualität findet nur derjenige, der den Mut aufbringt, auf seine seelische Schicht hinter der Fassade zu schauen, um das von sich selbst kennenzulernen, was er anderen gegenüber und auch sich selbst gegenüber am liebsten verstekken möchte. Das Hinschauen auf das eigene psychische Erleben und Fühlen in dieser Schicht ermöglicht erst den Durchbruch zur Kernschicht, die das Gute enthält, das in jedem Menschen potentiell angelegt ist. Da ich Milieutheoretiker und kein Determinist bin, habe ich die feste Überzeugung, daß jeder Mensch zu seiner Kernschicht wieder zurückfinden kann, da er sich im Sozialisationsprozeß langsam aber stetig von ihr entfernt hat. Dieses Zurückfinden zur Kernschicht erfordert den Mut zur Individualität.

Das Wort «Individualität» hat einen etwas negativen Beigeschmack, wenn man an Egoismus, Außenseitertum, Weltflucht, Eigenbrötelei usw. denkt. Ich verstehe Individualität nicht in dieser Weise negativ, sondern verstehe sie als Selbstfindung, als ein Leben aus erster Hand, nicht «second hand» nach vorgegebenen Maßstäben der Fremdbestimmung. Wer psychisch frei sich entfalten möchte, zu sich selbst und seinem Ich finden möchte, der muß alles Fremdbestimmte abwerfen und seiner wirklichen seelischen Verfassung, seinen persönlichen Wünschen und Gefühlen näherkommen.

Dieser Vorgang ist schwer zu beschreiben und noch schwerer zu begreifen, da nur der wirklich ganz erfassen kann, was ich mit Individualität, Selbstfindung und seelischer Freiheit meine, der diesen Vorgang an sich selbst erlebt hat, und das sind die wenigsten. Ich hoffe jedoch, daß der Leser erahnen kann, was ich meine. Durch die weitere Beschreibung und Umschreibung des Prozesses der Selbstfindung wird sicherlich noch deutlicher herausgearbeitet werden können, um was es mir hier geht.

Der Durchbruch zur Individualität bedeutet im Endstadium, daß der Mensch wirklich bei sich selbst ist, sich genau kennt und vor den eigenen seelischen Regungen keine Angst mehr hat. Er verhält sich nach außen hin im Kontakt zu seinen Mitmenschen nicht mehr fassadenhaft, sondern direkt und spontan individuell, das heißt, ehrlich, wahrhaftig, seiner wirklichen Stimmung und Meinung entsprechend.

Er zeigt, daß er traurig, glücklich oder wütend ist, ohne Zuflucht zu vordergründigen diplomatischen Winkelzügen zu nehmen. Das heißt nicht, daß er andere Menschen verletzt oder zurückstößt, um ihnen Schmerz zuzufügen; denn der individuelle Mensch, der zu sich selbst gefunden hat, ist zu seiner Kernschicht vorgestoßen, die das prinzipiell Gute enthält. Er wird deshalb aus seiner ehrlichen Reaktion heraus niemals sadistisch reagieren – auch nicht in Worten. Der verbale Sadismus ist eine Deformation, die aus der mittleren Seelenschicht stammt, die der psychisch gesundete Mensch überwunden hat.

Vor der Ehrlichkeit und Wahrhaftigkeit eines zur Kernschicht vorgestoßenen Menschen hat der Fassadenmensch Angst, da er mit ihm nicht nach den vertrauten Spielregeln des gewohnten Fassadenkontakts umgehen kann. Er spürt, daß er den individuellen und ehrlichen

Menschen nicht manipulieren kann und nicht für seine Zwecke einzuspannen vermag. Er fürchtet außerdem das ehrliche Urteil des Individualisten, er fühlt sich von ihm in seiner Fassadenhaftigkeit durchschaut.

Es wird mir oft die Frage gestellt: Da der Individualist auch offen seinen Unwillen oder seine Wut zeigt, wirkt er verletzend. Ist die Unterdrückung der Wut dann nicht besser für einen guten sozialen Konkaft? – Ich glaube, es ist für den Kontaktpartner besser zu wissen, daß sich in der Seele des Partners Unwillen oder Wut entwickelt, als ein fassadenhaftes Pokergesicht vor sich zu haben, das die Wut nicht erkennen läßt und sie unberechenbar seelisch verarbeitet. Es ist für den Kontakt prinzipiell besser, stets zu wissen, woran man ist, die Wut des Partners zu kennen, um über die Ursachen zu reden, um sich in Zukunft besser verstehen zu können.

Die Wut hat immer einen Grund, der aus der Verletzung des Individuums resultiert. Es ist gut zu wissen, an welcher Stelle man den Partner verletzt hat, um Wiederholungen zu vermeiden, sich näherzukommen oder auch, um sich zu entfernen. Der ehrliche Abbruch eines Kontakts ist oft besser als ein scheinheiliges Vortäuschen von gutem Verständnis, während man insgeheim unbewußt – «das Mordmesser» wetzt.

Der Mensch, der voll zu sich selbst gefunden hat, zeigt auch offen die sozial verbindenden Gefühle wie Zuneigung, Interesse, Liebe, Zärtlichkeit und heuchelt nicht neutrale Gelassenheit vor, aus Angst, ebentuell nicht angenommen zu werden. Wer sich selbst angenommen hat, sich selbst akzeptiert und ganz bei sich ist, der kann sich dem Risiko aussetzen, von seinen Mitmenschen nicht angenommen oder akzeptiert zu werden, da er in sich selbst geborgen ist, also nicht bei einer Zurückweisung verzweifelt und das Gefühl der Geborgenheit verliert.

Der Mensch, der zu sich selbst gefunden hat, fühlt sich in sich selbst wohl und glücklich, er kann allein sein, ohne sich einsam, verlassen oder isoliert zu fühlen.

Die meisten Menschen können nicht allein sein, sie benötigen stets und immerfort Menschen um sich. Der Gedanke, alleine zu sein und sich mit sich selbst zu beschäftigen, in sich hineinzuhorchen, ist ihnen unerträglich. Dieses Gefühl der Angst vor sich selbst ist ein Zeichen für die Fassadenhaftigkeit und zeigt die Entfernung von der Kernschicht an. Am Ausmaß der empfundenen Unerträglichkeit bei diesem Gedanken kann jeder bei sich selbst feststellen, wie weit er von sich selbst noch entfernt ist. Natürlich ist der Mensch ein soziales Wesen und sucht den Kontakt zu seinen Mitmenschen, aber dieser Kontakt sollte aus dem Geborgenheitsgefühl im eigenen Zentrum hervorgehen, nicht eine *Flucht* vor dem Zentrum des Selbst sein.

Der Mensch mit der beschriebenen Individualität kehrt aus den sozialen Beziehungen stets gerne zu sich selbst zurück. Der Schweizer Tiefenpsychologe C. G. Jung suchte zum Beispiel neben seiner feudalen Züricher Villa bewußt das einsame Leben in Bollingen bei Kartoffelanbau und Holzhacken. Jung: «In Bollingen bin ich bei meinem eigentlichen Wesen, in dem, was mir entspricht – Einsamkeit ist für mich eine Heilquelle, die mir das Leben lebenswert macht. Das Reden wird mir öfters zur Qual, und ich brauche oft ein mehrtägiges Schweigen, um mich von der Futilität der Wörter zu erholen.»[4]

5.
Die «Flucht nach vorn» aufgeben

«Sie sagen, das Suchen nach dem Ich sei weniger wichtig als das Finden des rechten Verhältnisses zu den andern. Aber dies ist gar nicht zweierlei. Wer jenes echte Ich sucht, der sucht zugleich die Norm allen Lebens, denn dies innerste Ich ist bei allen Menschen gleich.»
Hermann Hesse

Der Dichter Hermann Hesse nennt die Norm allen Lebens das «innerste Ich», das bei allen Menschen gleich ist. Das innerste Ich ist psychologisch ausgedrückt die beschriebene Kernschicht, von der sich die meisten Menschen so weit entfernt haben. Wer zu sich selbst gefunden hat, also zur Kernschicht seiner Person vorgestoßen ist, der ist kein sozialfeindliches egoistisches Wesen, sondern er fühlt sich den anderen gleich, die gleichfalls zur Kernschicht gelangt sind. Selbstfindung und Individualisierung führen also nicht zu einer egozentrischen Individualität im Sinne von trennender Einzigartigkeit, sondern zu mehr Gleichheit und Verbindung mit den anderen. Individualität beinhaltet nicht etwas Trennendes, Distanzierendes oder Entfremdendes, sondern etwas Verbindendes. Das ist sehr wichtig: Je mehr ich meine Individualität entfalte und zu meiner Kernschicht vorstoße, desto näher komme ich den anderen, desto mehr wird mein innerstes Ich dem Ich der anderen gleich, desto stärker bin ich bei der Gleichheit und Brüderlichkeit, da das innerste Ich bei allen Menschen aller Rassen gleich beschaffen ist.

Wir haben uns angewöhnt, vor unserem innersten Ich zu fliehen, entweder vorwärts oder zurück. Beide Fluchtwege vom Ich sollen nun beschrieben werden, um zur meditativen Selbstfindung anzuregen.

Um zu sich selbst zu finden, muß man zunächst alle Fluchtarten aufgeben. Jeder sollte auf dem Platz, in der Situation, in der er steht, verharren und entspannt loslassen, was ihn nach vorne in die Aktion oder nach hinten in den Rückzug treibt.

Neben der Einsamkeit als Heilquelle ist auch das Loslassen, das entspannte Innehalten in der Aktion eine Heilquelle. Das Loslassen führt zu mir selbst, denn es entläßt mich aus der Spannung. Loslassen heißt nicht Nichtstun, sondern meint, sich Zeit nehmen zum Hinschauen, zum Betrachten der äußeren Situation und der inneren Verfassung.

Ich beschreibe hier etwas, das für jeden psychisch gesunden Menschen, der sich bereits selbst gefunden hat, eine Selbstverständlichkeit ist, und er wird darüber lächeln, mit welcher Ausführlichkeit und Umständlichkeit ich versuche, etwas für ihn ganz Normales darzustellen. Für die wenigen psychisch angstfreien und in sich geborgenen Menschen habe ich dieses Buch nicht geschrieben, sondern für die Menschen, die auf der Flucht vor sich selbst, vor ihrem Ich und der Individualität sind. Dabei hoffe ich, daß sie sich nicht verschließen, sondern sich öffnen für die Möglichkeit, in die seelische Freiheit zu gelangen, in der es keine Flucht mehr gibt, da sich das Leben dann ganz in einer entspannten Gegenwart abspielt, in der jede Sekunde ehrlich erlebt wird; so wird nur das erlebt, was hier und jetzt ist. In dieser unmittelbar erlebten Gegenwart ist Glück reines Glück, Trauer reine Trauer, Angst konkrete Angst und Liebe unverfälschte Liebe.

Aggression
«Ich füge keinem anderen zu, was man mir zufügt»

Ich bin ein leidenschaftlicher Gegner der repressiven kapitalistischen und kommunistischen Sozialstrukturen, die das Individuum manipulieren, unterdrücken, ausbeuten, erpressen und ängstigen. Ich bejahe die Gesellschaftskritik von Sigmund Freud, Herbert Marcuse, Arno Plack und Erich Fromm, um nur einige sozialpsychologisch orientierte Autoren zu nennen, und ich unterstütze ihr Interesse an der Veränderung der repressiven gesellschaftlichen Verhältnisse. Aus diesem geistigen Reservoir der Kritik und Sehnsucht nach einem menschenwürdigeren Leben für das Individuum schöpfen sicherlich auch die Terroristen, aber sie ziehen die falschen Schlußfolgerungen. Deshalb sind die genannten Autoren keine geistigen Väter des Terrorismus, denn keiner dieser Autoren fordert zu terroristischen Aktionen und destruktiven Aggressionen auf.

Als Psychologe sehe ich täglich ganz konkret das psychische Elend der Menschen in den kritisierten Sozialstrukturen, und ich wünsche mir natürlich, daß sich die Verhältnisse ändern, daß etwas Praktisches getan und nicht nur geredet oder alles zerredet wird. Aber ich verurteile leidenschaftlich die terroristischen Aktionen der Terroristen, die der Gesellschaft den Krieg erklärt haben.

Die «Frankfurter Allgemeine Zeitung» veröffentlichte am 14. April

1977 den Brief des «Kommandos Ulrike Meinhof», das sich zu dem Mord an Siegfried Buback bekannte. Der Brief lautet:

«‹Für Akteure des Systems selbst› wie Buback findet die Geschichte immer einen Weg.

Am 7. 4. 77 hat das Kommando Ulrike Meinhof Generalbundesanwalt Siegfried Buback hingerichtet.

Buback war direkt verantwortlich für die Ermordung von Holger Meins, Siegfried Hausner und Ulrike Meinhof. Er hat in seiner Funktion als Generalbundesanwalt – als zentrale Schalt- und Koordinationsstelle zwischen Justiz und den westdeutschen Nachrichtendiensten in enger Kooperation mit der CIA und dem Nato-Security-Committee – ihre Ermordung inszeniert und geleitet.

Unter Bubacks Regie wurde Holger am 9. 11. 74 durch systematische Unterernährung und bewußte Manipulation des Transportzeitpunkts von Wittlich nach Stammheim gezielt ermordet. Das Kalkül der Bundesanwaltschaft war, durch die Exekution eines Kaders den kollektiven Hungerstreik der Gefangenen gegen die Vernichtungshaft zu brechen, nachdem der Versuch, Andreas durch Einstellung der Zwangsernährung umzubringen, durch die Mobilisierung der Öffentlichkeit gescheitert war.

Unter Bubacks Regie wurde Siegfried, der das Kommando Holger Meins geleitet hat und der die Sprengung der deutschen Botschaft in Stockholm durch westdeutsche MEK-Einheiten hätte nachweisen können, am 4. 5. 75 ermordet. Während er unter der ausschließlichen Verfügungsgewalt der Bundesanwaltschaft und des BKA stand, wurde seine Auslieferung in die BRD und der lebensgefährliche Transport ins Gefängnis von Stuttgart-Stammheim durchgeführt, was seinen sicheren Tod bedeutete.

Unter Bubacks Regie wurde Ulrike am 9. 5. 76 in einer Aktion des Staatsschutzes exekutiert. Ihr Tod wurde als Selbstmord inszeniert, um die Sinnlosigkeit der Politik, für die Ulrike gekämpft hat, zu demonstrieren. Der Mord war die Eskalation nach dem Versuch der Bundesanwaltschaft, Ulrike durch einen neurochirurgischen Zwangseingriff zu kretinisieren, um sie – zerstört – im Stammheimer Prozeß vorführen und bewaffneten Widerstand als Krankheit denunzieren zu können. Dieses Projekt wurde durch internationalen Protest verhindert. Der Zeitpunkt ihrer Ermordung war präzise kalkuliert: *Vor* der entscheidenden Initiative im Prozeß, den Anträgen der Verteidigung, die an den Angriffen der RAF gegen die US-Headquarters Frankfurt und Heidelberg 1972 die Beteiligung der BRD an der völkerrechtswidrigen Aggression der USA in Vietnam interpretieren sollten:

Vor Ulrikes Zeugenvernehmung im Prozeß in Düsseldorf gegen das Kommando Holger Meins, wo sie authentisch über die äußerste Form der Folter, die an ihr in 8 Monaten toten Trakts vollstreckt worden war, hätte aussagen können:

Vor ihrer Verurteilung – da die kritische internationale Öffentlichkeit, die sich an den Schauprozeß in Stammheim und seiner zynischen Darstellung imperialistischer Gewalt entwickelt hat, von der Bundesregierung begriffen worden war, weil sie dabei war, ihnen auf die Füße zu fallen.

Ulrikes Geschichte ist deutlicher als die vieler Kämpfer der Geschichte der Kontinuität von Widerstand – sie verkörpert die revolutionäre Bewegung, eine ideologische Avantgardefunktion, auf die Bubacks Konstruktion des fingierten Selbstmordes zielte: Ihr Tod – von der Bundesanwaltschaft als ‹Einsicht in das Scheitern› bewaffneter Politik propagandistisch verwertet – sollte die Gruppe, ihren Kampf und die Spur ihrer Wirkung moralisch vernichten.

Die Konzeption der Bundesanwaltschaft, die seit 71 Fahndung und Verfahren gegen die RAF an sich gezogen hat, läuft nach der Linie der im Security Committee der Nato konzipierten Antisubversionsstrategie: Kriminalisierung revolutionären Widerstandes – deren taktische Schritte Infiltration, Entsolidarisierung und Isolierung der Guerilla und Eliminierung ihrer Leader sind.

Im Rahmen der Counterstrategie der imperialistischen BRD gegen die Guerilla ist die Justiz kriegführendes Instrument – in der Verfolgung der aus der Illegalität operierenden Guerilla und in der Vollstreckung der Vernichtung der Kriegsgefangenen.

Buback – wie Schmidt sagt, ‹ein tatkräftiger Kämpfer› für diesen Staat – hat die Auseinandersetzung mit uns als Krieg begriffen und geführt: ‹Ich habe den Krieg überstanden. Dies ist ein Krieg mit anderen Mitteln.›

Was revolutionärer Krieg ist – und das werden Bullen wie Buback nie begreifen – ist die Kontinuität, die Solidarität, die Liebe, die die Aktion der Guerilla ist.

Wir werden verhindern, daß unsere Fighter in westdeutschen Gefängnissen ermordet werden, weil die Bundesanwaltschaft das Problem, daß die Gefangenen nicht aufhören zu kämpfen, nicht anders als durch ihre Liquidierung lösen kann.

Wir werden verhindern, daß Bundesanwaltschaft und Staatsschutz-organe sich an den gefangenen Fightern rächen für die Aktionen der Guerilla draußen. Wir werden verhindern, daß die Bundesanwalt-schaft den vierten kollektiven Hungerstreik der Gefangenen um die minimalen Menschenrechte benutzt, um Andreas, Gudrun und Jan zu ermorden, wie es die psychologische Kriegsführung seit Ulrikes Tod offen propagiert.

Kommando Ulrike Meinhof

Rote Armee Fraktion

Den bewaffneten Widerstand und die antiimperialistische Front in Westeuropa organisieren.

Den Krieg in den Metropolen im Rahmen des internationalen Be-freiungskampfes führen.»

Im Auftrag der Kölner Boulevard-Zeitung «Express» analysierte ich diesen Brief psychologisch am 14. April 1977 wie folgt:

«Es geht hier nicht darum, die historische Richtigkeit der Formulie-rungen des Kommandos zu bewerten, sondern den psychischen Zu-stand der Schreiber und die eventuellen Handlungsfolgen aus der be-stehenden Psycho- und Denkstruktur abzuleiten.

Die Schreiber befinden sich nicht in einem Zustand geistiger Ver-wirrtheit (zum Beispiel durch Drogeneinfluß) und können als über-durchschnittlich intelligent angesehen werden; dies ist aus dem Wort-schatz, Satzbau und der Art der logischen Verknüpfungen abzuleiten. Diese Aussage beinhaltet keine Bewertung des politischen und krimi-nellen Tatbestandes. Die Schreiber sind davon überzeugt, daß es in ih-rem Sinne gerechtfertigt ist, Generalbundesanwalt Siegfried Buback ‹hinzurichten›, da er für den Tod der Terroristen Holger Meins, Sieg-fried Hausner und Ulrike Meinhof verantwortlich sei. Sie sind zum Beispiel der Ansicht, daß Ulrike Meinhof am 9.5.1976 ‹exekutiert› wurde.

Die Schreiber verstehen sich als revolutionäre Widerständler, als Guerillas, die gegen die ‹imperialistische› BRD Krieg führen. Die Ge-fangenen in Stammheim sind für sie ‹Kriegsgefangene›. Die Hinrich-tung von Siegfried Buback ist für sie eine Vergeltungsmaßnahme für die Exekution von Kriegsgefangenen. Eine moralische Schuld in nor-malbürgerlichem Sinne können sie deshalb nicht empfinden bezie-hungsweise wird verdrängt.

Ihren ‹revolutionären Krieg› gegen die ‹Akteure des Systems› ver-steht das Kommando Ulrike Meinhof als ‹die Solidarität, die Liebe, die die Aktion der Guerilla ist›. Die Guerilla fühlen sich also selbst keineswegs als verbrecherisch, sondern der Solidarität und Liebe verbunden. Sie sehen die Hinrichtung Bubacks also als einen Akt der Solidarität mit Ulrike Meinhof an, auch Solidarität mit allen revolutionären Kräften in der Geschichte und deshalb auch unter diesem Aspekt als einen Akt der Liebe.

Das Kommando lebt in einer psychischen Außenseitersituation, ohne Verständnis von seiten der Bevölkerung, die ihren ‹internationalen Befreiungskampf› nicht versteht, nicht wünscht und nicht trägt. Es ist deshalb zu befürchten, daß sich das Außenseiterische in der Psyche der Kommandomitglieder weiter verstärkt und zuspitzt. Mit einem egozentrisch-wahnhaften Streben und auch wahnhafter Verkennung von Realitäten ist deshalb in verstärktem Ausmaß in Zukunft zu rechnen.

Die psychologische Analyse des Briefes zeigt, daß mit weiteren militanten Anschlägen auf ‹Akteure des Systems› des Rechtsstaates mit Sicherheit zu rechnen ist. Ein Gesinnungswandel des Kommandos ist nicht zu erwarten, da die extreme Einstellung zur eigenen und der Situation der Mitkämpfer eher ins weitere Extrem eskaliert, da der Rechtsstaat mit Härte reagieren wird. Es ist ein psychologisches Gesetz, daß Gewalt Gegengewalt erzeugt, zumal bei einer isolierten, revolutionären Guerillagruppe, die sich wahnhaft zuschreibt, aus ‹Solidarität und Liebe› zu handeln.»

Das Kommando glaubt, aus «Solidarität und Liebe» zu handeln. Krieg, Mord und Erpressung aus Liebe? Das ist die Fluchtreaktion nach vorn, vergleichbar mit Hitlers unruhiger und ungeduldiger Flucht vor seinem Persönlichkeitszentrum. Wenn Liebe für Ulrike Meinhof und ihr Anliegen zu Mord führt, so ist das Flucht vor der Kernschicht des Ich.

Wenn ich liebe, füge ich keinem anderen zu, was man mir zufügt, sondern versuche, ihn aus Liebe davor zu bewahren. Wer zur Liebe fähig ist, liebt nicht hier und haßt – zerstört – da, er liebt seine Feinde genauso wie auch sich selbst, weil er und sein Feind in der Kernschicht letztlich gleich sind, wie Hermann Hesse sagt, «denn dies innerste Ich ist bei allen Menschen gleich».

Auch wenn sich mein Feind von der Kernschicht weit entfernt hat, so ist er mir dennoch gleich, und ich werde aus Liebe versuchen, ihn zurückzuholen. Mord oder irgendeine weniger krasse Destruktion oder Aggression ist eine Flucht nach vorn, und ich füge einem anderen zu, was man im schlimmsten Fall mir zufügt. Wenn ich das weitergebe,

135

bin ich nicht besser, auch wenn ich etwas Gutes wünsche und beabsichtige.

Gewalt erzeugt Gegengewalt und Aggression Gegenaggression. Wann hat beides ein Ende? Wir müssen die Flucht nach vorn in die Aggression aufgeben und dürfen keinem mehr etwas antun, was man uns antut, dann erst ist der Eskalationskreislauf unterbrochen, erst dann kann sich langsam die Veränderung durchsetzen. Wer von Liebe redet und auch Liebe meint, kann keinen Mord an seinem Feind begehen, er übt keinen Druck aus, stellt keine Forderungen, übt keine Autorität aus, er lebt in Freiheit und Liebe, das heißt, daß er keinem anderen mehr zufügt, was man ihm ungerechterweise zugefügt hat oder in Zukunft vielleicht zufügen wird.

Das Extrembeispiel des Terrors kann verallgemeinert auf den Alltag übertragen werden. Jeder handelt im weiteren Sinne terroristisch, wenn er Gewalt über andere ausübt, ein Ultimatum stellt, erpresserische Forderungen vorbringt und Unterdrückung mit Unterdrückung, Aggression mit Gegenaggression vergilt, in der Ehe, im Beruf oder in der Erziehung seiner Kinder. Diese Geisteshaltung bringt uns nicht weiter, weder im Alltag noch in der Politik.

Bevor wir die anderen ändern wollen, unsere Kinder, unsere Mitarbeiter, die Gesellschaft, müssen wir uns selbst ändern, um nicht zu scheitern. Wer sich auf die Aggression einläßt, hat von Anfang an verloren und er erzielt im höchsten Fall nur oberflächliche Scheinerfolge, es bleibt schließlich doch alles beim alten.

Natürlich kann man die Aggression nicht einfach wegdenken oder sie mit Abwehrmechanismen zu beseitigen versuchen, um das Problem zu lösen. Man sollte in Ruhe hinschauen und sie betrachten, sich ihrer also nicht schämen, wenn sie auftaucht. Wer hinschauen kann, findet zu sich selbst, zur Kernschicht und hier existiert die Gegenkraft, die Liebe, das Verständnis. Wer seine Aggressionen so betrachtet und die Kernschicht öffnet, flieht nicht in die aggressive Handlung, seine Aggression verschwindet, sie baut sich ab. Wer das tief innerlich spürt und konkret in der Praxis an sich selbst erlebt, nicht nur davon liest oder darüber diskutiert, der verhält sich weder verbal sadistisch, noch begeht er einen Mord. Er ist aus tiefstem Inneren heraus Pazifist, ohne daraus eine Weltanschauung oder politische Ideologie machen zu wollen.

Arbeitssucht
«Wer sich selbst versklavt, unterdrückt auch andere»

Für den Arbeitnehmer ist Arbeit eine lästige Pflicht, da er seine Arbeitskraft, ein wichtiges Stück von sich selbst, an einen Unternehmer, an eine Aktiengesellschaft oder eine Behörde verkauft, um seinen Lebensunterhalt zu sichern. Arbeit wird in diesem Abhängigkeitsverhältnis sehr schnell als entfremdend empfunden. Die meisten reagieren hierauf zunächst mit der Hoffnung, im Status- und Karrieresystem aufsteigen zu können und in eine Position zu gelangen, in der sie so viel verdienen, daß sie wenigstens für ihre Selbstunterdrückung materiell und psychisch durch mehr Macht und Einfluß entschädigt werden.

Im Laufe ihrer Berufstätigkeit spürt die große Mehrheit, daß die mittleren Gehaltsstufen zu verlassen sehr schwierig ist, weil der Flaschenhals nach oben immer enger wird, und die Chancen auch bei höchstem Arbeitseinsatz gering sind, in die ersehnten Regionen aufzusteigen. Viele erfüllen deshalb nur mißmutig und resigniert ihre Pflicht, sie fühlen sich frustriert, wagen aber nicht, aus der Bequemlichkeit ihrer Situation auszusteigen. Sie laufen mehr oder weniger passiv, enttäuscht, intrigierend, nach Ersatzbefriedigung in der Freizeit suchend, im Angestelltenheer mit, ohne Courage, da sie sich nicht die immer noch im Verborgenen schlummernde Möglichkeit verderben wollen, eines Tages für eine verantwortungsvollere Aufgabe in der Hierarchie entdeckt zu werden. Ich spreche jetzt nicht von den Hilfsarbeitern und Arbeitern, deren Einstellung zur Arbeit ich weniger genau aus eigener Erfahrung kenne.

Wer als Angestellter eine leicht über die Mitte des durchschnittlichen Einkommens hinausgehende Position erreicht, verfällt dem Bedürfnis, diese Position wenigstens zu halten und möglichst weiter auszubauen. Die Arbeit wird für ihn zur greifbaren Möglichkeit einer Verbesserung seiner Lebensverhältnisse, und er strengt sich deshalb mehr und mehr an, um durch die Qualität seiner Arbeit seine Vorgesetzten zufriedenzustellen. Er ist bereit, sich zu versklaven, und die Arbeit wird ihm so langsam zur Sucht. Am Wochenende fühlt er sich leer und nutzlos, da sein vorrangig ersehntes Ziel die Anerkennung seiner Leistung und die Verbesserung seiner materiellen Verhältnisse ist. Durch seinen Arbeitseinsatz, das Kreisen seiner Gedanken um den Berufserfolg und die Müdigkeit am Abend verliert er auch die Lust an gelockerter, zwangloser Entspannung und an der Sexualität.

Die Karriereleiter

Mahšon

Die Selbstversklavung und Selbstanpassung an das berufliche Leistungssystem frustriert den Menschen in seiner gesamten Lebendigkeit. In der Verbitterung darüber versklavt, frustriert und unterdrückt er auch die ihm unterstellten Mitarbeiter.

Der Ausweg aus diesem Dilemma der Selbstentfremdung und Unterdrückung anderer könnte in der beruflichen Selbständigkeit liegen. Der Wunsch, sich beruflich selbständig zu machen, nimmt jedoch nicht zu, sondern leider ab. Nach einer Umfrage des Allensbacher Instituts für Demoskopie (1977) wollen sich nur noch 7 Prozent der Arbeitnehmer selbständig machen.[1] Die Mehrzahl zieht die Sicherheit einer Angestelltenposition der Unsicherheit einer selbständigen Berufsausübung vor.

Als Psychologe bedaure ich den abnehmenden Mut zur Selbständigkeit, da der Weg zur Selbstfindung und Selbstentfaltung für einen Selbständigen leichter ist, denn es ist ein Unterschied, ob ich in voller Eigenverantwortung meine berufliche Tätigkeit verwirkliche oder im Auftrag und unter Kontrolle eines Arbeitgebers.

Allerdings muß gesehen werden, daß auch der Selbständige dem materiellen Aufstiegssog verfallen kann und aus einem existentiellen Unsicherheitsgefühl heraus genauso stark wie der Angestellte – wenn nicht noch stärker – der Leistungs- und Arbeitssucht verfällt. Er neigt dann dazu, als Unternehmer seine Angestellten zu Hochleistungen anzustacheln und sie zu versklaven, da er von den Gewinnerwartungen seines Unternehmens versklavt wird. Aus dem unterdrückten Angestellten, der sich beruflich befreien wollte, wird dann ein Unternehmer, der vom Gewinnstreben gefesselt ist. Auf diese Weise besteht die große Gefahr, daß er vom «Regen in die Jauche» kommt, um eine Strophe von Wolf Biermann auf diese Situation zu übertragen.

Für die psychische Gesundheit optimal ist der Schritt in die berufliche Selbständigkeit nur, wenn der darauf folgende Schritt diese Einstellung beinhaltet: Ich mache mich nicht selbständig, um möglichst viel Gewinn zu erwirtschaften, sondern um dadurch freier zu sein und ein selbstbestimmteres Leben leben zu können.

Die berufliche Selbstbestimmung ist ein Gewinn an sich, der mit Geld nur schwer bewertet werden kann, denn um glücklich und psychisch gesund zu sein, kommt es nicht auf das Haben an, also auf Statussymbole und verbrauchbare Konsumgüter, sondern auf das Sein, das mit dem Haben wenig zu tun hat.

Natürlich benötigt jeder eine materielle Grundausstattung, einen finanziellen Spielraum, um sich geborgen fühlen zu können, denn wer um die Grundbedürfnisse wie Wohnung und Nahrung bangen muß, kann sich nur schwer psychisch entspannt selbstentfalten. In der Bundesrepublik würde ich diese finanzielle Grundlage nach der Kaufkraft von 1977 bei etwa 1000 bis 1500 DM netto monatlich sehen. Mit diesem Netto-Betrag würde ich eine selbständige Berufsausübung einer Angestelltenposition, die monatlich 2000 DM, 5000 DM oder 10000 DM netto einbringt, immer vorziehen. Mit dieser Einstellung wäre für mehr als 7 Prozent der Erwerbstätigen – die den tatsächlichen Wunsch haben, sich selbständig zu machen – der Weg in die Selbständigkeit durchaus eine realistische Möglichkeit.

Eine beispielhafte Einrichtung als Hilfestellung für den Schritt in die berufliche Selbständigkeit hat die Industrie- und Handelskammer (IHK) in Koblenz am 1. Januar 1978 geschaffen, die Personen, die sich selbständig machen wollen, mit Rat und Tat unterstützt. Wenn Sie interessiert sind, dann fordern Sie die Broschüre an: «Ich mache mich selbständig. Test und Tips für alle, die den Mut haben, sich auf eigene Füße zu stellen.»

Der Selbständige kann die Stundenzahl seines Tätigseins selbst bestimmen. Ich bin der Auffassung, daß 8 Stunden Arbeit zu viel sind. Ich selbst arbeite täglich nicht mehr als sechs bis sieben Stunden und lehne Aufträge, die mich zeitlich stärker belasten würden, wie kürzlich das Angebot, eine Fernsehserie zu entwickeln, ab. Ich lehne es auch ab, in meiner Praxis einen Psychologen als Angestellten einzustellen und arbeite statt dessen mit freien Mitarbeitern, die ich wahlweise hinzuziehe. Auf eine angestellte Sekretärin zum Schreiben der Manuskripte, Briefe und Gutachten kann ich allerdings nicht verzichten.

Ich möchte damit zum Ausdruck bringen, daß es für einen Selbständigen nicht primär darauf ankommen sollte, möglichst viele Aufträge anzunehmen, damit auch er letztendlich der Arbeits- und Gewinnsucht verfällt, sondern daß die Selbständigkeit als solche ein psychischer Gewinn ist, der zu mehr Freiheit, Selbstbestimmung und Sein führen kann.

Sexualität
«Die Sexualität steht im Dienst der Liebe und nicht umgekehrt»

Die Sexualität wurde in den letzten Jahrzehnten vieler Tabus beraubt, es wird heute offener als je geschrieben und gesprochen, sie wird in alle Details zerlegt und keine Möglichkeit der Luststeigerung bleibt verborgen. Und doch hat die Enttabuisierung der Sexualität das gesamte psychische Problem, das mit ihr verbunden ist, nicht wirklich gelöst. Im Gegenteil, es sind neue, bisher weniger beachtete Probleme aufgetaucht: Die Sexualität ist ins Zentrum getreten, und sie wurde damit ein Leistungszwang zur sexuellen Befriedigung. Viele glauben, jetzt durch Technik und Wissen das vollbringen zu müssen, was durch Technik einfach nicht zu vollbringen ist, nämlich ein glückliches, *psychisch befriedigendes* Sexualleben.

Die Liebe steht heute im Dienst der Sexualität und nicht die Sexualität im Dienst der Liebe. Ich meine mit dieser Aussage, daß die Sexualität überbetont wird und man glaubt, daß durch richtiges sexuelles Verhalten (Technik, Tricks, Tips) die Liebe gefördert wird oder sich erhält. Das ist ein großer, verhängnisvoller Irrtum. Wo nicht die psychische Qualität der Liebe besteht, existiert *nur* Sexualität, und die ist nur bruchstückhaft, aber nicht umfassend befriedigend.

Wer die Sexualität befreit, ohne die Liebe mitzubefreien, stiftet nur Unheil. Zuerst muß die Liebe da sein, erst dann kann die Sexualität voll befriedigend sein. Wenn zuerst nur das Interesse an der Sexualität besteht, kann die Liebe allerdings nachfolgen. Wenn sie jedoch nicht folgt, was sie keineswegs zwangsläufig muß, kann nie volle psychosomatische Befriedigung gefunden werden.

Wir sollten also weniger von Sexualität reden, sondern mehr von Liebe, denn dort wo Liebe ist bestehen auch die besten Voraussetzungen für eine befriedigende Sexualität. Die Sexualität war in den letzten 100 Jahren in den zivilisierten Gesellschaften ein großes Tabu, aber die Liebe ist immer noch ein viel größeres Tabu. Wir wissen nicht viel mehr über sie, als uns Liebesromane und Liebesfilme vermitteln. Die Liebe ist ein Tabu in einer Gesellschaft, die von versklavten und unterdrückten Menschen bevölkert ist, da nur der psychisch freie, angstfreie Mensch wirklich liebefähig ist. Liebe führt meist zu einer befriedigenden Sexualität, aber Sexualität nicht automatisch zur befriedigenden Liebe. Liebe ist bereit zu sexuellen Experimenten und zur liebenden sexuellen Anteilnahme. Sexualität ist dagegen nur auf die augenblicklichen Reaktionen der körperlichen Befriedigung gerichtet.

Liebe ist durch eine psychische Begegnung möglich, sie erfordert Seele; Sexualität benötigt dagegen nur Körper. Damit möchte ich den Körper keineswegs abwerten, denn der Körper ist die Basis sowohl der Sexualität wie auch die Seele. Körper und Seele müssen allerdings im Erleben eine Einheit sein, wie Liebe und Sexualität eine Einheit sein müssen, damit der Mensch zu voller Befriedigung findet.

Bei den meisten sind Körper und Seele – und deshalb zwangsläufig auch Sexualität und Liebe – getrennt. Zuerst müssen Körper und Seele wieder zusammenfinden, dann können sich auch Sexualität und Liebe wieder vereinigen, erst dann entsteht die gesuchte Befriedigung.

Wie können Körper und Seele zusammenfinden? Wie können Liebe und Sexualität verschmelzen? Um die Lösung dieser Fragen geht es in diesem Buch. Es geht darum, daß der Mensch zu sich selbst findet und seinen Körper mit seiner Psyche verschmelzt; erst dann ist er auch fähig, seinen sexuellen Trieb mit der Liebe zu vereinigen. Liebe muß zuerst sein, wie auch Seele zuerst sein muß. Nur eine gesunde Seele schafft sich einen gesunden Körper; erst danach gilt, daß in einem gesunden Körper auch ein gesunder Geist wohnt.

Ellenbogen-Egoismus
«Egoismus trennt, Individualität verbindet»

Mit Individualität meine ich keinen Ellenbogen-Egoismus, der den Mitmenschen als Gegner sieht, den es «auszustechen» oder «an die Wand zu spielen» gilt. Dieser Egoismus führt zur Isolation und Angst vor den Mitmenschen, nicht zur Individualität.

In der Individualität ist der Mensch nicht isoliert oder einsam, sondern allein; damit ist er ganz bei sich. Wer in dieser unegoistischen Art ganz bei sich ist, in sich selbst versunken oder mit sich selbst und seiner Umwelt beschäftigt, der fühlt sich nicht isoliert oder in Distanz zu den Mitmenschen. Er zieht sich nicht in sich selbst zurück auf Grund von Enttäuschung, Verbitterung, Angst, Neid oder Konkurrenzdenken, sondern weil es ihn entspannt, zu seiner Kernschicht vorzudringen, sich mit sich selbst und der Umwelt auseinanderzusetzen, auf eine kontemplative Weise, zum Beispiel in kreativer und musischer Tätigkeit.

Dieses so verstandene alleine und individuell sein ist weder eine

Flucht vor den anderen in eine «weltfremde Innerlichkeit» noch ein Rückzug aus einer angsterregenden Situation. Es ist aber auch keine besondere Technik der Meditation, um auf diese Weise Kraft zu schöpfen für den egoistischen Kampf mit den «bösen anderen».

An dieser Stelle muß ich betonen, daß es eine falsche Motivation wäre, dieses Buch zu lesen, um dadurch eine größere psychische Fitneß zu erreichen, um sich danach ellenbogenstärker gegen die Konkurrenz der Mitmenschen behaupten zu können, denn das ist nicht die Aufgabe dieses Buches.

Angst, Egoismus, Neid, Aggression, Abwehrmechanismen, Lebenslügen, psychische und somatische Störungen sind entstanden, weil wir uns in einem Konkurrenz- und Leistungskampf mit den Mitmenschen im sozialen System sehen. Alles, was wir unternehmen, um uns in Zukunft um so härter in diesen Kampf stürzen zu können, um größere Siege über den Mitmenschen zu erringen, richtet sich letztlich wieder gegen uns selbst und erzeugt immer wieder die alten Symptome.

Wer deshalb von diesem Buch handfeste Tips erwartet, wie er seine Mitmenschen überrunden wird, indem er angstfreier ist, wie er seine Aggressionen – als karriereschädliche Impulshandlungen – verliert, mehr innere Freiheit erlangt, um gelassener und dadurch überlegener zu wirken und zu handeln und um dadurch seinen Mitmenschen im egoistischen Kampf einen Schritt voraus zu sein, der wird scheitern, denn er wird seine Angst behalten, er wird neidisch und aggressiv bleiben und seine psychischen und somatischen Störungen nicht verlieren.

Die Heilung kann erst erfolgen, wenn er das egoistische Streben nach bloßer *Ich-Stärke* aufgibt und sich «nur» damit begnügt, individuell zu sein. Individualität, alleine sein, entspannen, loslassen, lieben, sich frei von Angst und Aggression fühlen, das alles ist erst möglich, wenn der Machtkampf gegen den Mitmenschen aufgegeben wird.

Das heißt nicht, daß der angstfreie Mensch sich alles gefallen läßt. Im Gegenteil, denn er fühlt und handelt ehrlicher, da er näher bei sich selbst ist – und dadurch auch näher bei den anderen.

Die so verstandene Individualität hat nichts Distanzierendes oder Trennendes, sondern ist durch die neugewonnene Ehrlichkeit des psychischen Lebens verbindender als die gezwungene, freudlose und fassadenhafte Anpassung. Durch diese Ehrlichkeit und Wahrhaftigkeit des psychischen Erlebens läßt sich das Individuum nicht in ein System der Anpassung pressen, sondern geht eigene, ihm gemäße Wege der Selbstverwirklichung. Deshalb ist das Individuum weniger leicht zu manipulieren und für egoistische Zwecke einzuspannen. Die Verweigerung, sich unterdrücken zu lassen, ist jedoch kein egoistischer Machtkampf, um einen anderen zu beseitigen, sondern geschieht sehr friedfertig.

Der so verstandene Individualist lebt nach seinem Empfinden, nach seinen wirklichen Bedürfnissen, ohne sich Zwang anzutun oder auf andere Zwang auszuüben. Das bedeutet nicht, daß er ohne Disziplin ein Spielball von Stimmungen und Launen sei, wie der angepaßte Mensch leicht annimmt.

Der Individualist lebt nach seinem inneren Rhythmus und läßt sich keinen für ihn unpassenden Rhythmus aufzwingen. Er ist sehr wohl fähig, diszipliniert zu denken, zu arbeiten und zu handeln. Er lebt stark mit sich selbst verbunden und arbeitet dann, wenn er sich wirklich frisch und konzentriert fühlt, nicht nur aus einem Pflichtgefühl heraus in immerwährender Vergewaltigung seiner psychischen und körperlichen Verfassung. Auch aus diesem Grund empfehle ich die berufliche Selbständigkeit, weil individuelle Arbeitszeitgestaltung in einem Angestelltenverhältnis nicht wirklich möglich ist.

Wenn ich dieses Buch als Angestellter eines Verlags schreiben müßte, während der «normalen» Arbeitszeiten, könnte ich meine Gedanken nicht frei entfalten, ich würde mich wie ein Vogel fühlen, dem die Flügel gestutzt wurden. Als selbständiger Autor kann ich schreiben, wann immer ich die Konzentration und Bereitschaft dafür empfinde.

Ich beobachte immer wieder, daß viele Menschen die Leistung eines Schriftstellers bewundern, weil er allein und in Stille an seinem Tisch sitzt und konzentriert 200 oder 300 Buchseiten schreibt. Man sagte zu mir: «Ich könnte das nicht, in dieser Einsamkeit sitzen, ohne Gespräche mit Kollegen, ohne Kontakt zu Menschen, allein in einem Zimmer.» Ich wundere mich über diese Äußerungen nicht und kann sie gut verstehen; sie zeigen, wie weit entfernt von sich selbst derjenige ist, der mich bewundert.

Das Alleinsein mit dem Papier und meinen Gedanken ist für mich keine Einsamkeit und die Konzentration des Schreibens keine bewundernswerte Leistung – da ich nur dann schreibe, wenn ich mich dafür wirklich bereit fühle, manchmal nach einigen Tagen Pause, dann wieder in kürzeren Abständen. Länger als anderthalb Stunden schreibe ich selten an einem Stück, da meine individuelle Konzentration dann nachläßt und ich mich zu einer Mehrleistung zwingen müßte. Ich teile von mir diese Details mit, weil sie exemplarisch für individuelle, selbstbestimmte Konzentration und Disziplin sind. Die Disziplin fällt leicht, wenn sie aus innerer Bereitschaft heraus erfolgt, anstatt von außen aufgezwungen zu werden.

Sicherlich könnte ich dieses Buch auch als Angestellter schreiben, aber der seelische Kräfteverschleiß wäre wesentlich größer, ganz abgesehen davon, daß ich die Thematik mit einer geistigen Angestelltenmentalität nicht so darstellen könnte, wie als freier, nicht nur zeitlich, sondern auch geistig und politisch unabhängiger Autor.

Progressionismus
«Nicht suchen, sondern finden»

Wir suchen seelischen Frieden, sexuelle Befriedigung, das Glück, den Erfolg. Solange wir suchen, sind wir innerlich unruhig, fühlen uns noch nicht am Ziel, sondern in einem Zustand des noch nicht Erreichten, des vorübergehenden und provisorischen Lebens.

Das aktive, bewußte, unruhige und zielgerichtete Suchen wird von fast allen praktiziert. Wenn man die Menschen von sich erzählen läßt, sie nach ihrem Leben spontan fragt, dann bekennen sie meist, daß sie ihren Endzustand, ihr Ziel, ihre Lebensvorstellung noch nicht erreicht hätten, sondern sich noch auf der Suche danach befinden. Der eine sucht den richtigen Partner, der andere einen befriedigenden Beruf, einer sucht sich vom Elternhaus zu lösen, der andere sucht das «wirkliche Glück» nach der Scheidung oder nach dem bevorstehenden Examen.

Auf der Suche nach der Verwirklichung eines selbst- oder von Autoritäten gesetzten Lebensziels – leben wir nicht in der Gegenwart; wir wollen uns von der Vergangenheit lösen und in der Zukunft ein Ziel erreichen, damit wir dann endlich finden, was wir eigentlich suchen: Entspannung, Glück, Befriedigung, Anerkennung, Liebe, Freiheit von Angst, Neid und Aggression. Diese Hoffnung ist jedoch ein großes Trugbild, da wir diese Entspannung niemals finden werden, solange wir sie auf die bisherige Weise suchen und in der Zukunft zu finden hoffen.

Wir stehen vor der Erfüllung unserer Sehnsucht, wenn wir das Suchen sofort lassen und uns auf das Finden einstellen. Der Maler Pablo Picasso sagte einmal: «Ich suche nicht, sondern ich finde.» Das klingt paradox, beinhaltet jedoch eine der großen Weisheiten des Lebens.

145

Wer sucht, kann zwar finden, aber er ist in einem Zustand der Anspannung und des erhöhten Energieverbrauchs. Wer sich dagegen nicht auf das Suchen konzentriert, sondern *auf das Finden einstellt*, verbraucht weniger Energie. Er erhöht dadurch zwar nicht unbedingt die Chance zu finden, aber er engt sein Bewußtsein und sein Leben nicht auf den Prozeß des Suchens ein. Er ist offen und findet oft ganz andere Dinge, als er sich vielleicht zu suchen vorgenommen hatte. Er findet, er entdeckt, er lebt in der Gegenwart, im Augenblick und ist in jedem Moment für alle Ereignisse offen; dadurch ist er auch immer bereits am Ziel.

Er zieht nicht aus, um einen Goldschatz zu suchen – vielleicht findet er die Liebe. Er zieht nicht aus, um Liebe zu suchen – und findet vielleicht die Freude am musikalischen Ausdruck. Wer nichts Bestimmtes sucht, ist in der Gegenwart jederzeit offen zu finden, da sein Blickfeld nicht eingeengt ist. Er findet die Liebe und Sexualität nebenbei – gerade, weil er nicht verkrampft danach sucht. Ich beobachte immer wieder in den Kölner «Pinten» (in den Münchner oder Hamburger Kneipen ist es sicher nicht anders), wie verkrampft nach einem Partner für ein sexuelles Abenteuer oder für die «große Liebe» Ausschau gehalten wird. Diese Sucheinstellung ist oft so zwanghaft fixiert, daß ein Gespräch über anderes als Sex nur schwer möglich ist, denn jedes intensive Gespräch würde von der zwanghaften Zieleinstellung ablenken. Die entspanntere Haltung wäre jedoch besser. Oft höre ich die Bestätigung: «Ich lernte sie (oder ihn) an einem Abend kennen, als ich gestreßt war, einfach nur ein Bier trinken wollte und überhaupt nicht die Absicht hatte, jemanden kennenzulernen.»

In der Absichtslosigkeit kann man leichter finden, als mit angespannter Sucherwartung – vor allem zwischenmenschliche Beziehungen lassen sich zwanglos besser beginnen als mit der verkrampften Suchhaltung, die das Finden von Nähe eher gefährdet. Der Suchende ist zu unruhig, prüfend und bewertend, um eine unkompliziert zwanglose Beziehung in Gelassenheit und seelischer Ausgeglichenheit aufzunehmen, er reagiert deshalb oft viel zu hastig, empfindlich und auch humorlos.

Wer sich nicht auf das Suchen, sondern Finden einstellt, fühlt sich in jedem Moment der Gegenwart am Ziel seines Lebens angelangt. In der Gegenwart liegt ihm die Erfüllung, in der er seine Vergangenheit und Zukunft vergißt. In der Gegenwart, im Hier und Jetzt, fühlt er sich wohl, findet er alles, was er braucht.

Utopismus
«Das wahre Glück liegt nicht in der Zukunft,
sondern in der Gegenwart»

Es hat wenig Sinn, das Glück der Gesellschaft und damit verbunden das eigene Glück nur von zukünftigen sozialen und politischen Veränderungen zu erwarten. Mit «Utopismus» bezeichne ich zum Beispiel die Haltung vieler politisch engagierter Intellektueller, die erhoffen, daß ihre Gesellschaftsutopie mehr oder weniger rasch verwirklicht, also von der Realität erreicht wird, damit dann endlich das Glück über die Menschheit und sie selbst kommt, sich also die Lebensumstände im Sinne ihrer Utopie so verbessern, daß ein erfülltes Leben in Gerechtigkeit, Gleichheit und Freiheit möglich wird.

Ich habe nichts gegen Utopien, denn sie sind als theoretische Zielvorstellungen sehr wichtig – nichts ist praktischer als eine gute Theorie. Aber es muß immer bewußt bleiben, daß es sich bei der utopischen Idee um eine Utopie handelt, also um etwas Zukünftiges, dessen Realisierung noch aussteht. Es ist verhängnisvoll zu denken: «Solange die Utopie nicht realisiert ist, kann ich nicht glücklich leben.» Diese Einstellung bezeichne ich als Utopismus.

Der Utopismus behindert mich, hier und jetzt in der Gegenwart mein Leben zu verwirklichen. Es hat wenig Sinn, den gesellschaftlichen Verhältnissen allein die Schuld in die Schuhe zu schieben. Ich möchte diese veränderungsbedürftigen Verhältnisse keineswegs wegdiskutieren oder vertuschen, das weiß jeder, der meine Bücher «Statussymbole» und «Lassen Sie sich nichts gefallen» gelesen hat, die sich sehr stark mit sozialpsychologischer Gesellschaftskritik befassen. Es ist wichtig, die sozialen Strukturen zu analysieren. Ungerechtigkeiten aufzudecken und eine Zielprojektion in die Zukunft zu entwerfen, aber viele unterliegen hierbei der Gefahr, für ihre eigene psychische Verfassung ausschließlich die bestehenden gesellschaftlichen Verhältnisse verantwortlich zu machen. Sie haben sicherlich ihren starken Anteil an unseren psychischen Störungen und Deformierungen, und sie werden ihn auch in Zukunft behalten, wenn diese Verhältnisse so bleiben – aber wir müssen erkennen, daß wir nicht bis zum Tag X Leidende, Unterdrückte und Beleidigte zu sein brauchen, wenn wir heute noch für uns ganz persönlich damit beginnen, wir selbst zu werden.

Wir sollten uns nicht nur auf das politische Engagement für eine Utopie abstützen, denn es ist *mehr* erforderlich. Darüber hinaus – oder auch davon unabhängig – hat jeder die Aufgabe, nach der Analyse seiner persönlichen Misere und der Misere der ihn umgebenden krankmachenden Sozialstruktur, für sich selbst und seine Umgebung in der Gegenwart sofort etwas für die Gesundung zu tun.

Das Glück, die psychische Gesundheit, liegt nicht in der fernen Zukunft (nach einer Revolution oder moralischen Evolution), sondern wir sind in der Gegenwart dafür verantwortlich. Wenn mein Haus brennt, dann frage ich nicht nach der technisch optimalen Löschmaschine, die von einem Techniker irgendwann einmal beschrieben wurde, sondern ich versuche zu löschen; wenn nichts anderes da ist, mit dem Wassereimer. So sollten wir, wenn wir unsere psychische Unterdrückung spüren, die gesellschaftlich bedingt ist, nicht auf die Realisierung eines utopischen Gesellschaftsmodells warten, sondern unsere psychische Störung jetzt sofort beseitigen. Wer sich in einer unerträglichen Arbeitssituation befindet, sollte sich jetzt und sofort über Änderungen und Erleichterungen Gedanken machen, nicht darauf warten, bis irgendwann der humane Arbeitsplatz verwirklicht wird.

Wer Magengeschwüre hat, weil er in einer unerträglichen beruflichen Konkurrenzsituation steht und zusätzlich von seiner Ehefrau zur «Karriere» getrieben wird, sollte jetzt und sofort sich um einen Stellenwechsel bemühen und seiner Ehefrau klar machen, daß er in Zukunft lieber weniger verdienen will, um dafür psychisch ruhiger und entspannter zu leben.

Wer in einer Ehe lebt und dem Partner gegenüber sexuell gleichgültig, impotent oder frigide ist, der sollte jetzt und sofort eine Trennung anstreben, nicht erst dann, wenn die Scheidung erleichtert wird und die leibfeindliche sexuale Zwangsmoral abgebaut ist. Jetzt und hier etwas zu tun, ist allerdings *unbequemer,* als die bestehenden Gesellschaftsverhältnisse zu beklagen und in Diskussion darüber zu verharren.

Wer unter Berufsstreß leidet, kann dem herrschenden «inhumanen Leistungsdruck» die Schuld geben, was einerseits richtig ist, aber er muß andererseits auch aktiv werden und vor allem bereit sein, für eine berufliche Entlastung (nämlich weniger zu arbeiten) zum Beispiel das Streben nach Statussymbolen aufzugeben. Es hat wenig Sinn, zu warten, bis alle den gleichen Status einnehmen und alle Menschen Brüder sind, wenn ich jetzt unter Symptomen der Arbeitsüberlastung leide, wie Herzschmerzen, hoher Blutdruck oder Schlaflosigkeit. Viele sterben lieber 5 bis 10 Jahre «zu früh», als ihr Leben zu ändern und auf die

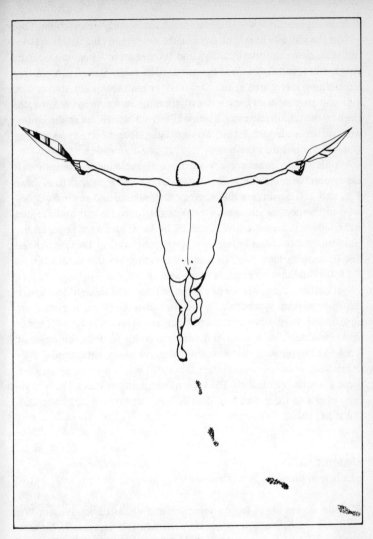

Das wahre Glück liegt nicht in der Zukunft,
sondern in der Gegenwart

Anpassung an die Gesellschaft zu verzichten, auf die sie so schimpfen.

Wer die Gesellschaft kritisiert und ihr die Schuld gibt, muß auch bereit sein, sich von ihren Prämien und Privilegien zu lösen, die sie dem Angepaßten verschafft. Wer gesund werden möchte, muß sich von der Vorstellung lösen, daß er *nur* Opfer ist, er muß erkennen, daß er sich hier und jetzt wehren kann – das ist allerdings unbequem. Wenn mein Haus brennt, muß ich notfalls selbst Eimer schleppen, wenn die Feuerwehr schlecht ausgerüstet ist. Das ist lästig, aber die einzige Möglichkeit, um mein Haus zu retten.

Ich muß viele unbequeme Vorschläge machen und werde wohl den Leser enttäuschen, der hofft, daß es einige einfache und todsichere Tips und Tricks gibt, um die Angst zu überwinden und zur Individualität und Freiheit zu gelangen. Der Weg zur Individualität und Freiheit steht jedem jederzeit offen, wenn er in der Gegenwart zu leben beginnt und sich aus den Fesseln der Anpassung und der Bequemlichkeit des Utopismus löst. Die Grenzüberschreitung aus der Anpassung in die Individualität und Freiheit ist *heute* noch möglich, sie braucht keine lange Vorbereitung, wir müssen nicht erst noch auf den großen Sozialreformer warten. Wir können heute noch über die Grenzen gehen, ohne Alkohol, Psychopharmaka und Drogen im Gepäck, wenn wir bereit sind, individuell zu werden, auf unsere Gefühle (unter anderem auch die Angst) zu schauen und zu unserer Kernschicht zu gelangen.

Ja, wenn – daran scheitert der Übertritt, weil wir nicht bereit sind, diese «Wenns» zu erfüllen. Ich kann nur Mut machen und Anstöße geben, aber nicht den Leser in die Freiheit tragen; er muß bereit sein, selbst zu gehen.

Hedonismus
«Leben heißt nicht genießen, sondern sein»

Wir alle wollen unser Leben genießen und uns glücklich fühlen. Wir streben nach Sinnenlust, nach körperlicher und seelischer Befriedigung – und doch haben wir meist stumpfe Sinne, sind ganz und gar unsinnlich. Wir wollen genießen und finden keine Befriedigung, deshalb überfressen und besaufen wir uns, klammern uns an die Sexualität und mißachten die Liebe. Wir wollen genießen, um glücklich und zufrieden zu sein, und gelangen doch nicht zu einem richtigen Glücksgefühl. Woran liegt das?

Die meisten Menschen, sofern sie überhaupt darüber sprechen, haben nicht gefunden, wonach sie suchten. Mit dem Hedonismus ist es wie mit dem Progressionismus und Utopismus, je mehr man darauf fixiert ist, um so weiter verfehlt man die innere Zufriedenheit.

Für das unerfüllte Streben bietet sich als Ziel zum Beispiel der Konsum, das Statusstreben und die Privilegiensuche an. Viel Energie und Kraft wird auf den Ellenbogen-Egoismus verwandt, um von oben, seitlich oder hinten herum an den ersehnten Genuß zu gelangen. Doch diese Umwege und Irrwege führen nicht vorwärts, sondern im Kreis herum, denn die Unzufriedenheit bleibt bestehen, wenn man glaubt, auf diese Weise zur Sinnenlust und zum inneren Glück zu gelangen. Die Sinnenlust erschließt sich mir nur dann, wenn ich mich öffne und alle anderen Fluchtmethoden nach vorn, wie Konsum, Status, Utopismus, Progressionismus, Ellenbogen-Egoismus, aufgebe.

Die Sinne können nur voll sehen, hören, schmecken, riechen, und tasten, wenn ich mich voll und ganz ihnen hingebe. Hingeben heißt, alle Störfaktoren loslassen – und Störfaktoren sind viele in der Seele, wenn ich die Flucht nach vorn ergreife und nicht ganz in mir selbst bin. Wer nach dem Haben strebt und sich ans Haben klammert, hat große Schwierigkeiten, zu sein.

Um zu sein, brauche ich weder Status, Privilegien, Konsum oder Besitz, denn Sein ist unabhängig von materiellem Besitz. Wenn ich an einem Herbsttag am Waldrand spazierengehe und die mildmodrige Luft einatme, ist gleichgültig, ob mir der Waldrand gehört oder nicht – die Sinne nehmen den Geruch und das fahle Licht der schrägstehenden Sonne dadurch nicht schlechter oder besser wahr. Wenn ich hier gehe, allein, individuell, ganz der Gegenwart hingegeben, dann ist gleichgültig, welchen sozialen Status ich habe, dann zählt allein, ob meine Sinne geöffnet oder geschlossen sind.

151

Wer immer nur strebt, sucht und wünscht, kann sich nicht voll auf die sinnliche Wahrnehmung konzentrieren. In seinem Kopf dreht sich unermüdlich die Schallplatte der Gedanken, die ihn daran hindert, sich loszulassen, in Gelassenheit zu fühlen und wahrzunehmen. Das gilt für jeden Sinnengenuß, für die Sexualität genauso wie für das Essen.

Der Karrierist ist ein schlechter Liebhaber, weil er die Berufsschallplatte nicht abschalten kann und sein Erfolgsstreben überbewertet. So geht er mit einer hedonistischen Einstellung meist an Genuß und Glück vorbei. Leben heißt nicht genießen, um des Genusses willen, sondern heißt sein. Ich gebe dem Sein vor dem Haben den Vorzug. Das Sein steht über dem Haben, denn ich kann mich erst dem Sein voll hingeben, wenn ich das Streben nach dem Haben loslasse.

Wenn ich mich ganz dem Augenblick ergebe – ob er in mir nun traurige oder angenehme Gefühle weckt – bin ich im Sein. Sein heißt, hinschauen, aufmerksam wahrnehmen und nach den wirklichen persönlichen Bedürfnissen handeln, aus dem Innern meines Körpers und der Kernschicht meiner Seele heraus. Dann lasse ich alles vordergründige Klammern an das Haben los und überlasse mich dem, was ich wirklich bin, was ich wirklich empfinde. Erst dann bin ich gelassen, gelockert und geöffnet – also bereit und fähig, psychisch ausgeglichen und gesund zu erleben, zu lieben und Freude an einer Arbeit zu empfinden.

Das Loslassen des Vordergründigen ist schwer, weil wir uns mit geradezu panischer Angst daran klammern, weil wir glauben, uns sonst selbst zu verlieren, einsam und verloren in einer gefährlichen Welt zu stehen. Wenn diese Angst auftaucht, muß ich auf sie schauen, sie intensiv erleben und empfinden. Im Durchgehen durch diese Angstschwelle und anschließendem Loslassen gelange ich zu mir selbst und in die Freiheit.

6.
Die «Flucht nach hinten» aufgeben

«Körperliche Haltungen wie Steifheit und Starre, Eigenheiten des Wesens wie ein stereotypes Lächeln, höhnisches, ironisches und hochmütiges Benehmen sind Rückstände ehemals sehr aktiver Abwehrvorgänge.»
Anna Freud

Die Fluchtwege nach vorn führen – wie beschrieben – in die Aggression, Arbeitssucht, Überbetonung der Sexualität, den Ellenbogen-Egoismus, Progressionismus, Utopismus und Hedonismus. Es genügt nicht allein, diese Flucht nach vorn zu lassen, wenn ich statt dessen in die Flucht nach hinten verfalle.

Die Flucht nach hinten führt mich in Anpassung, Gefühlspanzerung, Rollenspiel, Charaktermaske, Beschuldigung, Nekrophilie und Enge. Im folgenden versuche ich zu beschreiben, wie diese Fluchtwege nach hinten aufgegeben werden können. Die folgenden Kapitel sind als Aufforderungen formuliert:

- Selbständigkeit statt Anpassung
- Gefühlsausdruck statt Gefühlspanzerung
- Selbstfindung statt Rollenspiel
- Persönlichkeitsentfaltung statt Charaktermaske
- Vergeben statt beschuldigen
- Biophilie statt Nekrophilie
- Offenheit statt Enge

Die Flucht nach hinten zeigt viel deutlicher die Angst-Abwehrmechanismen der Psyche als die Flucht nach vorn, die auf den ersten Blick scheinbar lebenstüchtig, mutig und gesund wirkt. Aber auch die Flucht nach vorn ist eine Technik der Lebensbewältigung, die auf Angstabwehr zurückgeführt werden muß, wobei die Nachteile nicht direkt ins Auge springen. Die Nachteile der Anpassung, der Gefühlspanzerung, des Rollenspiels, der Charaktermaske, des Beschuldigens, der Nekrophilie und Enge sind deutlicher. Trotzdem leben die meisten lieber mit diesen Nachteilen, als die Vorteile der Selbständigkeit, des Gefühlsausdrucks, der Selbstfindung, der Persönlichkeitsentfaltung, des Vergebens, der Biophilie und Offenheit wahrzunehmen.

Die Fluchtwege nach vorn oder hinten schließen sich nicht gegenseitig aus, sondern sie ergänzen sich auf komplizierte Weise. Die Arbeitssucht verbindet sich zum Beispiel mit dem Ellenbogen-Egoismus, dem Progressionismus und der Anpassung, Gefühlspanzerung und Charaktermaske. So entsteht der extrem angepaßte Angestellte, der sich im Leistungssystem durch Anpassung und Gefühlspanzerung nach vorn oder oben zu boxen versucht.

Die Aggression, der Progressionismus und Utopismus (Fluchtwege nach vorn) verzahnt sich mit Beschuldigen, Nekrophilie und Enge (Fluchtwege nach hinten) zu dem psychischen Bild des gefährlichen Sozialrevolutionärs, der bereit ist, Gewalt anzuwenden, um die gesellschaftlichen Verhältnisse zu verändern.

Die Kombination der Fluchtwege führt zu einer vielfältigen menschlichen Typologie. Je nachdem, welcher Fluchtweg dominiert und welche Kombination ausgeprägt ist, entsteht ein spezifisches vorhersagbares Verhalten.

Ich möchte der Versuchung widerstehen, die einzelnen Kombinationen in das Schema einer Typologie zu pressen, da hierdurch eine zu starke Vereinfachung und Schwarz-Weiß-Malerei entsteht, die dem Variationsreichtum der Realität nicht voll gerecht werden kann.

Die Fluchtwege nach vorn und hinten sind außerdem nicht die einzigen Abwehrtechniken, sie ergänzen sich mit den von Anna Freud dargestellten klassischen Abwehrmechanismen und den von mir bereits früher beschriebenen acht Lebenslügen. Dadurch wird das Gesamtbild noch komplizierter. Außerdem müssen noch weitere Abwehrtechniken in Betracht gezogen werden, die bisher von den Psychologen und Psychotherapeuten noch nicht entdeckt und beschrieben wurden.

Diese knappen Vorbemerkungen zu diesem sechsten Kapitel sind etwas theoretisch ausgefallen, aber sie erscheinen mir für die Gesamtschau des psychischen Prozesses wichtig. Besonders liegt mir am Herzen, daß der Leser erkennt, daß *keine Angst-Abwehrtechnik nur isoliert betrachtet werden darf,* sondern daß erst die vielfältige Kombination die psychische Lebendigkeit und Wirklichkeit ausmacht.

Selbständigkeit statt Anpassung

Der Anpassung liegt die Angst zugrunde, ein Außenseiter zu sein oder zu werden. Wir haben das starke Bedürfnis, von unseren Mitmenschen anerkannt zu werden und unseren gesicherten Platz in der sozialen

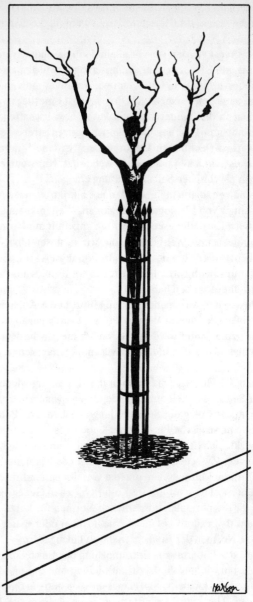

Der Neurotiker

Struktur zu erhalten. Eine Außenseiterposition macht uns unsicher und erzeugt die Angst, total ausgestoßen zu werden, die Geborgenheit zu verlieren.

Von dieser Angst werden wir vor allem dann besonders stark befallen, wenn wir als Kind zur Anpassung erzogen wurden und in der Kindheit Liebesverlust erlebten, wenn wir kreative, individuelle und eigene Wege zu gehen versuchten. Dieser Angst unterliegen die meisten Menschen in den modernen zivilisierten Gesellschaften, die zur egoistisch erbrachten Leistung und zum Konkurrenzstreben erziehen. Der Liebesverlust (Verlust an Geborgenheit) ist eine Strafmethode, die fast allen als Schrecken tief in der Psyche sitzt. Nur wenige wurden freiheitlich zur psychischen Selbstentfaltung erzogen.

Deshalb sind wir so abhängig von den uns aufoktroyierten Normen. Wir sind abhängig von Ideologien, Religionen, Weltanschauungen und Idealen. Unsere Einstellungsinstanz wurde angefüllt mit Normen, Lebensanschauungen und Weltbildern, die wir in unser Über-Ich einpflanzen ließen, ohne später noch einmal schonungslos kritisch zu überprüfen, ob für uns richtig oder falsch ist, was wir da alles aus Angst vor Liebesverlust übernommen haben.

Die Flucht vor der Auseinandersetzung führt in die Anpassung. Ich verurteile keinen, der diesen Weg in die Anpassung gegangen ist und sein Über-Ich zu mächtig werden ließ, da ich die Macht des «normalen» Erziehungsstils in der Industriezivilsation genau kenne und studiert habe.

Wir müssen die Flucht nach hinten in die Anpassung wieder aufgeben und zur Selbständigkeit zurückfinden, wenn wir frei werden wollen und uns auf den Weg der Selbstfindung begeben. Die Pubertät ist zum Beispiel eine seelische Phase in der Lebensgeschichte, die kreative Kräfte weckt, sich der Angstabwehr zu stellen und zur Selbständigkeit zu gelangen. Zwischen dem 13. und 18. Lebensjahr sind wir bereit, uns selbst, die Mitmenschen und die Gesellschaft in Frage zu stellen. So kommt es zu dem für unsere Kultur typischen Generationskonflikt, wenn wir die normalen bürgerlichen Normen für kurze Zeit negieren, um uns dann allerdings meist erneut früher oder später der Anpassung an die Normen der Erwachsenenwelt hinzugeben.

Die Chance der Pubertät zur Entrümpelung der Einstellungsinstanz wird meist vertan, da uns die Berufsausbildung und der unerbittliche Zwang zur Leistung (Arbeitssucht) langsam aber stetig in die Normenwelt einsaugen. Nur eine Erschütterung, beispielsweise das Erlebnis einer großen Ungerechtigkeit oder eine besondere menschliche Begegnung kann erneut eine kreative Phase wie die Pubertät auslösen, in der wir wieder bereit sind, uns selbst und unsere Umgebung konstruktiv in Frage zu stellen.

Die in den letzten Jahren vielzitierte «midlife crisis» zwischen dem dreißigsten und fünfzigsten Lebensjahr ist typisch für den Mittelstandsbürger in unserer Zivilisation, der in dieser Lebensperiode auf Vergangenes zurückschaut und sich über Zukünftiges Gedanken macht. Der Mensch in der midlife crisis prüft Erreichtes und kommt zu der Erkenntnis, wie unwichtig vieles ist, gemessen an der Vorstellung von einem intensiven, vollen Leben. Midlife crisis ist die Erkenntnis, daß man sich trotz Ehe, Kindern, Bungalow, Mallorca, Beförderung, Statussymbolen usw. nicht selbst gefunden hat, das Leben nicht aus erster, sondern aus zweiter Hand gelebt hat.

Die schöpferische Periode einer Krise kann jederzeit auftauchen, sie ist nicht an ein bestimmtes Alter (midlife) gebunden. Diese schöpferische Periode möchte ich mit diesem Buch hier und da auslösen, allerdings bin ich skeptisch, ob ich dieses Ziel mit einem Buch erreichen kann. Ich glaube, daß häufig stärkere psychische Erschütterungen erforderlich sind, die aus dem Leben selbst kommen müssen und nicht allein durch Lesen, also nur über den Intellekt angestoßen werden.

Im Roman liest sich Liebeskummer leicht, zwar traurig stimmend, ich kann ein bißchen davon nachempfinden, aber der wirkliche Liebeskummer, der mich selbst ganz konkret in der Realität erfaßt, ist doch wesentlich heftiger, intensiver und existentiell erschütternder. Ein gelesener und nachempfundener Liebeskummer verändert mich nicht in dem Maße wie der wirkliche Liebeskummer, der mich wirklich ergriffen hat. Das reale Erleben kann mein Denken und Handeln auf eine individuelle und konkrete Weise verändern, weil es mich psychosomatisch ganz packt.

Dieser Liebeskummer kann dazu führen, daß ich zu mir selbst finde, daß ich die Anpassung aufgebe und spüre, wer ich selbst bin, aber auch dazu, daß ich meine Liebe verdränge und alles, was mit Liebe zu tun hat, zu hassen beginne, daß ich zu zerstören versuche, was für mich so schmerzlich ist, auch im übertragenen und verschobenen Sinne. Dann ist eine neue Angstabwehr eingetreten, die ich durch eine erneute Erschütterung (oder Psychotherapie) überwinden muß.

Seelische Erschütterungen können der wachsenden Selbständigkeit und Selbstfindung dienen. Sie machen mich bereit, mich ohne Anpassung ganz auf mich selbst zu besinnen; davor müssen wir die Angst verlieren. Wir müssen fähig werden, sämtliche Normen, die von außen an uns herangetragen werden, als etwas Äußeres zu erkennen und von dem zu unterscheiden, was in uns ist, wie wir persönlich fühlen und denken.

Dann fallen auch Abhängigkeiten weg, wie die von Religion, Familie, Ehe, Staatsangehörigkeit, Konsum, Status, politische Ideologien; dann sind wir nur noch wir selbst, unabhängig, frei, unschuldig, ohne Fremdeinfluß, weder von Idealen noch von Ideologien geplagt – sondern gereinigt, befreit und wie neu geboren.

Gefühlsausdruck statt Gefühlspanzerung

Die Gefühlspanzerung wurde von mir bereits als ein Abwehrmechanismus erwähnt. Wir betreiben einen Intelligenzkult um den Preis der emotionalen Verödung, wir leben fragmentarisch und trennen zwischen Körper und Seele. Die Seele spalten wir nochmals in zwei Bereiche auf: Emotionen und Geist (Intellekt).

Die Trennung einer ursprünglichen Einheit in Körper und Seele führte zu der verhängnisvollen Aufspaltung in die somatisch orientierte Medizin, die Psychiatrie und später Psychotherapie und Psychologie. Erst in den letzten zwanzig Jahren konnte die psychosomatische Betrachtungsweise an Boden gewinnen, die das Wechselspiel von körperlicher und psychischer Krankheit akzeptiert und therapiert.

Die Psychiatrie spricht heute noch von den sogenannten «Geisteskrankheiten», ein sprachliches Relikt aus einer Zeit, in der man sich

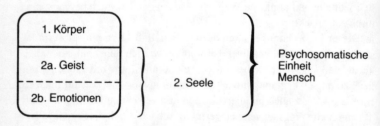

Die Trennung von Körper, Geist und Emotionen

nur vorstellen kann, daß der Geist, das Denken, erkrankt sei. Durch die genialen Pionierleistungen von Sigmund Freud und den frühen Psychoanalytikern (die anfangs belächelt und bekämpft wurden) sind wir darauf gestoßen worden, daß sich Seelisches nicht nur in einem «gesunden» oder «kranken» Geist ausdrückt, sondern in Wirklichkeit ein viel komplizierteres Wechselspiel zwischen Körper, Geist und Emotionen besteht.

Das Wechselspiel zwischen Körper, Geist und Emotionen

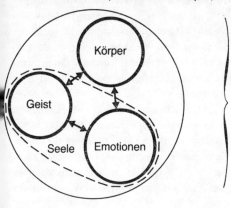

Psychosomatische
Einheit
Mensch

Bewußte und unterbewußte Vorgänge spielen sich in jedem der drei Bereiche ab. Nicht in einem gesunden Körper wohnt automatisch auch ein gesunder Geist, sondern gesunde Emotionen führen zu einem gesunden Geist, und *das gesunde Seelische erhält den Körper gesund.* Es hat deshalb wenig Sinn, durch Sport und Gymnastik allein den Körper fit zu erhalten, in der Hoffnung, daß über einen gesunden, kräftigen und fiten Körper auch die Seele geheilt werden könnte. Ich kenne viele, die eifrig Sport und Waldlauf machen, weder rauchen noch trinken, sich gesund ernähren, Gymnastik betreiben und die dennoch psychisch krank sind – auch ihr Körper ist und bleibt krank, weil sie psychisch krank sind. Sport und Waldlauf kann sie nicht heilen, da über Körpertraining allein die Psyche nicht verändert werden kann.

Damit ich nicht mißverstanden werde, möchte ich ausdrücklich betonen, daß ich nichts gegen Waldlauf und Sport einwenden möchte, da beides vor allem zur Kräftigung des Kreislaufes und der Muskulatur

159

beiträgt. Der körperliche Krankheitsprozeß psychogener Natur kann sicherlich auch verlangsamt werden, aber er geht nicht automatisch in Heilung über, da die psychogene Seite der Wechselbeziehung zwischen Körper und Seele unberücksichtigt bleibt.

Ich sehe die Hauptursache im seelischen Bereich und konstatiere deshalb: Eine gesunde Seele sorgt dafür, daß sie in einem gesunden Körper wohnt, sie schafft die optimalen hormonellen und elektro-chemischen Voraussetzungen, daß die Organe normal (im Sinne von gesund) funktionieren.

Auch Infektionen werden psychogen mitgesteuert, da der Körper mit kranker Seele anfälliger ist als der Körper mit gesunder Seele. Es ist eine Binsenweisheit, daß ein psychisch ausgeglichener Mensch, der voll Freude, Dynamik und Leidenschaft im Leben steht, seltener zu Infektionskrankheiten neigt als ein gedrückter, unzufriedener, frustrierter Mensch, der beruflich nicht ausgefüllt ist oder unter privaten Enttäuschungserlebnissen leidet.

Beruflich Selbständige erkranken seltener an Infektionskrankheiten als Angestellte, nicht nur, weil sie es sich «weniger leisten können», sondern weil sie von mehr Anteilnahme und selbstbestimmter Dynamik erfüllt sind, sofern sie Erfolg haben – wenn der Selbständige allerdings auf einen Konkurs zusteuert, steigt sein Infektionsrisiko. Der frisch Verliebte erkrankt seltener als der Enttäuschte, der unter Liebeskummer leidet.

Der Geist wird allgemein als die höhere seelische Instanz angesehen, weil er der Sitz des Bewußtseins und des Denkens ist. Auf unser intelligentes Denkvermögen, das uns über das Tier hinaushebt, sind wir Menschen ja so stolz. In der Überbewertung dieses Denkens, im «Intelligenzkult», liegt allerdings eine große Gefahr, wenn der geistige Bereich vom emotionalen Bereich abgespalten wird. Wir verwenden in der Erziehung alle Aufmerksamkeit auf das Training des Intellekts und vernachlässigen die wichtige Emotionalität, von der wir irrtümlich glauben, daß sie eher störend als nützlich sei.

Emotionen werden verächtlich gemacht, sie sollen aus dem Spiel bleiben und möglichst unterdrückt werden. Der Intellekt wird ein reines Mittel zum Zweck und die Emotionalität wird im ganzheitlichen Wechselspiel abgeblockt. Wir haben sogar Angst vor unserer Emotionalität, die uns an der rein intellektuellen, sachlichen Funktion zu behindern scheint. Wir verwechseln nur allzuleicht den Menschen mit einem Computer, der auf Knopfdruck einzelne Funktionen ein- oder abschaltet. Dieses mechanistische Denken läßt sich jedoch nicht auf die Einheit Körper, Geist und Emotionen übertragen. Wir können nicht nur körperlich und geistig leben und die Emotionen abschalten, ohne uns als unausweichliche Folge die psychosomatischen Krankheiten einzuhandeln.

Das trifft auch auf die beschriebenen drei Schichten zu: Wir können nicht nur auf der Ebene der Fassadenschicht leben und uns von der mittleren Schicht und Kernschicht distanzieren. Jeder Versuch dieser Art ist zum Scheitern verurteilt, nicht im mechanistischen Sinne, sondern im bio-psychosomatischen Sinne des gestörten Wechselspiels, das zu langsamer aber stetiger Erkrankung führt.

Die meisten Menschen leben auf der Ebene der Fassadenschicht, sie sind sich nur ihres Körpers und ihres Intellekts bewußt und scheuen sich vor ihrer seelischen Tiefe, vor der Kernschicht und vor den Emotionen. Sie leben fragmentarisch, in der Angst vor ihren tieferen Schichten, aus denen die Emotionen hervorkommen. Die Gefühle werden zurückgehalten, nicht beachtet, überspielt, unterdrückt, weggeschoben oder nach außen in andere hineinprojiziert.

Die Folge davon ist, daß unser soziales Leben öde und leer ist, wir verkehren miteinander emotionsunterdrückt auf der Ebene der Fassadenschicht, wir begegnen uns als gefühlsgepanzerte Maskenträger. Der Begründer der Gestalttherapie Frederick S. Perls gebrauchte dafür ein poetisches Bild: «Keine tausend Plastikblüten lassen eine Wüste blühen. Und tausend leere Gesichter machen einen leeren Raum nicht voll.»[1] Wenn wir unsere Emotionen und die Kernschicht zurückhalten, dann fehlt unserem mimischen Ausdruck und unserer Kommunikation das Leben, dann stehen wir wie Plastikblumen in der Wüste, und die Wüste belebt sich nicht.

Die Lebendigkeit entspringt den tieferen Schichten, die wir zurückhalten wollen, in dem großen Irrtum, daß wir dann «besser» funktionieren würden. Plastikblumen funktionieren zwar auf ihre Weise, sie sind immer offen, sie schließen sich nicht bei Nacht und öffnen sich nicht weiter bei Sonnenschein, der Regen läuft an ihnen ab, sie sind allerdings tot.

Der gefühlsgepanzerte Maskenträger zeigt ein diplomatisch und taktisch «kluges» Verhalten, er tut so, als wäre alles in Ordnung, kein Grund zur Klage, «mir geht es gut – mir kann niemand etwas anhaben», ob Regen oder Sonne, meine Fassade ist dagegen imprägniert. Aber es fehlt das Leben, nicht nur nach außen, sondern auch nach innen. Der gefühlsgepanzerte Mensch spaltet sich von seiner eigenen Lebendigkeit ab, und er wird über diesem fragmentarischen Sein krank, unzufrieden und verbittert.

Wir müssen zu der Ganzheit von Körper, Geist und Emotionen zurückfinden, da wir nur dann voll und ganz leben. Nur dann sind wir offen für die Breite des Lebens, aber auch für die Geschenke des Lebens, für die Trauer und den Kummer. Eines der größten Geschenke ist die Liebe, die aus der Tiefe der Seele heraus unsere Wahrnehmung verändert. Dies beschreibt ein Gedicht von Albert Ehrenstein:

«Den Liebenden stäubt der Mond
Ein sanftes Licht
Milchmild aufs Meer.
Blütenreich
Ist ihr Tag,
Der Abend still,
Er stillt sie gut
Sternübersternt die Nacht»[2]

Dieses Geschenk des Lebens erhalten wir nur, wenn wir aus der Kernschicht heraus leben und den Emotionen freien Lauf lassen. Das Glück kann nur empfinden, wer bereit ist, auch Angst und Trauer zuzulassen, also wer sich weder nach außen noch nach innen abkapselt.

Zum offenen Gefühlsausdruck gelangen wir dann, wenn wir alles in uns hereinlassen, wenn wir uns berühren lassen und uns nicht von uns selbst distanzieren. Vor dieser Offenheit haben wir eine große Angst, weil wir glauben, daß wir uns verlieren könnten und daß die Möglichkeiten der Enttäuschung so groß seien, daß wir sie nicht verkraften könnten. Diese Angst können wir überwinden, indem wir uns langsam an unsere Emotionen und die Ereignisse der Außenwelt herantasten. Wir müssen die Außenwelt in uns hereinlassen, um ihre emotionale Wirkung genau zu beobachten. Zuerst müssen wir unsere Sinne ganz öffnen und darauf achten, was sie wahrnehmen. Wir müssen konzentriert sehen, hören, riechen, schmecken und tasten.

Wir können auf einem Spaziergang beginnen, ganz offen zu sein. Die Natur hat etwas Unverfängliches, sie macht uns weniger Angst als die Menschen. Nach und nach sollten wir uns dann auch den Menschen öffnen, sie konzentriert anschauen (damit meine ich nicht fixieren), sie nicht nur mit dem Intellekt *beurteilen*, sondern mit unserer ganzen Person, mit allen Sinnen und mit der ganzen Psyche *wahrnehmen*. Mit der Psyche meine ich das Phänomen, daß wir in unserer Seele Emotionen haben, wenn wir einen Menschen mit den Sinnen wahrnehmen, wir spüren Zuneigung oder Abneigung, Liebe oder Haß, Zärtlichkeit oder Aggression.

Wir fürchten uns nicht nur vor den in uns aufsteigenden Aggressionen, sondern auch vor der erwachenden Zärtlichkeit, davor oft sogar noch mehr als vor den Aggressionen.

Wenn wir wirklich zu uns selbst finden und in Freiheit leben wollen, dann müssen wir hinschauen, sowohl auf die Aggressionen wie auch auf die Zärtlichkeit. Wir müssen die Emotionen beobachten, ihre Entwicklung und Veränderung, denn das ist unsere psychische Lebendigkeit. Sie führt zu unverfälschtem Erleben und zu psychischer Gesundheit und löst die Gefühlspanzerung und Maskenhaftigkeit unseres Reagierens langsam auf – wir betreten das Neuland der Freiheit mit ersten zaghaften Schritten.

Selbstfindung statt Rollenspiel

Aus der bisherigen Analyse und Beschreibung geht hervor, daß die Selbstfindung möglich wird, wenn die Fassadenschicht abgebaut und der Vorstoß zur Kernschicht gewagt wird. Das Rollenspiel geschieht auf der Ebene der Fassadenschicht, auf der wir uns als Masken- und Rollenträger begegnen. Die Bezeichnung Rollen*spiel* drückt aus, daß wir nicht echt aus der Tiefe und Individualität unserer Person, sondern nach Konventionen und Spielregeln handeln. Wir lassen uns auf das Rollenspiel ein, blockieren unsere wahren Gefühle und handeln rollengerecht, um kein Spielverderber zu sein, um nicht den Zorn heraufzubeschwören, der den Spielverderber trifft.

Um zu uns selbst zu finden, um individuell zu werden, müssen wir von der Fassadenschicht zur Kernschicht vorstoßen, also schließlich doch zum Spielverderber werden, denn wir haben dann keine Lust mehr, alles mitzuspielen. Wenn wir uns gefunden haben, ist uns beispielsweise wertvoller, individuell zu sein, als weiter den Konventionen des Rollenspiels und der Gefühlspanzerung zu folgen.

Der Weg zur Selbstfindung macht uns Angst, weil wir mit einem bisher aus Gründen der Abwehr abgetrennten Gebiet unseres Selbst konfrontiert werden. Die Abtrennung ist in unserer Lebensgeschichte aus

Angst erfolgt, uns zu uns selbst zu bekennen und Rollenerwartungen, die andere (Autoritäten) an uns stellen, nicht zu erfüllen. Wir haben uns angepaßt und waren bereit, unsere Individualität dafür aufzugeben, uns von unserer Kernschicht zu entfernen, um akzeptiert und geliebt zu werden. Oft waren wir einer so starken psychischen Gewalt ausgesetzt, daß uns die Flucht in die Anpassung, Gefühlsunterdrückung und das Rollenspiel als die einzige Möglichkeit erschien, um unser Leben «erfolgreich» bewältigen zu können. An dieser Stelle zeigt sich, wie eng die Fluchtmethoden zusammenhängen, wie sie sich ergänzen und gegenseitig stützen. Aus Angst flüchten wir in die Anpassung, Gefühlspanzerung und das Rollenspiel, in die Charaktermaske, die Beschuldigung der anderen, die Nekrophilie (wie noch beschrieben wird) und geistige, emotionale und seelische Enge. Je nach der entsprechenden Situation geraten wir auf den Fluchtweg nach vorn, in die Aggression, Arbeitssucht, in den Ellenbogen-Egoismus, in den Progressionismus, Utopismus und Hedonismus. Die Fluchtwege nach vorn und hinten schließen sich also nicht gegenseitig aus in dem Sinne, daß der eine Mensch nur nach hinten flieht und der andere nur nach vorn, sondern beide Fluchtmethoden ergänzen sich gegenseitig in ein und derselben Person und lassen sich nicht voneinander trennen.

Alle bisher beschriebenen Fluchtmethoden sind Folgen der Angst, und sie lassen sich auf ein Prinzip zurückführen: Das Leben «erfolgreich meistern» und Mißerfolge (im weitesten Sinne) vermeiden zu wollen. Wir verraten die Selbständigkeit, den Gefühlsausdruck, die Selbstfindung, die Persönlichkeitsentfaltung, das Vergeben, die Biophilie und Offenheit, wenn wir Angst haben vor physischem Schmerz, Verlust an Geborgenheit und Anerkennung. Wir wissen nicht, daß wir an diesem Verrat psychisch und körperlich erkranken werden. Niemand hat uns aufgeklärt, und wir können auch nicht in die Zukunft schauen und die Folgen des Verrats und Selbstbetrugs selbst abschätzen. Wir sind für den Augenblick nur daran interessiert, die Angst schnellstens zu beseitigen und Anerkennungen zu finden (der Gewalt zu weichen), uns durch die Flucht nach vorn oder hinten möglichst schnell die momentane Ruhe und Sicherheit zu schaffen und Mißerfolge zu vermeiden. Den tieferen Zusammenhang zwischen Krankheit und Gesundheit können wir nicht sehen, da ihn uns niemand erklärt hat.

Wir reagieren wie beispielsweise Raubkatzen im Zoo, die vor den Gitterstäben auf und ab laufen und ihre Emotionen beherrschen, um nicht in einem Amoklauf ihr Leben zu zerstören. Die Erregung wird durch Aufundablaufen abreagiert, und sie richtet sich größtenteils nach innen, das Tier wird neurotisch und krank, in langsam schleichendem Prozeß, aber stetig. Die Heilung tritt erst ein, wenn sich die Gitter öffnen und das Tier in Freiheit entlassen wird. Die Gefangenschaft ist ein langsames, oberflächlich nicht sichtbares Sterben. In einem ähnlichen Prozeß des Sterbens befinden wir uns, wenn wir auf der Flucht nach vorn oder hinten alle beschriebenen und noch zu beschreibenden Abwehrtechniken anwenden, nur um nicht individuell zu sein.

Wir müssen die Angst überwinden, ein Außenseiter zu sein und erkennen, daß nur der Weg über die Individualität in die Freiheit und Gesundheit führt. Das sind abstrakte Worte, solange wir uns der Angst vor der Außenseiterposition nicht stellen. Außenseiter sein heißt, die Spielregeln des Rollenspiels und der Maskerade nicht mitzumachen und sich auf sich selbst zu besinnen, es heißt, nach eigenen Vorstellungen und Empfindungen zu handeln. Zur Individualität und zum Selbstsein bekennen, ist mit Angst verbunden, aber auch mit dem befreienden Gefühl, dem Leben und der eigenen Lebendigkeit verbunden zu sein.

Individuell sein heißt Außenseiter sein, ohne von den Mitmenschen getrennt zu sein, da sie genauso fühlen und in ihrer Kernschicht mir gleich sind. Außenseiter sein ist nicht antisozial, da ich mich nicht entferne, sondern der Kernschicht der Mitmenschen nähere. Die Angst davor führt bei den Mitmenschen zu Abwehrreaktionen, und sie stoßen oft die Individualität als etwas Angsterregendes zurück. Aber sie eröffnet auch die Chance, einem Menschen so nahezukommen, wie das nur in einem Prozeß der Selbstfindung möglich ist, denn Individualität schafft auch die Fähigkeit zur schrankenlosen und kompromißlosen Nähe, die die Voraussetzungen zur seelischen Liebe schafft.

Persönlichkeitsentfaltung statt Charaktermaske

Die Bildung der Persönlichkeits- und Charaktermerkmale unterliegt den Erziehungs- und Umwelteinflüssen, genauso wie die Intelligenzentwicklung. Viele Hindernisse, die sozialpolitische und ideologische Ursachen haben, stehen einer freien Persönlichkeitsentfaltung entgegen. Südafrikas Politik der Rassentrennung zum Beispiel wirkt sich besonders kraß auf das Erziehungssystem aus, insofern als Bantuschulen für die Schwarzen eingerichtet werden, in denen sie ganz bewußt (als politische Entscheidung) *weniger* lernen sollen. Ein schwarzer Erziehungsfachmann sagt zu dieser ungerechten Ausbildungssituation: «Es kann gar keinen Zweifel daran geben, daß die Minderwertigkeit des Afrikaners dem Europäer gegenüber auf subtile Weise erreicht werden soll. Das Ziel der Bantu-Erziehung ist es, das afrikanische Kind daran zu hindern, seinen ethnisch begrenzten Horizont zu erweitern und ein Mitglied der Weltgemeinschaft zu werden, wo ihm das gesamte kulturelle Erbe dieser Welt zugänglich gemacht wird.»[3]

Eine ähnlich krasse Benachteiligung einer Bevölkerungsgruppe gibt es in der Bundesrepublik nicht, damit ist jedoch nicht gesagt, daß bei uns die gerechte Chancengleichheit der freien, unmanipulierten Persönlichkeits- und Intelligenzentwicklung gegeben wäre. Auf viel *subtilere* Weise als in Südafrika wird durch unser Schulsystem ein Ausleseprozeß geduldet und gefördert. Dieser Selektionsprozeß gibt sich den Anschein der Gerechtigkeit, da immer wieder von Determinsten betont wird, er sei biologisch begründet und deshalb «natürlich». Da wir keine optisch auffällige Rasse ausschließen, besteht allerdings kein so ins Auge springender Anlaß zur Kritik wie in Südafrika.

Unser System praktiziert die Auslese innerhalb der gleichen Rasse. Alle erhalten ein gleiches Erziehungsprogramm. Darin besteht die Ungerechtigkeit, da unsere Kinder aus verschiedenen sozialen Schichten kommen und aufgrund ihrer schichtspezifischen Persönlichkeitsentwicklung (genauer: Deformation) auch schichtspezifische Erziehungs- und Lernprogramme benötigen würden, um den Anschluß an die von der Gesellschaft, von den Mächtigen (Politiker und Unternehmer) festgesetzte Norm zu schaffen.

Wer diese Aussage bezweifelt, der möge die Studie über die «Lebensbedingungen in der Bundesrepublik» lesen, die anhand von 200 sozialen Merkmalen den sozialen Wandel von 1950 bis 1975 darstellt. Heute vor 25 Jahren ist für den sozialen Aufstieg im Gesellschaftssystem entscheidend, aus welcher sozialen Schicht der einzelne kommt. Zitat aus der Studie: «Für vier Fünftel der Kinder von ungelernten Arbeitern und fast zwei Drittel der Kinder von Facharbeitern ist das Eingeschlossensein in das Arbeiterdasein entscheidendes Merkmal ihrer Lebenschancen.»[4]

Um aus diesem Eingeschlossensein durch Leistung (im angebotenen Programm) auszubrechen, werden von den Schülern ungeheure Anstrengungen unternommen. Das Versagen ist jedoch programmiert, weil keine persönlichkeitsspezifische Förderung erfolgt, und so haben verständlicherweise 63 Prozent der Schüler Angst vor schlechten Noten. Sie klagen über Herzklopfen, Übelkeit, Händezittern und späterer Appetitlosigkeit, wenn sie einmal vor der Klasse etwas erklären sollen. Dieses repräsentative Untersuchungsergebnis legte der saarländische Kultusminister Werner Scherer nach einer dpa-Meldung im Oktober 1977 vor. Die Bewertung der Leistung im Ausleseprozeß, der als solcher von den Schülern auch begriffen wird, hat keine positiv motivierende Wirkung, wie immer wieder behauptet wird, sondern einen verängstigenden Effekt.

Nun bin ich wieder bei der Gesellschaftskritik gelandet, obwohl ich diesen Bereich eigentlich mit dem ersten Teil dieses Buches abschließen wollte. Persönlichkeitspsychologie ist jedoch nicht ohne Gesellschaftsanalyse möglich, da wir nur die Persönlichkeits- und Charakterstruktur entwickeln, die uns von der Gesellschaftsstruktur und ihren Milieubedingungen ermöglicht wird.

Wir werden zwar frei, unschuldig, unmanipuliert, im Rahmen unserer biologischen Grenzen als Gattung Mensch geboren, aber unsere plastische Möglichkeit der Ausreifung ist verhängnisvoll den jeweils vorliegenden Umständen in der Kindheit ausgesetzt. Wir sind als Kind zu schwach und zu unterdrückt, um uns zum richtigen Zeitpunkt zu wehren. Die Angst vor dem Liebes- und Geborgenheitsverlust ist – wie bereits mehrfach erwähnt – oft stärker als der Drang zur freien Selbstentfaltung – und so passen wir uns an.

Albert Einstein sagte einmal in völliger Übereinstimmung mit der Auffassung der Psychologie: «Das Wertvollste im Leben ist die Entfaltung der Persönlichkeit und ihrer schöpferischen Kräfte.» Es ist das Wertvollste und Wichtigste, denn es ist die Voraussetzung für ein erfülltes Leben – und es ist das Schwerste. Ich könnte nur wenige Menschen nennen, denen die freie Entfaltung ihrer Persönlichkeit und schöpferischen Kräfte gelungen ist. Albert Einstein gehörte sicherlich dazu, er war ein Außenseiter mit dem Mut, die Konvention und Anpassung zu verlassen. «Ein Genie», sagen wir als Rechtfertigung, also eine bestaunenswert seltene Ausnahme. Muß man ein Genie sein, um seine schöpferischen Kräfte voll zu entfalten?

Viele nehmen an, sie hätten überhaupt keine schöpferischen Kräfte, die von ihnen realisiert werden könnten. Dieser Trugschluß ist eine irrige Meinung, die von unserem deterministischen Weltbild vermittelt wird. Das Genie, die schöpferische Persönlichkeit gilt als Ausnahme, auf Grund einer seltenen Konstellation der Gene. Nach meiner persönlichenn Erfahrung als Psychologe konnte ich jedoch immer wieder feststellen, daß die sogenannten «genialen» Möglichkeiten und Ich-Leistungen in jedem Menschen angelegt sind. Jeder Mensch könnte ein Genie sein, wenn sich ihm die Möglichkeit der Selbstentfaltung durch ein günstiges Schicksal innerhalb dieser Gesellschaft bieten würde. Wer diese Möglichkeiten nicht erhält, wird unterdrückt, im schlimmsten Fall in den Selbstmord getrieben.

Anstatt eine individuelle Eigenschaftsstruktur zu entwickeln, geraten wir durch Anpassung in die von der Gesellschaft vorgegebenen Charakterschablonen. Wir füllen eine Schablone aus, die uns aufgedrängt wird, in der wir uns einrichten mit dem Gefühl, dadurch einigermaßen geborgen zu sein, aber gleichzeitig mit dem quälenden Gefühl, nicht mehr wir selbst zu sein.

Dieses «Selbst», von dem schon viel die Rede war, könnte nun so aufgefaßt werden, als hätte jeder Mensch ein individuelles Selbst, das ihm durch Vererbung vorgegeben sei und das er durch die Anpassung verfehlt. An dieser Stelle muß ich meine persönliche Sicht erklären, die von dieser geläufigen Auffassung des individuellen Selbst abweicht.

Es gibt kein individuelles Selbst, das als vorgegebenes Programm von der Vererbung eingegeben ist und als solches «verfehlt» werden könnte. Jeder Mensch bringt bei seiner Geburt eine kollektive Struktur mit, die die elementare Grundstruktur der Gattung Mensch ist; so wie jede Katze das Katzenhafte in sich hat, trägt der Mensch das typisch Menschenhafte in sich. Wenn er sein Selbst verfehlt, so hat er nicht eine individuelle Ausprägung verfehlt, sondern das typisch Menschenhafte. Dieses Defizit macht sich quälend in der Psyche des Menschen bemerkbar, es bezieht sich auf etwas, worin wir Menschen alle gleich sind, also auf etwas Kollektives. An dieser Stelle erhält die Individualpsychologie von C. G. Jung, der auf das «Kollektive Unbewußte» hinwies, seine große Bedeutung; ein Aspekt, der zur Psychoanalyse Sigmund Freuds eine wichtige Ergänzung darstellt.

Das Selbst, das Individuelle ist die Gemeinsamkeit, die schicksalhafte kollektive Besonderheit des Menschseins, und es wird verfehlt, wenn wir uns in eine Charakterschablone zwängen, die ein seelischer Zooaufenthalt ist.

Wir leiden nicht an der Verfehlung irgendeiner «besonderen» Individualität, sondern an dem Problem, seelisch in einer Schablone zu

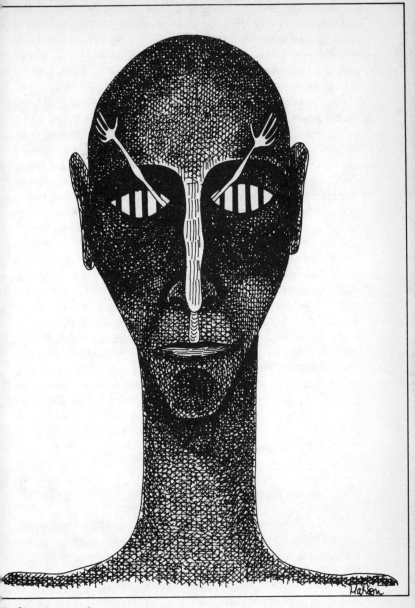

ie Charaktermaske

existieren. Das Tier im Zoo paßt sich an seinen engen Lebensraum zwar an, aber es vegetiert dahin, denn es erhält keine Möglichkeit, sich in der ganzen Pracht und Ästhetik seiner Gattung zu entfalten. Unter einem vergleichbaren Defizit leiden wir, wenn wir verspüren, daß wir psychisch eingeengt leben, daß wir nicht zu unserem Selbst (das ein kollektives Selbst des Menschseins ist) gefunden haben.

Das Tier im Zoo wird zwar versorgt, es lebt bequem und beschützt, und doch beschleicht uns das unangenehme Gefühl, daß es sich nicht in Freiheit (und auch Gefahr) selbst verwirklichen kann – und das stimmt uns seltsam traurig, wir spüren die Analogie zu unserer eigenen Existenz, und daraus geht eine faszinierende Anziehung, verbunden mit Melancholie hervor, da wir wissen, daß andere dieser Tiere in Freiheit leben. Wir spüren, daß diese Freiheit immer einer noch so geborgenen Gefangenschaft vorzuziehen ist. Die Gefangenschaft, das Eingeschlossensein, in ein «es geht ihnen gut, sie entbehren nichts», berührt uns, denn wir erahnen verstohlen unsere eigene Situation des Eingeschlossenseins und des Verfehlens unseres kollektiven Menschseins.

Die Beurteilung der eigenen Situation ist schwieriger als die Offensichtlichkeit der Situation der Tiere hinter Gittern. Die Käfiggitter sind konkret und greifbar, wo sind dagegen die Gitter unserer gefangenen Seele? Diese Gitter sind nicht konkret sichtbar und faßbar.

Wir haben uns in das Gefängnis der Charakterschablone aus Angst begeben. Groß ist deshalb die Angst, aus der Schablone wieder herauszutreten! Die Persönlichkeitsentfaltung ist nicht leicht, sie ist zwar unsere Sehnsucht, aber wir haben panische Angst davor, damit zu beginnen. Die kollektive Individualität lebt jedoch in uns weiter, wir kommen nie zur Ruhe, wir werden uns immer danach sehnen und ein Gefühl des Unausgefülltseins haben, solange wir in der Charakterschablone und Maskenhaftigkeit verharren.

Vergeben statt beschuldigen

In unserer Gefangenschaft sind wir frustriert und unglücklich. Besonders frustrierend ist die ständige Aufrechterhaltung der Lüge vor uns selbst und den Mitmenschen, daß wir nicht frustriert, sondern glücklich seien. Ein psychologisches Gesetz besagt: «Frustration erzeugt Aggression.» Nicht nur das, sie erzeugt auch Depression, Resignation, Angst, Melancholie und Minderwertigkeitsgefühle.

Wir müßten uns eigentlich selbst anklagen für die Schwäche, in der Gefangenschaft der Frustration zu verharren. Statt das eigene Defizit zu erkennen, flüchten wir uns vor dieser Erkenntnis in die Beschuldigung anderer. Sie sind die Bösen, die Angepaßten, die Unangepaßten, die Revolutionäre, die Spießer, die Ausbeuter, die Unterdrücker und die Ängstlichen. Wir beschuldigen aus der eigenen Frustration heraus, wir sehen in den anderen alles Frustrierende, das in uns selbst ist, um es in uns selbst nicht erkennen und diskutieren zu müssen. Solange es außen erkennbar ist, können wir es außen bekämpfen, anprangern und beschuldigen – so bleiben wir von Selbstkritik verschont. Durch die Beschuldigungen lenken wir von unserer eigenen Person ab.

Auch die von mir praktizierte Gesellschaftskritik ist das Beschuldigen einer außerhalb stehenden Macht (die Gesellschaft), ein Suchen nach Schuldigen, nach Entlastung meiner Situation als Individuum. Ich wollte deshalb diese Beschuldigungen mit dem ersten Teil dieses Buches abschließen, aber es gelingt mir nicht ganz, da der soziogene Faktor bei der Krankheitsgenese eine wichtige Rolle spielt. Entscheidend ist hierbei, daß man über die Beschuldigung der soziogenen Faktoren *hinausgelangt* und schließlich wieder zu sich selbst zurückfindet. Denn der letztendlich Schuldige bin ich selbst, meine Feigheit und Mutlosigkeit, die mich hindert, der Gesellschaft entgegenzutreten, nicht als mordender Terrorist, sondern als Individuum, das kollektives, biologisches und gleiches Menschsein verwirklichen will, genauso, wie eine Katze Katze und ein Hund Hund sein will. Wir müssen neben aller berechtigten Kritik an der Gesellschaft erkennen, daß wir die Aufgabe haben, unabhängig von alledem zu uns selbst zu finden, zu unserer Individualität, die eine kollektive Individualität ist, in der wir allen anderen Menschen gleich sind.

Wir müssen vergeben, statt zu beschuldigen. Wir müssen dem Mitmenschen, der sich konform verhält, vergeben, aber auch dem Mitmenschen, der in Verzweiflung um sich schlägt und alle Normen der Anpassung zu zerstören versucht.

Die gesehene Schwäche bei den Mitmenschen ist nicht *nur* von uns projiziert, sondern oft auch wirklich vorhanden. Die Projektion wird an der Unfähigkeit und am Widerstand erkannt, zur Selbstkritik zurückzufinden, sich selbst mit einzubeziehen und daraus persönliche Schlüsse zu ziehen. Mit der Fremdanklage muß die Selbstkritik einhergehen, die Fähigkeit, Schwächen zu akzeptieren und sich selbst zu vergeben, um auch den anderen vergeben zu können. Erst durch das Vergeben und das Aufgeben der Beschuldigungen ist die Offenheit für die Änderung gegeben.

Wenn ich spüre, daß ich im Gesicht erröte, hat es keinen Sinn, dies unterdrücken zu wollen, da das Erröten dadurch um so zwanghafter doch entsteht. Eine Hilfe ist, daß ich das Erröten akzeptiere und denke: «Nun will ich erröten wie eine Tomate, sei's drum.» In diesem Moment läßt, sobald der Gedanke wirklich ehrlich gemeint ist, die Angst vor dem Erröten nach, und das Erröten bleibt meist aus. Ich habe meiner vermeintlichen Schwäche vergeben und sie voll akzeptiert, und der Körper nimmt die Vergebung psychosomatisch an, das Symptom meiner inneren Spannung verschwindet.

Vergeben ist ein Loslassen, ein Entspannen, ein sich dem Lebensprozeß hingeben, ohne Gewalt anzuwenden. Wer *mit dem Strom des Lebens* schwimmt, ohne sich dagegen zu stellen, lebt in Harmonie mit der Lebendigkeit, er wird psychosomatisch gesund; wer sich dagegen aufzulehnen versucht, wird psychosomatisch krank. Vergeben heißt nicht, daß nun alles beim alten bleiben soll, denn durch Vergeben und Loslassen tritt automatisch eine Veränderung ein, weil der Strom des Lebens nun auf mich elastisch einwirken kann.

Wenn ich den Fehlern und Schwächen der anderen vergebe, wie ich mir selbst vergebe, heißt das nicht, daß ich aufhöre zu wünschen, daß die anderen ihre Fehler und Schwächen ablegen. Der Wunsch verleitet mich jedoch nicht dazu, gegen die anderen mit Zwang oder Gewalt vorzugehen, da ich spüre, daß ich dadurch nur Gegendruck produziere. Ich versuche statt dessen zu helfen, aufmerksam zu machen, ohne zu beschuldigen, die Bewußtheit zu lenken und doch hierbei den Bewußtseinsprozeß sich selbst zu überlassen, im Vertrauen auf den Strom des Lebens.

Biophilie statt Nekrophilie

Nekrophilie bedeutet «Liebe zum Toten». Die sexuelle Nekrophilie ist eine spezielle Perversion, während die allgemeine Nekrophilie (unabhängig von der Sexualität) eine Charakterhaltung ist. Die charakterologische Nekrophilie hat der Psychotherapeut Erich Fromm seit 1961 studiert und in seinem Buch «Anatomie der menschlichen Destruktivität» ausführlich dargestellt.[5]

Fromms Definition: «Die Nekrophilie kann man im charakterologischen Sinn definieren als das leidenschaftliche Angezogenwerden von allem, was tot, vermodert, verwest und krank ist; sie ist die Leidenschaft, das, was lebendig ist, in etwas Unlebendiges umzuwandeln; zu zerstören um der Zerstörung willen; das ausschließliche Interesse an allem, was rein mechanisch ist. Es ist die Leidenschaft, lebendige Zusammenhänge zu zerstückeln.»[6] Fromm weitet den Begriff an anderer Stelle noch weiter aus: «Das, was gewesen ist, das heißt, was tot ist, beherrscht sein Leben: Institution, Gesetze, Eigentum, Tradition und Besitztümer. Kurz gesagt, die Dinge beherrschen den Menschen; das Haben beherrscht das Sein, das Tote beherrscht das Lebendige.»[7] In den Industriegesellschaften ist zu beobachten, daß der nekrophile Charakter weit verbreitet ist und eher zunimmt als zurückgeht.

Das gegensätzliche Prinzip ist die Biophilie, die Liebe zum Leben und zur Lebendigkeit. Die Biophilie ist der normale Impuls, das Leben und die Lebendigkeit zu lieben, sich dem Leben zu öffnen, schöpferisch und konstruktiv zu wirken, alles Destruktive zu lassen, während die nekrophile Charakterentwicklung ein psychopathologisches Phänomen ist. Die Nekrophilie tritt auf, wenn die grundsätzlich in jedem Menschen zunächst vorhandene Biophilie erstickt und unterdrückt wird. Die Nekrophilie entsteht in einer langsamen Entwicklung des Abwehrprozesses in der Seele, als Alternative, wenn die Entfaltung der Biophilie nicht möglich ist.

Die meisten Menschen sind weder rein nekrophil noch biophil, sondern bilden ein Mischungsverhältnis von beiden Tendenzen; sie reagieren sowohl biophil, aber mitunter auch nekrophil. Typisch biophile Menschen waren Albert Schweitzer, Albert Einstein und Papst Johannes XXIII.

Die anthropologischen Studien von Ruth Benedict, Margaret Mead, G. P. Murdock, C. M. Turnbull und John Nance haben gezeigt, daß es unter Naturvölkern sowohl destruktive bis nekrophile wie auch lebensbejahende bis biophile Sozialstrukturen gibt, die jeweils unterschiedliche Charaktere in ihrer Bevölkerung hervorbringen. In destruktiven Gesellschaften zeigt der einzelne folgende Merkmale: Destruktivität, Sadismus, Rivalität, Egoismus, hierarchisches Streben, Graumsamkeit, Depression, Spannung, Neid, Habgier, Mißtrauen und Angst. In den biophilen Gesellschaften fehlt die Ausprägung dieser Eigenschaften, und es treten andere Persönlichkeitsmerkmale hervor, wie zum Beispiel Konstruktivität, Hilfsbereitschaft, Brüderlichkeit, Heiterkeit, Freizügigkeit, Vertrauen, Unabhängigkeit, psychische Ausgeglichenheit und Entspanntheit.

Diese Variationsbreite der Charakterstrukturen in verschiedenen Gesellschaftsformen zeigt, daß der Mensch *nicht von Natur aus destruktiv veranlagt* ist, sondern sich plastisch in die vorgegebene Gesellschaftsform hineinentwickelt. In seiner psychischen Plastizität wird er in einer destruktiven Gesellschaft destruktiv und nekrophil, in einer biophilen Gesellschaft lebensbejahend, freundlich und psychisch ausgeglichen. Ein glückliches Schicksal wird dem zuteil, der in eine biophile Gesellschaft und Familie hineingeboren wird und der so die Chance erhält, sein Leben biophil zu entfalten und seine schöpferischen Kräfte befriedigend und lebensbejahend zu realisieren.

Die Seele ist ein Gefäß, in das die jeweiligen Inhalte gefüllt und auf das Über-Ich, Ich und Es (die drei Freudschen Instanzen) verteilt werden. Biophile Inhalte können zu einem glücklichen, «erfüllten» Leben führen, destruktive Inhalte zu Spannung, Angst, Depression und letztlich – im schlimmsten psychopathologischen Fall – zur stark ausgeprägten Nekrophilie.

Der Leser in der Bundesrepublik befindet sich zum gegenwärtigen Zeitpunkt in einer Gesellschaftsform, die zwar biophile Tendenzen aufweist, aber auch von starken destruktiven Strukturen durchsetzt ist. Die Gefahr, psychisch zu erkranken, ist hoch, wie die Zeitkritik im ersten Teil aufgezeigt hat. Die Abwehrtechniken, Lebenslügen, Neurosen und psychopathologischen Prozesse sind die Regel, nicht die Ausnahme.

Ein Aspekt der Destruktion und Nekrophilie findet bei Erich Fromm keine Berücksichtigung: der Zusammenhang zwischen der Unfähigkeit, Lebendigkeit (Lebensfreude) zu entfalten, Drogensucht und Krebserkrankung. Aus der Ohnmacht heraus, mit dem Leben fertig zu werden, werden Jugendliche zu Fixern, um während der Drogenwirkung mehr Lebendigkeit zu spüren und auch angstfreier mit den Mitmenschen zu reden. Im nüchternen Zustand fehlt ihnen das Sinngefühl, etwas Konstruktives tun zu können, sie fühlen sich überflüssig und nutzlos. Aus diesem Gefühl heraus wird es ihnen gleichgültig, sich durch Drogen «kaputtzumachen», sie reden ganz offen davon, daß es ihnen nichts ausmacht, «bald in die Kiste zu springen». Insofern führt die fehlende Biophilie zur Selbstvernichtung, zu einem indirekt einkalkulierten Selbstmord.

Die Krebserkrankung, wie der Bericht «Mars» von Fritz Zorn gezeigt hat, ist ein noch verdeckterer und schleichenderer Selbstmord, da der Betroffene seine Selbstmordabsichten nicht bewußt erkennt und auch im Gespräch meist nicht anerkennen würde. Der mangelnde biophile Lebensstil, die fehlende Lebendigkeit, führt einerseits zu destruktiven Tendenzen nach außen, aber andererseits auch zur Destruktion nach innen, zum Abbau des Immunsystems gegenüber entartenden Körperzellen. Wie das Infektionsrisiko bei Trauer, seelischem Schmerz, Demütigung und Unterdrückung steigt, so steigt auch das Krebsrisiko. Der amerikanische Krebsforscher Claus Bahne Bahnson, der psychosomatische Krebsforschung betreibt, sagt dazu: «Krebskrankheit und Krebssterblichkeit sind ohne Zweifel mit einer Reihe von sozialen, ökonomischen und psychischen Bedingungen verknüpft.»[8]

Die beste Krebsprophylaxe ist nach meiner Auffassung die Psychotherapie. Nur die Hinwendung zu einem lebensfrohen, *biophilen Lebensstil* kann die destruktiven, nekrophilen und selbstzerstörerischen Tendenzen abbauen.

Offenheit statt Enge

Enge ist verbunden mit Anpassung, Gefühlspanzerung, Rollenspiel, Charakterschablone, Beschuldigung, Destruktion, Nekrophilie, mit dem Ziel der Beherrschung von Angst, die jederzeit wieder aufbrechen kann und erneute Fluchtmechanismen der Verengung auslöst. Offenheit ist dagegen verbunden mit Selbständigkeit, Gefühlsausdruck, Selbstfindung, Persönlichkeitsentfaltung, Vergeben, Biophilie und dadurch einem freien Umgang mit der Angst.

Offenheit des Erlebens ist nur möglich, wenn sämtliche «Fluchtmechanismen nach hinten» aufgegeben werden und der freie Umgang mit der Angst so gelernt wurde, daß Selbständigkeit möglich wird, alle Gefühle sich Ausdruck verschaffen, das individuelle und kollektive Selbst der Kernschicht gefunden wird, die Persönlichkeit die Charakterschablonen abwirft, vergeben gegenüber mir selbst und anderen möglich wird und das Leben lebens- und liebenswert ist.

Offenheit ist schonungsloses Betrachten der Realität, ein Wahrnehmen *aller* Aspekte unter Einbeziehung *aller* Sinne, ohne die Realität fragmentarisch mit verengtem Blickfeld wahrzunehmen. Diese Offenheit ist erst möglich, wenn alle Abwehrmechanismen, Lebenslügen und Fluchtwege nach vorn und hinten aufgegeben wurden. Offenheit ist also ein Endzustand der psychischen Gesundheit, den es letztlich zu erreichen gilt, um in Gesundheit und Freiheit zu leben.

Offenheit ermöglicht erst die volle Entfaltung der Liebe. Mit Liebe meine ich jetzt die Liebe zum Leben, zu mir selbst, zur Natur, zu meiner Umgebung, zu Menschen, Tieren und Ereignissen – also nicht nur die sexuell-erotische Liebe.

Wer in Angst und ihrer Abwehr erstarrt ist, lebt in der Enge dieser Erstarrung, er ist nicht offen zu lieben, weil er nicht positiv mit Lebensfreude hinschauen kann – aus Angst, überwältigt oder psychisch gequält zu werden. Auch in der Offenheit existiert die Angst, die Trauer, der psychische Schmerz, aber diese Empfindungen beeinträchtigen die Liebe zum Leben nicht. In Offenheit erhält der psychische Schmerz eine andere Qualität, er hat nichts Unheimliches, gegen das ich mich zu wehren versuche, sondern er wird in seiner Bedeutung sachlich eingeordnet, wie ein leidenschaftlicher Reiter den Sturz vom Pferd einkalkuliert. Die Sturzmöglichkeit und die Angst davor führen nicht dazu, daß er das Reiten aufgibt (Verengung), denn er rechnet damit, geht damit um, ohne in unterdrückte Angst oder Panik zu geraten. Die offene, leidenschaftliche, liebende Lebendigkeit eines Menschen rechnet mit dem psychischen wie physischem Schmerz (dem Unfall oder Mißerfolg) als etwas Normalem, das zum Lebendigsein gehört. In ihrer Bedeutung erhalten die Mißerfolge kein Übergewicht, sie schrecken mich nicht ab und beeinträchtigen nicht die Offenheit dem Leben und der Lebendigkeit gegenüber.

Wer psychisch offen ist, sieht sich selbst und seine Umgebung mit anderen Augen als der verschlossene Abwehrmensch, der auf der Ebene der Fassadenschicht reagiert und agiert. Der Offene sieht und hört mehr als der Verschlossene, und seine Wahrnehmungen sind nicht in ihrer Bedeutung verzerrt. Er sieht die Dinge so, wie sie wirklich sind, er schaut auf das, was wirklich ist, ohne durch Abwehr-Projektionen Gespenster zu sehen.

Diese freie, unvoreingenommene, offene Wahrnehmung der Wirklichkeit scheint so einfach zu sein, zum Greifen nahe, und doch gelingt sie nur den wenigen psychisch Gesunden, die das Leben und sich selbst in jedem Augenblick genießen (ohne hedonistisch zu sein) und lieben. Diese Liebe ist still und bescheiden, unschuldig und unauffällig. Sie kommt nicht mit großem Getöse daher, als großartiges Ereignis der «Liebe zum Leben», und sie macht daraus keine Ideologie, kein Dogma und keine Kampfansage an alle, die die Welt noch nicht lieben.

Die Offenheit und Liebe zieht nicht in einen Kampf oder Krieg, deshalb trifft man offene und liebende Menschen so selten als Führungs-

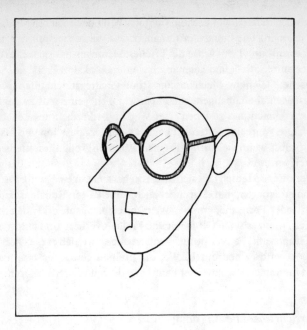

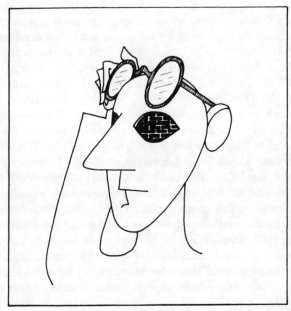

persönlichkeiten in politischen, militärischen oder auch religiösen Organisationen. Die erstarrten Organisationsformen entsprechen nicht der Lebens- und Denkweise des offenen Menschen, da sie früher oder später bürokratisch und dogmatisch werden, und alles Erstarrte, Schematische, Gelenkte, Mechanische, Routinehafte ist dem offenen, biophilen Menschen unangenehm, entspricht nicht seiner Art zu denken, wahrzunehmen und zu leben. Der Weg in die Freiheit des Lebens ist breit. Die Weite und Offenheit geht in einer Organisation und Institution (selbst wenn sie für die Freiheit kämpfen wollen) meistens sehr schnell verloren.

Der offene Mensch läßt sich in der Regel nicht in eine starre Organisation integrieren, und er gründet auch keine Partei, Religionsgemeinschaft oder Partisanengruppe. Wenn er es doch tut, erkennt er sehr schnell, wann er seine Offenheit und Freiheit verliert, und er löst dann die Gruppe auf. Falls er sie nicht auflöst und spürt, daß er die Offenheit verliert, wird er neurotisch. Wer die Freiheit gewonnen hat, hat sie nicht für immer gewonnen, er kann sie jederzeit wieder verlieren.

Übersicht über alle Angstabwehrarten

In einer Tabelle werden alle Abwehrarten nochmals schlagwortartig übersichtlich zusammengestellt für die Systematiker unter meinen Lesern, die solche Übersichten zur besseren Verständlichkeit schätzen.

Die verschiedenen Abwehrarten haben selbstverständlich in der Psyche keinen voneinander unabhängigen Platz in einer Art Schublade, wie die Tabelle vortäuschen könnte, das ist der Nachteil dieser Form der Darstellung. Die einzelnen Abwehrarten sind eng miteinander verflochten, sowohl untereinander als auch miteinander, die Identifizierung beispielsweise mit den ersten fünf Lebenslügen und den Fluchtweisen Ellenbogen-Egoismus, Anpassung, Gefühlspanzerung, Rollenspiel und Charaktermaske. Kompliziert wird der Vorgang dadurch, daß die Identifizierung selten als einziger Abwehrmechanismus auftritt, sondern zusammen mit der Verdrängung, Projektion, Verschiebung, Reaktionsbildung und Rationalisierung (um ein willkürliches Beispiel herauszugreifen). Dadurch verändern sich die Schwerpunkte der angewandten Lebenslügen und Fluchtweisen.

Das Zusammenspiel aller Abwehrarten ist so kompliziert, daß ich den Leser nicht weiter damit langweilen möchte. Es kommt mir in die-

Übersicht über die Angstabwehrarten

14 Abwehrmechanismen	8 Lebenslügen	14 Fluchtweisen
		Flucht nach vorn
1. Identifizierung	1. «Charakter ist wichtiger als Individualität»	1. Aggression
2. Verdrängung	2. «Der Mensch braucht Vorbilder und Ideale»	2. Arbeitssucht
3. Projektion	3. «Sicherheit geht vor, Freiheit führt zum Chaos»	3. Sexualität
4. Symptombildung	4. «Jeder ist sich selbst der Nächste»	4. Ellenbogen-Egoismus
5. Verschiebung	5. «Die Menschen sind nicht gleich,	5. Progressionismus
6. Sublimierung	es gibt Rang- und Wertunterschiede»	6. Utopismus
7. Reaktionsbildung	6. «Intelligenz ist wichtiger als Gefühl»	7. Hedonismus
8. Vermeidung	7. «Wer liebt, möchte besitzen»	
9. Rationalisierung	8. «Der Körper ist Mittel zum Zweck»	*Flucht nach hinten*
10. Betäubung		8. Anpassung
11. Abschirmung		9. Gefühlspanzerung
12. Ohnmachtserklärung		10. Rollenspiel
13. Rollenspiel		11. Charaktermaske
14. Gefühlspanzerung		12. Beschuldigen
		13. Nekrophilie
		14. Enge

sem Buch auch weniger darauf an, in die komplizierte Individualdiagnose einzusteigen, sondern den Abbau der Abwehrarten zu fördern. Auf den vorausgegangenen Seiten ging es mir darum, dem Leser die 14 Fluchtweisen nach vorn und hinten bewußt zu machen, vor allem unter dem Aspekt, diese Fluchtweisen in Zukunft zu lassen, um psychisch freier und gesünder zu werden. Obwohl dieses Ziel verlockend ist und von vielen herbeigesehnt wird, so ist es doch überaus schwierig, die Fluchtweisen aufzugeben und sich der Wirklichkeit und damit auch der Angst zu stellen. Ich gab einige Anregungen und machte Vorschläge, die nicht im Sinne einer einfachen Gebrauchsanleitung mißverstanden werden sollten, denn das Befolgen einer Gebrauchsanleitung wäre ein oberflächlicher, mechanistischer Vorgang. Das Engagement zur Veränderung muß aus den tieferen Schichten der Seele kommen, mit Hilfe der Meditation und Kontemplation, wie im folgenden dritten Teil beschrieben wird.

Teil 3
Wege in die Freiheit

7.
Der Stadtindianer
Wie man sich in Freiheit begibt,
ohne darin umzukommen

«Für die Poesie des Wassers und des Windes, des Büffels und des Grases, in der sich ihr Leben verkörperte, gab es nur Hohn – und nun beginnen wir westlichen Zivilisierten in unseren Städten, den Endprodukten unserer totalen Vernunft, etwas davon zu spüren, wie wirklich die Poesie des Wassers und des Windes ist und was sich in ihr verkörpert.»
Heinrich Böll, Rede anläßlich der Verleihung des Nobel-Preises 1973 in Stockholm.

Der Indianerhäuptling Seathl schrieb 1855 einen Brief an den Präsidenten der USA, der von Offenheit und biophiler Lebensliebe zeugt, und der Einsichten enthält, die große psychische Gesundheit verraten und von hoher Intuition für die Zukunftsentwicklung sind.

«Der große Häuptling in Washington läßt uns wissen, daß er unser Land kaufen will. Er sagt uns dazu Worte der Freundschaft und des guten Willens. Dies ist sehr freundlich von ihm, da wir wissen, daß er kaum auf unsere Freundschaft angewiesen ist. Wir werden uns aber euer Angebot überlegen, da wir wissen, daß, wenn wir es nicht tun, der Weiße Mann vielleicht kommen mag, um uns unser Land mit Hilfe von Gewehren wegzunehmen. Was Häuptling Seathl sagt, kann der große Häuptling in Washington mit der gleichen Sicherheit als wahr nehmen, mit der unsere weißen Brüder mit der Wiederkehr der Jahreszeiten rechnen können. Meine Worte sind wie die Sterne, sie gehen nicht unter.

Wie kann man den Himmel kaufen oder verkaufen – wie die Wärme des Landes? Diese Idee scheint uns sehr merkwürdig. Wir besitzen auch die Frische der Luft und das Glitzern des Wassers nicht! Wie könnt ihr sie da von uns kaufen? Jedes Stück dieses Bodens ist meinem Volk heilig. Jede schimmernde Kiefernadel, jedes sandige Ufer, der zarte Dunst in der Dunkelheit der Wälder, jede Lichtung und jedes summende Insekt ist der Erinnerung und dem Erleben meines Volkes heilig.

Wir wissen, daß der Weiße Mann unsere Art und Weise nicht versteht. Das Schicksal seines Landes ist ihm so egal wie das eines anderen, da er in der Nacht kommt und vom Lande nimmt, was immer er braucht. Die Erde ist nicht sein Bruder, sondern sein Feind. Wenn er den Grund erobert hat, zieht er weiter. Er läßt die Gräber seiner Väter zurück und zerstört rücksichtslos den Boden für seine Kinder. Sein Appetit wird die Erde verschlingen und nur eine Wüste zurücklassen. Der Anblick eurer Städte schmerzt die Augen der Rothäute, aber vielleicht nur deshalb, weil der Rote Mann nur ein Wilder ist und nicht versteht ...

Es gibt in den Städten der Weißen keinen Ort der Stille, keinen Ort, dem Singen der Frühjahrsblätter oder dem Knispeln eines Insektenflügels zu lauschen. Aber vielleicht deshalb, weil ich ein Wilder bin und nichts verstehe, erscheint meinem Ohr der Lärm so schmerzhaft. Was ist das für ein Leben, wenn ein Mensch den lieblichen Ruf des Whippoorwill nicht hören kann oder die Stimmen der Frösche um einen nächtlichen Tümpel. Ein Indianer liebt den weichen Klang des Windes sehr, wenn er über das Gesicht eines Sees streicht, und den Duft des Windes, wenn er von einem Mittagsregen reingewaschen ist oder von einer Pinonkiefer mit süßem Geschmack beladen ist. Die Luft ist dem Roten Mann teuer, deshalb, weil alle denselben Atem haben: die Tiere, die Bäume, die Menschen. Der Weiße Mann scheint die Luft, die er atmet, gar nicht zu merken; wie ein Mensch, der tagelang dahinstirbt, ist er für den Gestank empfindungslos. Falls ich mich entschließen sollte, dem Angebot zuzustimmen, werde ich eine Bedingung zu stellen haben: Der Weiße Mann muß alle Tiere dieses Landes als seine Brüder behandeln. Ich bin ein Wilder und verstehe es nicht anders. Ich habe schon tausend verwesende Büffel auf der Prärie gesehen, von Weißen Männern zurückgelassen, die sie von einem vorbeifahrenden Zug aus abknallten! Ich bin ein Wilder und verstehe es wirklich nicht, wie das rauchende Eisen-Pferd wichtiger sein kann als der Büffel, den wir nur töten, um zu leben. Was ist der Mensch ohne die Tiere? Wenn alle die Tiere nicht mehr da wären, würde der Mensch an der großen seelischen Einsamkeit sterben, denn alles, was den Tieren widerfährt, trifft auch die Menschen. Alle Dinge sind miteinander verbunden. Was immer der Erde zustößt, stößt auch den Söhnen der Erde zu!

Vielleicht könnten wir verstehen, wenn wir wüßten, was der große Traum des Weißen Mannes ist, welche Hoffnungen er seinen Kindern an langen Winterabenden erzählt, welche Visionen er ihnen in den Geist brennt, daß sie es sich für morgen wünschen. Aber wir sind Wilde. Die Träume des Weißen Mannes sind uns verborgen. Und weil sie uns verborgen sind, gehen wir unsere eigenen Wege. Wenn wir zustimmen, dann deshalb, um wenigstens die Reservation, die ihr uns versprochen habt, zu retten. Vielleicht dürfen wir dort unsere kurzen Tage noch so verleben, wie wir es wollen. Wenn der letzte Rote Mann von der Erde verschwunden sein wird, wenn die Erinnerung nur noch dem Schatten einer Wolke gleicht, die über die Prärie zieht, werden jene Ufer und Wälder dennoch die Seelen meines Volkes festhalten, da sie dieses Land so lieben, wie ein Neugeborenes den Herzschlag seiner Mutter liebt. Wenn wir euch unser Land verkaufen, liebt es so, wie wir es geliebt haben. Sorgt euch darum, wie wir uns gesorgt haben. Haltet fest in eurem Gedächtnis, wie das Land aussieht, wenn ihr es nehmt.

Eins wissen wir, und der Weiße Mann wird es vielleicht eines Tages auch entdecken: Unser Gott ist derselbe Gott. Ihr mögt jetzt denken, daß ihr ihn so besitzt, wie ihr auch das Land besitzen wollt. Aber das könnt ihr nicht. Er ist Gott für alle Menschen. Und sein Mitleid für die weißen und die roten Menschen ist dasselbe. Ihm ist die Erde wertvoll, und die Erde zu verletzen heißt, Verachtung auf den Schöpfer zu häufen. Macht weiter, euer Bett zu beschmutzen, und eines Nachts werdet ihr in eurem eigenen Müll ersticken. Wenn die Büffel alle abgeschlachtet sind, die wilden Pferde alle gezähmt, die heimlichen Winkel des Waldes schwer vom Geruch vieler Menschen und der Anblick der reifen Hügel von ratschenden Weibern verdeckt ist, wo ist dann das Geheimnis des Dickichts! Es ist fort. Wo ist der Adler hin? *Er ist fort!*

Mit all eurer Kraft, mit all eurem Mut und mit ganzem Herzen bewahrt es für eure Kinder und liebt es so, wie Gott uns alle liebt. Eines wissen wir: Unser Gott ist derselbe Gott. Die Erde ist ihm wertvoll.»

Dieser Brief klagt eine Denkungsweise an, die sich seit 1855 in den zivilisierten, technisch orientierten Gesellschaften noch verstärkt und weiter zugespitzt hat. Seathl erschien merkwürdig: «Wie kann man den Himmel kaufen oder verkaufen – wie die Wärme des Landes? – Wir besitzen auch die Frische der Luft und das Glitzern des Wassers nicht.» Hier kommt eine völlig unkapitalistische Einstellung zur Natur zum Ausdruck, die nicht darauf aus ist, sie auszubeuten und zu plündern. Er klagt den Weißen Mann an: «Die Erde ist nicht sein Bruder, sondern sein Feind. – Er läßt die Gräber seiner Väter zurück und zerstört rücksichtslos den Boden für seine Kinder.» Diese Zerstörung hat heute Ausmaße angenommen, die Seathls Anklagen ein prophetisches Gewicht verleihen.

Er klagt die Städte an, und es fällt ihm schwer zu verstehen, daß die Weißen scheinbar glücklich in ihnen leben können: «Es gibt in den Städten der Weißen keinen Ort der Stille, keinen Ort, dem Singen der Frühjahrsblätter oder dem Knispeln eines Insektenflügels zu lauschen.» Diese Aussage zeigt, wie natürlich und unabdingbar diesem Indianer die Stille und das aufmerksame Betrachten der Natur mit offenen Sinnen war, und er klagt die toten Sinne der Weißen an: «Der Weiße Mann scheint die Luft, die er atmet, gar nicht zu merken; wie ein Mensch, der tagelang dahinstirbt, ist er für den Gestank empfindungslos.» Dies sagte Seathl 1855, als noch kein einziges Auto Abgase an die Luft abgab und noch keine riesigen Industrieanlagen die Luft verpesteten und die Flüsse verseuchten.

Ein weiterer unglaublich weitsichtiger Gedanke: «Was ist der Mensch ohne die Tiere? Wenn alle die Tiere nicht mehr da wären, würde der Mensch an der großen seelischen Einsamkeit sterben, denn alles, was den Tieren widerfährt, trifft auch die Menschen.» Über die Hälfte der Säugetierarten ist 1977 in Deutschland vom Aussterben bedroht. Insgesamt sind seit 1850 sechs Prozent aller Wirbeltiere bereits unwiderruflich ausgestorben. Zu diesem Ergebnis kamen 1977 Wissenschaftler der Bonner «Bundesforschungsanstalt für Naturschutz und Landschaftsökologie». Fast alle Fledermausarten sind vom Aussterben bedroht, ebenso der Steinadler, der Weißstorch und der Uhu. In der Bundesrepublik leben heute nur noch vier Seeadler. Nach Ansicht der Wissenschaftler läßt sich diese Entwicklung nur verlangsamen, wenn man den gesamten Lebensraum von Pflanzen und Tieren (Ökologie) schützt. Seathl ist weitsichtig: «Alle Dinge sind miteinander verbunden. Was immer der Erde zustößt, stößt auch den Söhnen der Erde zu.»

Er übergibt resigniert sein Land den Weißen, der Gewalt ihrer Gewehre weichend, mit der Mahnung: «Haltet fest in eurem Gedächtnis, wie das Land aussieht, wenn Ihr es nehmt.» Er ahnte, daß die Weißen sein Land verwüsten und beschmutzen würden: «Macht weiter, euer Bett zu beschmutzen, und eines Nachts werdet ihr in eurem eigenen Müll ersticken. – Wo ist der Adler hin? Er ist fort.»

Diese Ahnung verrät eine große Intuition, eine über rationales, wis-

186

senschaftliches Denken weit hinausgehende Einsicht, die dem naturverbundenen Menschen, der mit offenen Sinnen erlebt, möglich ist. Diese Intuition hat mit unserer empirischpositivistischen Denkweise nicht das Geringste zu tun – aber wir sollten sie deshalb nicht verachten, sondern die intuitiven, aus der Meditation entstehenden Denkresultate bewundernd anerkennen. Es gilt, beide Denkstile gleichberechtigt zu behandeln und zu *vereinen*. Ich bin der Auffassung, daß diese beiden Stile sich gegenseitig befruchten können, und zum Beispiel im Denken von Albert Einstein eine die Kreativität fördernde Verbindung eingegangen sind. Einstein konnte intuitiv und meditativ wie ein Indianer denken, aber auch so gewissenhaft und mathematisch streng wie ein moderner Naturwissenschaftler.

Die Gedanken von Seathl sind beeindruckend, denn sie enthalten Warnungen, die erst hundert Jahre später als Probleme von den Naturwissenschaftlern, Ökologen und Politikern erkannt wurden. Es ist verständlich, daß die Politiker 1855 über die Warnungen Seathls gelächelt haben, da sie die Welt von einer völlig anderen Bewußtseinshaltung aus betrachteten. Seine intuitive Denkweise konnte Gesetzmäßigkeiten und Zusammenhänge erkennen sowie psychologische Prognosen über das Verhalten der Weißen stellen, über die wir heute nicht mehr lächeln, deren Weisheit und Voraussicht uns geradzu phantastisch erscheint.

Was ist ein Stadtindianer?

Die Indianer wurden in Reservate verbannt. 1877 kämpften die Nez-Perces-Indianer unter ihrem Führer Chief Joseph, von der amerikanischen Armee auf dem Fluchtweg nach Kanada zu Tode gehetzt, ihren letzten aufsehenerregenden Kampf. Häuptling Joseph ging mit dem Satz der Kapitulation in die Reservation: «Ich kämpfe niemals wieder», als er die Sinnlosigkeit auf Grund der bestehenden Machtverhältnisse erkannte. In den Reservaten dämmerten die Indianer, unglücklich und unfähig zur Anpassung in einer ihnen fremden kapitalistischen Welt und von dieser diskriminiert, dahin. In den letzten Jahren wurden sie wieder aktiv. Die Sioux-Indianer fordern heute auf dem Rechtsweg über die Gerichte die Rückgabe ihres «Heimatlandes», die Staaten Norddakota, Süddakota, Nebraska, Teile von Montana und Wyoming.

In den Großstädten Europas bildeten sich in den letzten Jahren Gruppen, die sich als «Stadtindianer» bezeichnen und die die Geisteshaltung der Indianer bewundern und sich mit ihrem Bewußtsein, Lebensstil und Kampf identifizieren. Besonderes Aufsehen erregten 1977 die Stadtindianer von Rom, eine Gruppe von Studenten, die für die Verhinderung der italienischen Hochschulreform (Malfatti-Projekt) kämpfte. Sie verlasen 1977 bei einem nationalen Studentenkongreß folgende Kriegserklärung:

«Lange haben wir um das Totem unseres hellen Wahnsinns getanzt ... Wir haben getanzt und gespielt um das Feuer unserer Menschlichkeit ... Wir haben getanzt und gekämpft mit regennassen Gesichtern und vom Wind gepeitschten Haaren ... Die große Regenzeit ist vorbei ... 10, 100, 1000 Hände haben sich überall geballt, um das Kriegsbeil zu erheben! Die Zeit der Sonne und der tausend Farben ist angebrochen ... Es ist die Zeit, daß das Volk der Menschen in die grünen Täler hinabsteigt, um sich die Welt zurückzuholen, die ihm gehört.

Die blauen Kittel haben all das zerstört, was einst Leben war, sie haben mit Stahl und Beton den Atem der Natur erstickt. Sie haben eine Wüste des Todes geschaffen und haben sie ‹Fortschritt› genannt. Aber das Volk der Menschen hat zurückgefunden zu sich selbst, zu seiner Kraft, seiner Freude und zu seinem Willen zu siegen, und lauter denn je schreit es mit Freude und Verzweiflung, mit Liebe und Haß: Krieg!

1. Freiheit für Paolo und Daddo und alle anderen gefangengenommenen Genossen;
2. Abschaffung der Jugendgefängnisse (als Schritt zur Abschaffung sämtlicher Gefängnisse), Abschaffung der Ausweisungsbescheide;
3. Beschlagnahme aller leerstehenden Gebäude zur Nutzung als Jugendzentren und als Alternative zum Leben in der Familie;
4. Zurverfügungstellung öffentlicher Mittel zur Finanzierung der alternativen Drogenentwöhnungszentren und aller selbstverwalteten kulturellen Initiativen;
5. Allgemeine Herabsetzung der Preise für Kino, Theater und alle anderen kulturellen Veranstaltungen auf die von der Bewegung der Jugendlichen festgelegten Preise;
6. Totale Freigabe von Marihuana, Haschisch, LSD, Pejote, für deren Gebrauch und Mißbrauch, ihre Weitergabe und ihren Anbau, und Ausübung des Monopols hierüber durch die Bewegung;
7. Lohn für den Müßiggang der Jugendlichen;

8. Einen Quadratkilometer Grünfläche für jedes menschliche und tierische Wesen;
9. Herabsetzung des Volljährigkeitsalters für alle Kinder, die – und wenn auch nur auf allen vieren – von zu Hause fliehen können und wollen;
10. Sofortige Befreiung aller in Wohnungen und Käfigen gehaltenen Tiere;
11. Zerstörung der zoologischen Gärten und Recht aller gefangenen Tiere, in ihre Heimatländer zurückkehren zu können;
12. Zerstörung des ‹Altars des Vaterlandes› (riesiges Monument in Rom. Anm. d. Verf.) und dessen Ersetzung durch alle möglichen Formen von Vegetation, mit Raum für die Tiere, die sich dieser Initiative spontan anschließen, mit einem See für Schwäne, Enten, Frösche und entsprechender Wasserfauna;
13. Alternativer Gebrauch der Herkules-Flugzeuge zum Nulltarif als Transportmittel für die Jugendlichen, die zum Sommerfest nach Machu Picchu in Peru fahren wollen;
14. Historisch-moralphilosophische Neuwürdigung des Archäopterix (des ersten Reptilienvogels, der in der Morgendämmerung der menschlichen Zivilisation aufgetaucht ist).

Die Versammlung des Volkes der Menschen schlägt vor, ab sofort in nationalem Maßstab gegen die Institution der Familie gerichtet Patrouillen zu organisieren, um die Jugendlichen, und unter ihnen speziell die weiblichen Jugendlichen, der patriarchalischen Tyrannei zu entreißen.

Die indiani metropolitani rufen die gesamte kreative Jugend auf, für den Frühlingsanfang ein nationales Happening des jugendlichen Proletariats zu organisieren.»[1]

In dieser Kriegserklärung kommt indianisches Bewußtsein zum Ausdruck «Einen Quadratkilometer Grünfläche für jedes menschliche und tierische Wesen», aber auch viel Abstruses: «Totale Freigabe von Marihuana, Haschisch, LSD, Pejote, für deren Gebrauch und Mißbrauch, ihre Weitergabe und ihren Anbau, und Ausübung des Monopols hierüber durch die Bewegung.»

In Deutschland wurden einige studentische Stadtindianer durch den sogenannten Buback-Nachruf bekannt. So fragt «Der Spiegel» im Oktober 1977: «Wie ernst sind die teils studentischen ‹Stadtindianer› zu nehmen, eine Sponti-Splittergruppe, deren Mitglieder mit Kriegsbemalung und mit Federn im Haar für den Tag demonstrieren, an dem ‹die Skalps der weißen Hemden an unseren Gürteln hängen werden› – und zu denen auch jener anonyme Göttinger ‹Mescalero› zählt, der den Buback-‹Nachruf› verfaßte?»[2]

Wie ernst sind sie zu nehmen? Ich weiß es nicht, weil ich diese Mescaleros nur durch ihre Äußerungen aus dem Buback-Nachruf kenne, die in dem Wochenblatt «Die Zeit» veröffentlicht wurden und in ganzer Länge in der Zeitschrift «Stadt-Revue», die daraufhin am Montag, dem 10. 10. 1977, um 10.00 Uhr, von 12 Polizeibeamten beschlagnahmt wurde, wegen Verunglimpfung des Andenkens Verstorbener (Vergehen nach § 189 StGB) und wegen Volksverhetzung (Vergehen nach § 130 StGB).

Auf den Buback-Nachruf eines Göttinger Mescalero möchte ich an dieser Stelle nicht näher eingehen, weil er vorwiegend politisch und weniger psychologisch relevante Aussagen enthielt. Die europäischen Stadtindianer sind keine einheitliche Bewegung mit gleichen Zielsetzungen.

In Köln unterhielt ich mich 1977 mit einem Stadtindianer, der sich selbst so bezeichnet, aber zu keiner Gruppe gehört. Sein Hauptziel ist die Selbstverwirklichung und Selbstbestimmung. Mit den römischen Stadtindianern und den Göttinger Mescaleros hat er nichts außer dem Namen gemeinsam.

Interview mit dem Stadtindianer

Der Kölner Stadtindianer suchte mich in meiner Praxis auf, mit dem Wunsch, sich testen und beraten zu lassen. Er erlaubte mir, Passagen des Gesprächs aufzuzeichnen und zu publizieren.

Zunächst einige persönliche Daten und Testergebnisse:

Alter: 32 Jahre

Größe: 1,80 m, Gewicht 65 kg

Ausbildung: Abitur, kaufmännische Lehre, abgebrochenes Studium der Wirtschaftswissenschaften, Beschäftigung mit Fotografie.

Beruf: freiberuflicher Fotograf.

Der Intelligenzstrukturtest (IST) ergab einen Intelligenz-Quotienten von 121 und zeigte Stärken im sprachlichen Bereich und im räumlichen Vorstellungsvermögen.

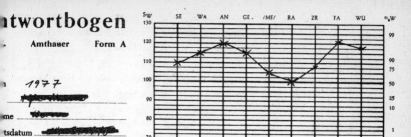

Der 16-Persönlichkeitsfaktoren (PF)-Test ergab, daß folgende Persönlichkeitsmerkmale den Durchschnittswert überschreiten: Kontaktoffenheit, Abstraktionsfähigkeit, Begeisterungsfähigkeit, Selbstlosigkeit, spontane Initiative, Feinfühligkeit, Kompromißbereitschaft, Individualismus, natürliche Offenheit, Selbstvertrauen, Aufgeschlossenheit, Eigenständigkeit, Spontaneität und Entspanntheit.

Der Persönlichkeits- und Intelligenztest ergeben von der Norm des Durchschnitts abweichende Ausprägungen. Die Intelligenz besitzt einen guten Entfaltungsgrad und ist für ein Hochschulstudium ausreichend. Die Persönlichkeitsstruktur zeigt ein starkes Freiheitsbedürfnis und einen ausgeprägten Entfaltungsdrang, verbunden mit Begeisterungsfähigkeit und Individualismus.

Der Entschluß, sich von einem Psychologen testen und beraten zu lassen, entsprang einerseits dem Bedürfnis, mehr über die eigene Person zu erfahren, und andererseits dem bestehenden Schuldgefühl, das Studium der Wirtschaftswissenschaften abgebrochen zu haben. Das Ergebnis des 16-PF-Tests macht den Abbruch psychologisch verständlich, da die Auseinandersetzung mit der Fotografie der gesamten Sensibilität und Kreativität mehr entgegenkommt als die Beschäftigung mit volkswirtschaftlichen Theorien.

Ich drucke Teile der Unterhaltung mit dem Stadtindianer auf den folgenden Seiten ab, weil seine Äußerungen illustrieren, welchen Weg ein einzelner gehen kann, um zu mehr Angstfreiheit und Individualität zu gelangen.

Frage: «Warum hast du das Studium aufgegeben?»

Der Stadtindianer: «Ich wollte mich nicht mehr mit einer Wissenschaft beschäftigen, die sich nicht selbst gehört, sondern im Dienst der Großkonzerne und Politiker steht. Als Wirtschaftswissenschaftler wä-

191

	1 2 3 4 5 6 7 8 9 10	
Kontaktreserviertheit, Sachorientierung		Kontaktinitiative, Kontaktoffenheit
Intelligenzprobleme, konkrete Denkweise		Abstraktionsfähigkeit, intelligentes Denkverhalten
Emotionale Labilität		Emotionale Stabilität, Belastbarkeit
Folgebereitschaft, Konformismus		Dominanzstreben, Aggressivität
Besonnenheit, introspektiv		Begeisterungsfähigkeit, Enthusiasmus
Selbstzweckorientierung		Selbstlosigkeit
Zurückhaltung, Schüchternheit		Spontane Initiative
Robustheit, realistische Einstellung		Feinfühligkeit, Sensitivität
Toleranz, Kompromißbereitschaft		Skeptizismus
Pragmatismus, konventionelle Haltung		Individualismus, Kreativität
Natürliche Offenheit, Einfachheit		Cleverness
Selbstvertrauen, Sorglosigkeit		Besorgtheit, Depressivität
Konventionalität, Traditionsbewußtsein		Aufgeschlossenheit, Liberalität
Gruppenverbundenheit, Gruppenabhängigkeit		Eigenständigkeit, Selbständigkeit
Spontaneität, sorglose Gelassenheit		Selbstkontrolle, Verhaltenskontrolle
Entspanntheit, Ausgeglichenheit		Innere Spannung, Frustriertheit

5 und 6 = Durchschnittsbereich (38,2% der Vergleichspersonen)

Das Persönlichkeitsprofil des Stadtindianers nach dem 16-PF-Test re man nur als Privatgelehrter wirklich frei und kreativ, aber kein Kapitalgeber hat Interesse daran, einen Privatgelehrten zu fördern oder ihm einen Auftrag zu erteilen, man stirbt den Hungertod in unserer hochtechnisierten Gesellschaft inmitten des Konsum- und Karriereterrors – als Wirtschaftswissenschaftler. Um ein neuer Karl Marx zu werden, fehlt mir das Feuer der Begeisterung, tiefer und tiefer in diese Problematik einzusteigen.»

Frage: «Als neuer Karl Marx könntest du deine kreativen Impulse verwirklichen, es muß ja nicht nur die Fotografie sein. Jedes Fachgebiet gibt die Möglichkeit zur kreativen Entfaltung, wenn man sich engagiert.»

Der Stadtindianer: «Ich wollte mich nicht weiter engagieren, weil ich mich überhaupt nicht weiter theoretisch engagieren möchte, trotz eines IQ von 121, wie der Test ergeben hat. Ich will nicht an einem Theoriegebäude arbeiten, sondern mich für meine Sinne interessieren. Deshalb habe ich die Philosophie, meine eigene Philosophie des Stadtindianers, der in unserer Zivilisation sich zurückbesinnt auf die verlorene Qualität der Indianer, wie ich sie kapiere.»

Frage: «Die Indianer wurden vom geschichtlichen Prozeß überrollt, glaubst du, daß es für uns heute sinnvoll ist, zu ihrer Lebensphilosophie zurückzukehren?»

Der Stadtindianer: «Zunächst einmal, was heißt überrollt? Und dann, was heißt zurückkehren? Wir sagen immer, das Rad der Geschichte ließe sich nicht zurückdrehen. Das ist einerseits richtig, aber auch wieder nicht richtig. Richtig ist, daß es irreversible Prozesse gibt, wenn Vogelarten ausgestorben sind, dann sind sie endgültig für die nächsten 10 Millionen Jahre verschwunden, dieser geschichtliche Prozeß läßt sich nicht zurückdrehen, aber wir Menschen sind doch immer noch die gleichen. Seit 500 000 Jahren gibt es den Menschen auf diesem Erdball, etwa seit 100 000 Jahren den Menschen, den man als Homo sapiens bezeichnet, und seit 10 000 Jahren existieren gesellschaftliche Hochkulturen, die wir noch heute bewundern und die uns in ihren Kenntnissen noch heute Rätsel aufgeben. Vor 4000 Jahren entstand die Wiege Europas auf der Insel Kreta, die Archäologen glauben heute, daß seit mindestens 10 000 Jahren Menschen auf dem nordamerikanischen Kontinent leben. Erst seit etwa 1765 gibt es die Dampfmaschine, die 100 PS entwickelte, also seit 200 Jahren. Die heutigen Atomkraftwerke entwickeln 2 Millionen PS, seit einigen Jahren – und der Mensch ist in seiner biologischen Struktur nicht anders als vor 10000

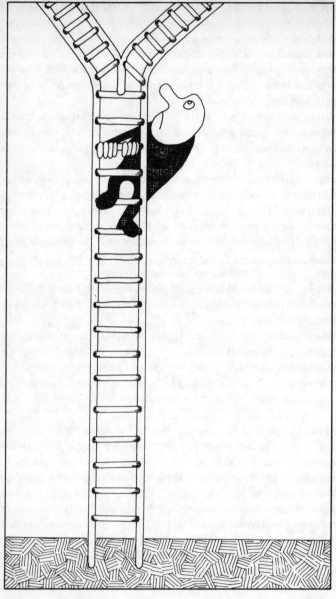

Wege in die Freiheit

Marson

Jahren, er hat sich durch Mutationen nicht verändert, er ist der gleiche geblieben, was heißt da zurückdrehen oder vom geschichtlichen Prozeß überrollt?

Seit 200 Jahren haben wir Industrie und Kapitalismus in diesem bisher nicht gekannten Ausmaß. Wieso glauben wir eigentlich, daß das der geschichtliche Prozeß ist, der uns überrollt hat, uns Indianer, die seit 10 000 Jahren auf dem nordamerikanischen Kontinent leben? Wir Indianer haben glücklich in unseren Jagdgründen gelebt, wir benötigten keine Eisenbahn und keine Dampfmaschine. Im Norden lebten die Blackfoot, in der Mitte die Nez Perce, im Süden die Comanchen, Apachen und Mescaleros, sie waren glücklich, sie hatten alles, was für den Menschen, für ein Lebewesen auf dieser Erde wichtig ist. Sie fühlten die Frische der Luft, sie sahen das Glitzern des Wassers, den Dunst im Herbst, sie hörten das summende Insekt. Sie hörten den Ruf des Whippoorwill, wir hörten den Ruf der Lerche und das Geschrei der Raben im September in Deutschland, das Quaken der Frösche im nächtlichen Tümpel.

Ich habe mir besonders den Satz von Seathl gemerkt: ‹Ein Indianer liebt den weichen Klang des Windes sehr, wenn er über das Gesicht eines Sees streicht, und den Duft des Windes, wenn er von einem Mittagsregen reingewaschen ist oder von einer Pinonkiefer mit süßem Geschmack beladen ist. Die Luft ist dem Roten Mann teuer› – ja, warum nur dem Roten Mann, mir ist sie auch teuer, und sie wird verschmutzt, mit Abgasen beladen, wie soll ich da glücklich sein, wie soll ich sie da einatmen können, wie ein Indianer, der am Ufer eines Sees steht. Wie gerne würde ich das Rad der Geschichte zurückdrehen, um wieder den reinen Duft des Windes einzuatmen, der den süßen Geschmack einer Pinonkiefer mit sich bringt, von einem Mittagsregen reingewaschen. Dieser Rückschritt, dieses Zurückdrehen der Geschichte, erscheint mir als ein Fortschritt im Vergleich zu unserer Dampfmaschinenfortschrittsgesellschaft, im Vergleich zu unserer Atomgesellschaft, deren Gefahr für die Gesundheit man nicht einmal mehr sieht.»

Frage: «Du hast dich jetzt sehr erregt, du bist voller Erregung, verbunden mit Aggression, aber auch mit Liebe. Erkläre mir, warum du Aggression fühlst, aber auch Liebe.»

Der Stadtindianer: «Ich bin aggressiv, weil wir mit unserer Arroganz glauben, daß die vergangenen 200 Jahre mit 100 PS, einer Million PS und seit ein paar Jahren mit 2 Millionen Atom-PS eine so kolossale Leistung wären, der es gilt, Bewunderung zu geben und Anerkennung zu zollen. Ich scheiße auf diese PS-Zahlen, wenn dann der Wind vergiftet wird, der über den See streicht, der nur noch eine stinkende Kloake ist, weil alles Leben darin gestorben ist und die Frösche nicht mehr quaken. Das ist der Grund, warum ich nicht mehr Wirtschaftswissenschaften studieren will, weil diese Dinge keine Rolle mehr spielen, sondern nur noch die Energiemenge, der Profit, ein Nutzwert, der sich verselbständigt hat auf Kosten solcher Dinge wie Fühlen, Sehen, Hören, Schmecken; das hat angeblich alles keine Qualität mehr, das gilt als rückständig, als sentimental, weil es keinen Profit bringt.

Gerade das, was keinen Profit bringt, ist mir wichtig, das interessiert mich, und das kann ich erleben und mit der Fotografie zum Beispiel erfassen, das liebe ich, und ich muß es mit der Fotografie bewahren. Seathl sagte: ‹Liebt das Land, wie wir es euch verkaufen, sorgt euch darum, wie wir uns gesorgt haben, haltet es fest in eurem Gedächtnis, wenn ihr es nehmt.› Dieser Indianerhäuptling wußte, daß das Gegenteil eintritt, daß wir uns nicht sorgen und daß wir es nicht lieben, weil wir es nicht erkennen, weil wir eine andere Lebensphilosophie haben. Deshalb fotografiere ich, weil ich das Land der Bundesrepublik liebe, weil ich es festhalten will, so wie es heute ist, weil ich es im Gedächtnis festhalten will, weil ich weiß, daß es verdammt anders aussehen wird in den nächsten 100 Jahren, weil die Studenten, die heute Wirtschaftswissenschaften studieren, ohne das Studium abzubrechen, mithelfen werden, daß das Land um des Profits willen weiter zerstört wird.»

Frage: «Ich akzeptiere, daß du dein Wirtschaftsstudium aufgibst, es geht nicht darum, dich abzuwerten, weil du etwas aufgegeben hast, denn im Aufgeben liegt auch das Positive des Loslassens. Aber du könntest auch als Wirtschaftswissenschaftler mithelfen, daß das Land um des Profits willen nicht weiter zerstört wird – dann noch besser, weil du dann ein sachkundiger Diskussionspartner in Wirtschaftsfragen bist.»

Der Stadtindianer: «Ich habe kein Interesse zu kämpfen – und kämpfen müßte ich, um den Wahnsinn aufzuhalten, den Wahnsinn der Wachstums- und Profitideologie, der dazu führt, daß die Erde und die Menschen weiter und weiter ausgeplündert werden.»

Frage: «Erkläre mir, warum du nicht kämpfen möchtest, denn dafür zu kämpfen würde sich lohnen, da du doch erreichen willst, daß die Erde und der Mensch nicht weiter ausgeplündert werden, ein Wort, das auch der Bundestagsabgeordnete Herbert Gruhl (CDU) verwendet; sein Bestseller heißt ‹Der geplünderte Planet›.»

Der Stadtindianer: «Ich möchte nicht kämpfen, weil ich der Auffassung bin, daß der Kampf bereits verloren ist. Und noch ein wichtigerer Grund: Wer kämpft, gerät in Gefahr, die Liebe zu verlieren, das müßtest du mir als Psychologe bestätigen können.»

Frage: «Wer kämpft, muß aggressiv sein, sicher meinst du das. Es stört dich, daß in deiner Seele Aggression ist.»

Der Stadtindianer: «Ich sehe die Gefahr, daß die Aggression so stark wird, daß sie meine Liebe verdrängt. Ich habe in langem Nachdenken meine eigene Lebensphilosophie entwickelt. Ein wichtiger Satz dieser Philosophie lautet: Ich lebe, damit man mich liebt. Ich liebe, damit ich leben kann. – Ich will zu erklären versuchen, wie ich das meine. Ich glaube, daß es für mich wie für jeden Menschen wichtig ist, daß ich von den anderen geliebt werde. Die psychischen Deformationen und Neurosen kommen doch daher, daß ich mich nicht geliebt fühle, daß ich unterdrückt und abgewertet werde. Glücklich kann ich mich im Umgang mit den Menschen nur fühlen, wenn ich spüre, daß ich anerkannt werde und daß man mich gerne hat – mich liebt. Nun kann ich mich natürlich nicht nur auf den narzistischen Standpunkt stellen, geliebt zu werden und mich daran zu weiden, ich selbst muß meine Mitmenschen und die Umgebung auch lieben, damit ich leben kann.»

Frage: «Das klingt etwas abstrakt, zurechtgedacht, um dein Bedürfnis nach Liebe zu rechtfertigen. Geht es dir wirklich auch darum, die anderen zu lieben?»

Der Stadtindianer: «Ja, darum geht es mir. Mit dieser Erkenntnis stehe ich nicht alleine. Die Lyrikerin Ingeborg Bachmann kommt zum selben Ergebnis, sie sagte einmal: ‹Lieben – lieben, das ist es. Lieben ist alles.› Eine andere Lyrikerin, Else Lasker-Schüler, sagte, ich kann es auswendig: ‹Das ewige Leben dem, der viel von Liebe weiß zu sagen. Ein Mensch der Liebe kann nur auferstehen! Haß schachtelt ein. Wie hoch die Fackel auch mag schlagen.›

Auch der Kampf schachtelt ein, denn er führt sehr leicht zum Haß. Das Leben gehört nur dem, der liebt, und nicht dem, der haßt. Wie hoch die Fackel seines leidenschaftlichen Kampfgeistes auch schlagen mag.»

Frage: «Was hältst du von dem gerechten Zorn des Beleidigten und Angegriffenen?»

Der Stadtindianer: «Du willst auf die Notwehr raus. Natürlich würde ich mich wehren, wenn ich angegriffen werde, aber das geschieht nicht aus Haß, sondern spontan in der jeweiligen Situation als aktuelle Aggression, aber ich laufe nicht mit Wut im Bauch in der Gegend herum, das würde mich selbst und die anderen krank machen.»

Frage: «Auf die Verschmutzung der Umwelt kannst du weniger mit aktueller Aggression reagieren. Du mußt dich über Jahre hinweg wehren, das kannst du sachlich tun, mit aggressionsfreier Aufklärungsarbeit, in langer Arbeit für eine Reform.»

Der Stadtindianer: «Das könnte ich probieren – aber ich glaube nicht, daß es mir gelingt, denn ich liebe, damit ich leben kann. Ich möchte mich so entwickeln, daß ich meine Umwelt lieben kann, nicht nur die Menschen, sondern die gesamte Umwelt, die Natur, den Wind, den Regen, das Rauschen der Bäume. Ich habe viele Jahre nicht mehr gewußt, wie die Bäume rauschen, ich habe es einfach nicht mehr gehört. Um zu lieben, benötige ich alle Kraft für die Liebe. Die aggressionsfreie Aufklärungsarbeit möchte ich anderen überlassen. Ich glaube, daß das nur gelingt, wenn es aus Liebe geschieht, also nicht nur aggressionsfreie Aufklärung, sondern liebende Aufklärung ist erforderlich. Vielleicht kann ich das einmal, im Moment ist es mir nicht möglich, denn ich würde in den Fehler verfallen zu kämpfen, mich zu sehr zu engagieren und eventuell verzweifeln.»

Frage: «Das hängt damit zusammen, daß du die pessimistische Einstellung hast, daß der Kampf erfolglos ist.»

Der Stadtindianer: «Das ist richtig, ich halte ihn für so erfolglos, wie es erfolglos wäre, wenn ein Indianer von den Weißen ohne Gerichtsverhandlung ein Stück Land zurückhaben wollte: Er würde scheitern. Er alleine kann das Denken der Weißen nicht verändern, sie würden ihn auslachen.»

Frage: «Was würdest du dem Indianer raten?»

Der Stadtindianer: «Lebe dein Leben, es hat keinen Sinn, mit dem nackten Kopf gegen Beton zu laufen. Ich würde ihm raten, um Beton einen großen Bogen zu machen, um den Schmerz der Niederlage zu vermeiden. Es gibt die Möglichkeit, das Leben ohne Kampf zu leben, indem ich jeden Augenblick mit allen Sinnen bewußt wahrnehme und dann spüre, wie ich zu lieben beginne. Wenn ich liebe, werde ich gesund, wenn ich kämpfe, werde ich krank. Man sollte den Kampf ganz lassen, sich davon lösen, etwas erreichen zu wollen, weder ein politisches, noch ein religiöses, materielles oder ein sonstiges Ziel.»

Frage: «Ohne Ziel geht es aber auch nicht. Du hast dir zum Beispiel als Ziel gesetzt zu lieben und nicht zu kämpfen.»

Der Stadtindianer: «Das sollte man vielleicht weniger als ein gesetztes Ziel ansehen, sondern als ein ‹mich selbst dem Leben überlassen›. Mein Ziel ist auch zu atmen, aber doch ist das eine ganz andere Art von Ziel als politische, religiöse oder materielle Ziele. Zu lieben ist eine Art von Ziel, das nicht damit zu vergleichen ist, wenn ich mir das Ziel vornehme, möglichst viel zu besitzen.»

Zweites Gespräch

Frage: «Wann spürtest du Aggressionen? Erzähle ein Beispiel.»

Der Stadtindianer: «Ich spüre sie, wenn ich von meinen Mitmenschen kalt behandelt werde, wenn ich bei ihnen vor eine Wand der Panzerung laufe und ihre Lieblosigkeit fühle, wenn kein offener Kontakt möglich ist, wenn sich jemand hinter Formalismen verschanzt und mich wie eine Nummer oder eine Sache behandelt. Das erlebst du überall: auf einer Behörde, im Umgang mit Bekannten und Studien- oder Berufskollegen.»

Frage: «Hilft es dir, wenn du Verständnis für den psychologischen Mechanismus hast, daß der unterdrückte Mensch die Unterdrückung weitergibt und eigentlich gar nicht deine Person meint, sondern einer anderen Person gegenüber genauso reagieren wird?»

Der Stadtindianer: «Ich kann mir das rational klarmachen, aber ich bin emotional dennoch getroffen. Angst entsteht in mir, Angst der Isolation, Abhängigkeit und Unterdrückung, Angst vor den Menschen, die mich nervös und ohne Bereitschaft, offen zu sein, als eine Sache behandeln. Diese Angst wandelt sich sehr schnell um in Aggression, Kampfbereitschaft und Durchsetzungsversteifung. Es verdrängt meine Liebe zum Leben und zu meinen Mitmenschen, es besteht die Gefahr, daß ich verbittert werde, mir eine rauhe Schale zulege und eventuell genauso kalt, gespannt und nervös werde wie die Menschen, die mich so behandeln, daß ich Angst fühle.»

Frage: «Also hängen Angst und Aggression bei dir eng zusammen?»

Der Stadtindianer: «Nur bei mir? Ist das nicht bei jedem Menschen so?»

Antwort: «Es ist ein psychischer Mechanismus, der einen Abwehrcharakter hat und zu der Flucht nach vorn führt, zu Aggression und Ellenbogen-Egoismus, aber auch zur Gefühlspanzerung, zum Rollenspiel, zur Charaktermaske und zur Enge. Die Reaktion ‹Angst› erzeugt Aggression und ist allerdings elementar und ursprünglich. Zunächst entsteht auf Angst das Gefühl, nicht geliebt zu sein, in die Kälte gestoßen zu werden. Weil man das nicht aushält, reagiert man zunächst mit der elementaren Reaktion auf eine Bedrohung, nämlich mit Aggression. Daraus entwickeln sich dann die weiteren Abwehrhaltungen.»

Der Stadtindianer: «Ich spüre an mir, daß ich die Angst mit Aggression beantworte und auch mit den anderen Abwehrreaktionen, sie hängen damit zusammen – und all das bringt mich davon ab, mich selbst, das Leben und die anderen zu lieben. Um nicht abwehren zu müssen, sollte der Angstanlaß beseitigt werden, und ich muß eine andere Einstellung zur Angst bekommen. Ich sollte mich der Angst weniger aussetzen. Oder was mir Angst macht, sollte mir in Zukunft keine Angst machen. Geht das? Ist es möglich, daß mir keine Angst mehr macht, was mir bisher Angst macht?»

Antwort: «Das ist möglich, wenn du eine andere Einstellung hast. Ein Beispiel: Wenn du Karriere machen willst, macht dir ein auftauchender Konkurrent Angst. Wenn du zu der Auffassung, der echten Auffassung findest, daß du keine Karriere machen willst, daß dir genügt, was du erreicht hast, macht dir der Kollege unter diesem Aspekt keine Angst mehr.»

Der Stadtindianer: «Das sehe ich genauso. Deshalb will ich nicht für etwas kämpfen, weil mir sonst die Widerstände Angst machen und Aggressionen sowie alle Folgen in mir erzeugen. Ich möchte in Liebe und Anerkennung des Lebens leben. Die Lieblosigkeit erzeugt dann nach wie vor Angst in mir, aber ich will auch nicht mehr gegen sie kämpfen, um keine Angst vor ihr zu haben, oder wirkt sie so elementar, daß ich die Angst in Verbindung mit der Lieblosigkeit nie verlieren kann?»

Antwort: «Sie ist so elementar, daß du sie nie verlieren kannst. Sie wird in dir immer Angst erzeugen. Du kannst dich davor nicht schützen, auch die Abwehrhaltungen sind nur falsche Schutzreaktionen auf diese Angst, die dich nicht wirklich schützen, denn die Angst bleibt unterschwellig doch bestehen. Mit der Abwehrhaltung schadest du nur dir selbst. Du mußt dich zu deiner Angst bekennen und sie erleben.»

Der Stadtindianer: «Sie erzeugt aber Aggressionen in mir, und die sind negativ für meinen seelischen Zustand.»

Antwort: «Du kannst versuchen, die Angst anzunehmen als einen Bestandteil des Lebens, und die Angst genauso lieben wie alles andere auch, dann gelingt es dir, die Angst zu durchbrechen und zu überwinden.»

Der Stadtindianer: «Das versuche ich, indem ich mich nicht mutwillig der Aggression ausliefere. Angst erzeugt Aggression, und beides verdrängt damit zwangsläufig die Liebe in mir, wie ich schon sagte. Eine ängstigende Umwelt, eine angsterregende Kultur und Zivilisation, in der wir heute leben, fördert zwangsläufig eine aggressionsgeladene und lieblose Gesellschaft, die im einzelnen wieder Angst erzeugt und dadurch wieder Aggression und liebloses Verhalten. Wenn man diesen Teufelskreis durchbrechen will, muß man sich von dieser Zivilisation und Gesellschaft distanzieren, man muß ihre Normen aus dem Kopf werfen, man muß anders leben. Das ist sehr schwer, weil die Gesellschaft einen aufzufressen versucht, weil man ihr aus Bequemlichkeit allzuschnell auf den Leim kriecht.»

Frage: «Auf der Suche nach einem alternativen Lebensstil bist du auf die Idee gekommen, daß du wie ein Indianer in der Großstadt leben solltest. Worin unterscheidest du dich von den Menschen deiner Umgebung?»

Der Stadtindianer: «Ich habe mir vorgenommen, nicht mehr aus Angst um etwas zu kämpfen, um nicht mehr so abhängig zu sein. Der Sioux Lame Deer schrieb in einem Buch über die von ihm kritisch beobachtete Zivilisation: ‹Ihr Weißen habt die Männer zu Angestellten erniedrigt, zu Büroarbeitern, zu Stechuhrdrückern. Wir wurden nicht geboren, um das einmal auszuhalten. Ihr Weißen lebt in Gefängnissen, die ihr euch selbst gebaut habt. Ihr nennt sie Zuhause, Büro, Fabrik!› – Insofern führe ich einen alternativen Lebensstil, weil ich mich als Weißer nicht zu einem Büroangestellten oder Stechuhrdrücker erniedrigen möchte.»

Frage: «Aber du kannst in Europa wohl kaum wie ein Indianer im Zelt, im Tipi, leben und wie ein Indianer durch die Berge und Täler streifend auf die Jagd gehen.»

Der Stadtindianer: «Deshalb bezeichne ich mich als Stadtindianer. Ich kann in der Großstadt leben, ohne tagsüber in einem vollklimatisierten, elektrostatisch aufgeladenen Bürohaus im zehnten Stockwerk durch gegen die Sonne getönte Fensterscheiben schauen zu müssen, ohne diese Fenster öffnen zu können. Als Fotograf habe ich wenigstens die Möglichkeit, mich an frischer Luft, frisch in Anführungszeichen, zu bewegen und mich mit dem Leben konfrontiert zu fühlen.»

Frage: «Du sagtest mir, daß du monatlich im Durchschnitt etwa 800 DM netto verdienst, das ist nicht viel. Du könntest mehr verdienen, wenn du das wirtschaftswissenschaftliche Studium absolviert hättest und im zehnten Stockwerk in klimatisierten Büroräumen hinter einem Schreibtisch sitzen würdest.»

Der Stadtindianer: «Dann wäre ich in der Gefangenschaft, von der der Sioux Lame Deer spricht – und es ist das Indianische an mir, daß ich das nicht will und dann auch nicht mache. Das ist es mir wert, im Monat 2000 DM weniger Geld zu haben. Was soll ich mit dem ganzen Kosumplunder, der doch zum größten Teil der Mode unterworfen ist und mich in meiner Lebensqualität, besser Erlebensqualität, nicht weiterbringt?»

Frage: «Wenn jeder in unserer Gesellschaft so denken würde wie du, würde die Wirtschaft zusammenbrechen.»

Der Stadtindianer: «Eben. Das ist mir klar. Aber deshalb lasse ich mich nicht zum Konsum- und Bürotrottel machen. Soll ich etwa mitspielen, damit die Wirtschaft nicht zusammenkracht? Soll sie doch, dann müssen sich die Unternehmer und Politiker etwas Neues überlegen, nämlich eine Gesellschaft zu gestalten, die dem einzelnen mehr Freiheit und Selbständigkeit gibt. Ich halte es nicht für verkehrt, wenn möglichst viele Menschen so wie ich denken und Stadtindianer werden. Sie üben dann einen Druck aus, der zu mehr Selbstbestimmung für den einzelnen führt.»

Frage: «Wir benötigen Elektrizitätswerke, damit auch du mit Strom versorgt wirst. Ich weiß, daß du willst, daß jeder einen selbständigen, unabhängigen Beruf ausüben soll, aber das ist nicht für alle möglich, denn es muß auch Menschen geben, die in einem Kraftwerk für dich arbeiten.»

Der Stadtindianer: «Darauf basiert das ganze System der Abhängigkeit. Ich plädiere für einen neuen Denk- und Lebensstil, dazu gehört auch, daß ich mir meine Energie selbst schaffe, zum Beispiel Sonnenenergie. Eine Haus- oder Wohngemeinschaft baut auf dem Dach selbst ein Wind- und Sonnenkraftwerk, das ist heute schon möglich. Es gibt Gruppen, die das realisiert haben. Die Bauanleitung ist so einfach, daß sie jeder nachbauen kann, der das Bewußtsein der Selbständigkeit wirklich verinnerlicht hat.»

Frage: «Hast du dir dein eigenes Sonnenenergiesystem gebaut?»

Der Stadtindianer: «Nein, ich bin noch abhängig. Andere haben damit experimentiert und gezeigt, daß es geht. Ich möchte damit nur sagen: Autonomie ist möglich. Wir können unabhängig werden, wenn wir wirklich wollen und uns ein anderer Lebensstil beseelt. Ich kann nur sagen, daß es möglich ist, wenn man bereit ist, über die konventio-

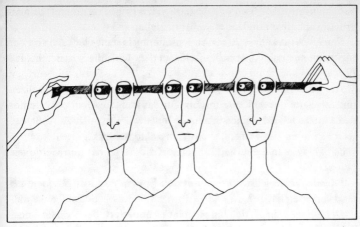

nellen Denkgrenzen hinauszugehen. Man sagt uns immer, es könne niemals anders laufen wie jetzt im Moment, das ist natürlich Unsinn – damit wird Angst und Anpassung erzeugt. Es ist anders möglich, sobald wir uns ernsthaft damit befassen.»

Frage: «Als Indianer zu leben, ist das nicht ein Rückschritt?»

Der Stadtindianer: «Für mich nicht – für mich ist es ein Fortschritt, weil ich der Auffassung bin, daß der konventionelle Lebensstil des Durchschnittsbürgers ein Rückschritt ist. Ein neurotischer Mensch zu sein – und anders kann der Angepaßte in dieser Zivilisation nicht sein –, ist ein Rückschritt im Vergleich zu den Möglichkeiten der gesunden Entfaltung, die der Mensch einmal hatte und haben müßte. Ich verstehe nicht, daß ich mit diesem Denken, vor allem mit der Praktizierung, ein Außenseiter bin.»

Frage: «Hast du Probleme, ein Außenseiter zu sein?»

Der Stadtindianer: «Außenseiter zu sein, ist für mich die einzige Möglichkeit, einigermaßen in dieser deformierten Welt zu leben. Aber andererseits, und das ist ein sehr wichtiger Punkt, bin ich traurig, daß ich ein Außenseiter sein muß.»

Frage: «Du wärest lieber in einer Gesellschaft von Gleichgesinnten integriert?»

Der Stadtindianer: «Ich möchte, daß die Menschen, die mich umgeben, weniger neurotisch und gestört sind, weniger verkrampft und aggressiv, um selbst friedvoller, liebender leben zu können.»

Frage: «Also kannst du als Außenseiter nicht ganz glücklich sein – es bleibt immer das Außenseiterische, und es fehlt die soziale Integration.»

Der Stadtindianer: «Das fehlt mir immer, aber ich muß abwägen, und ich halte das Außenseiterische für das kleinere Übel von den beiden Übeln. Ich fühle mich in meiner Innenwelt im Exil. Als Außenseiter bin ich ein Emigrant, der das Emigrantenschicksal erleidet, einerseits halbwegs in Sicherheit, andererseits der Heimat und Geborgenheit beraubt.»

Frage: «Vergleichst du dich mit den Emigranten, die Nazideutschland verlassen haben?»

Der Stadtindianer: «Ich bin nach innen emigriert, denn ich lebe noch im industrialisierten Europa. Ich verweigere den Nationalsozialismus, aber ich lebe nach wie vor unter Nazis, so etwa ist es in weiterem Sinne zu verstehen. Ich lebe unter Angepaßten als einer, der sich mehr Freiheit nimmt, mit der Bereitschaft, dadurch Konsum- und Statuseinbußen hinzunehmen – aber das letztere macht mir nichts mehr aus, davon bin ich weg. – Auch in der relativen Besitzlosigkeit fühle ich mich frei. Ich lebe, wie du einmal sagtest, nach Erich Fromm, mehr dem Sein als dem Haben; das Sein ist mir wichtiger geworden als das Haben.»

Frage: «Wann fällt es dir schwer, ein Außenseiter in dieser Gesellschaft zu sein?»

Der Stadtindianer: «Wenn mich die anderen bewußt nicht verstehen wollen. Ich spüre manchmal, daß sie meine Selbständigkeit, Unabhängigkeit und Gelassenheit gegenüber dem Konsum und Status beneiden, weil sie auch gerne so wären, aber Angst davor haben. Sie haben sich weniger damit beschäftigt als ich, aber sie ahnen, daß ich einen Lebensstil führe, der Schönheiten und Entspannung beinhaltet. Weil sie darauf neidisch sind und sich durch mich ihrer Abhängigkeit bewußt werden, reagieren sie mitunter aggressiv und abwehrend. Das erschwert nicht nur den Kontakt, sondern macht ihn oft absolut unmöglich, das isoliert mich, und darüber bin ich traurig.»

Frage: «Das empfindest du als den Nachteil deiner Emigration nach innen?»

Der Stadtindianer: «Ja, das ist der große Nachteil – aber deshalb will ich nicht zu Anpassung zurück.»

Frage: «Du bist nicht verheiratet und hast keine Kinder. Wie gestaltet sich dein Verhältnis zum anderen Geschlecht?»

Der Stadtindianer: «Auch auf diesem Gebiet halte ich mich frei. Ich lebe ab und zu mit einer Frau oder einem Mädchen zusammen. Kontakte zu schließen, hier liegen keine Probleme. Frauen sind oft weniger angepaßt in ihrem Denken und Fühlen als Männer. Sie haben viel Verständnis für meinen alternativen Lebensstil, ich glaube sogar, daß davon eine gewisse Faszination ausgeht. Seitdem ich mich als Stadtindianer fühle, funktioniert das schnelle Kennenlernen und auch der schnelle Sex besser. Allerdings nicht bei konservativen Frauen zwischen 25 und 35 Jahren, die heiraten wollen, in deren Schema passe ich nicht. Es funktioniert gut, wenn eine Frau verheiratet ist und den Seitensprung sucht. Also alles in allem, auf erotischem Gebiet habe ich solange keine Probleme, solange ich nicht heiraten will.

Nun verkehre ich auch nicht mehr in den Diskotheken und Kneipen der Konservativen, sondern in den Außenseiterkneipen, hier sind Fixer, Künstler, Politclowns, Musiker, Maler, alles Leute, die sowieso nach einem alternativen Lebensstil suchen.»

Frage: «Bist du dort unter Gleichgesinnten oder auch in Emigration?»

Der Stadtindianer: «In den konservativen Bürgerkneipen ganz sicher, in den Außenseiterkneipen oft auch – da ich mich nicht mit allem identifizieren kann, was Außenseiter ist und etwas ausprobiert.»

Drittes Gespräch

Frage: «Vertrittst du nicht einen sehr egoistischen Standpunkt?»

Der Stadtindianer: «Das mag auf den ersten Blick egoistisch klingen, aber dieser Egoismus ist für mich die einzige Möglichkeit der Rettung, und ich empfinde die Außenwelt so bedrohlich, daß ich rufen möchte: Rette sich, wer kann! Ich kann nach meiner Auffassung keinem verübeln, wenn er seinen individuellen Weg der Lebensrettung geht, wenn er sich zu schwach fühlt, etwas bewirken und verändern zu können. Ich muß erst zu mir selbst finden, bevor ich den anderen etwas zu sagen habe.»

Frage: «Worin besteht für dich der Sinn deines Lebens?»

Der Stadtindianer: «Das ist eine zentrale und sehr schwierige Frage, die ich deshalb gerne versuche zu beantworten. Ich muß mich langsam an eine Antwort heranarbeiten, ich kann nicht mit einem einzigen Satz antworten.

Also, der Sinn meines Lebens besteht darin, bestimmte Lebensgrundsätze einzuhalten. Ich muß mich fragen, warum bin ich auf der Welt, welche Aufgabe habe ich hier als Lebewesen. Ich habe die Existenz eines Lebewesens zu führen, das ist prinzipiell etwas Positives. Die Erde ist kein Jammertal, in dem ich vor allem Leid ertragen muß. Ich wurde geboren, um mich zu entfalten und die Schönheit des Lebens zu erleben. Natürlich bleibt mir Leid, Schmerz und negative Erfahrung nicht erspart, aber diese negativen Erlebnisse sind nicht Selbstzweck, sie dienen lediglich zur Reifung und zum Wachstum.

Man lernt durch drei Möglichkeiten, durch Leiden, das ist der schwerste Weg, durch Nachahmung, das ist der bequemste Weg, und durch Einsicht und Erkenntnis, das ist der menschlichste Weg, so ähnlich hat es Meister Ekkehart einmal formuliert, wenn ich mich richtig erinnere.

Die meisten Menschen gehen den Weg der Nachahmung und Anpassung, und sie glauben sich dadurch auf dem richtigen Weg zum Sinn des Lebens. Uns allen bleibt das Leid und der Schmerz als Erfahrung nicht erspart, aber wir haben zusätzlich die Möglichkeit der Einsicht und Erkenntnis durch Nachdenken. Ich möchte vor allem diesen dritten Weg gehen, ohne das Leid aussparen zu wollen – allerdings interessiert mich nicht der Weg der Nachahmung, da ich keinen Meister gefunden habe, dem es lohnt nachzufolgen. Wahrscheinlich wäre das auch ein schlechter Meister, der mich dazu auffordern würde. Die Einsicht sagt mir, daß ich ein anderes Leben leben muß als die Mehrheit, die sich einordnet und in vorgezeichnete Wege weisen läßt. Ich will zu mir selbst finden, damit meine ich, zu einem Leben finden, das mich erfüllt und glücklich macht.»

Frage: «Das will jeder. Du solltest konkret sagen, was deine persönliche Einsicht ist, was dich persönlich glücklich macht.»

Der Stadtindianer: «Ich suche die Verbindung mit den Menschen und Dingen. Das klingt sehr allgemein und abstrakt. Ich muß mich mir selbst und dem Leben überlassen, ohne mir und anderen Zwang anzutun. Ich muß mich in mich selbst und in die Gegenwart fallen lassen. Was meine ich damit? Ich will versuchen, das mit anderen Worten zu umschreiben. Das ist jetzt sehr wichtig, was ich zu formulieren versuche.

Ich spüre, daß mir die Worte fehlen, um es auszudrücken, denn es ist etwas, das ich vor allem spüre und worüber ich bisher nur selten, eigentlich noch nie, geredet habe.

Ich sagte, daß ich mich in mich selbst und in die Gegenwart fallen lassen muß. Das klingt eigentlich nicht schwierig, und doch ist es für mich sehr schwierig, mich ganz zu mir selbst zu bekennen, ganz bei mir selbst, ganz Ich zu sein. Die Meditation verhilft mir dazu. Ich setze mich irgendwo hin, zu Hause in einen Sessel, draußen auf eine Wiese, an einen Baumstamm gelehnt, und dann überlasse ich mich ganz mir selbst, das heißt, ich schalte ab von konkreten Plänen und lasse Gefühle in mir aufsteigen, aus dem Unterbewußtsein, ich überlasse mein Denken und Schauen mir selbst und spüre, daß hier etwas lebt, das ich sonst nicht beachte, daß das ein wichtiger Teil von mir ist, das meine ich mit ‹Fallenlassen in mich selbst und in die Gegenwart›.

Zur Gegenwart gehört noch mehr, dazu gehört auch die Umwelt, die mich im Moment umgibt. Ich sehe dann schärfer als sonst das Licht und seine Reflexe, ich atme bewußter die Luft, ich spüre die Temperatur, ich höre das Rauschen der Stadtgeräusche, das Zwitschern der Vögel, den Schrei eines Raben und das Rascheln der Blätter im Wind, das meine ich mit ‹Fallenlassen in die Gegenwart›. Das ist eigentlich etwas ganz Banales, aber es war mir lange Zeit nicht mehr bewußt. Als Kind spürte und erlebte ich alle diese Dinge sehr intensiv, den Schneefall und die dann eintretende eigenartige Veränderung in der Natur, die Ruhe, das leise Niedergleiten, das Knirschen ferner Schritte im Schnee – oder ein heißer, schwüler Sommertag, wenn das Licht flirrt und die Blätter in den Bäumen sich kaum bewegen, all das hatte ich als Kind bewußt erlebt, weil ich Zeit hatte und offen war.

Seit dem siebzehnten Lebensjahr etwa, seit dem Streß der Abiturvorbereitungen ist mir das alles abhanden gekommen. Meine Sinne sind stumpf geworden, und erst jetzt beginne ich wieder damit, mich in mich selbst und die Gegenwart fallen zu lassen. Darin sehe ich den Sinn des Lebens, nicht darin, mich von konkreten Zielen aufzehren, absorbieren zu lassen, so daß ich taub, blind und gefühllos werde.»

Frage: «Kannst du nicht beides miteinander verbinden?»

Der Stadtindianer: «Das wäre das Optimum, und es muß möglich sein, daß ich offen bin für alles, was um mich herum geschieht, ich aber gleichzeitig auch konkrete Ziele verfolgen kann. Aber dieses Optimum ist nur möglich, wenn ich autonom über mich selbst, meine Zeit und meine Aktionen verfügen kann, wenn niemand hinter mir steht, der mich antreibt oder mich als verlängerten Arm für seine Ziele benutzen will.»

Frage: «Es wäre auch möglich, wenn derjenige, der deine Arbeitskraft braucht, dir die Freiheit und Offenheit läßt.»

Der Stadtindianer: «Das ist richtig. Es wäre möglich, wenn man mehr Verständnis für den Menschen hätte, wenn das Menschsein eine primäre Bedeutung hätte. Aber das ist nicht der Fall, und deshalb emigriere ich aus dieser Angestelltengesellschaft, die mir diese Möglichkeit nicht läßt. Ich bin der Auffassung, daß jeder so denken und handeln sollte, damit sich etwas ändert.

Du kannst mir glauben, daß sich die Gesellschaft, die Unternehmer und Politiker sehr schnell auf die veränderten Verhältnisse einstellen würden, wenn die Menschen darauf bestehen würden, Menschen zu sein und menschlich zu handeln. Leider sind wir noch nicht so weit. Das Heer der Angepaßten ist groß, die Tauben, Blinden und Gefühlsgepanzerten sind in der Überzahl, und solange das so ist, wird der Egoismus der Mächtigen diese Angepaßten ausbeuten. Aber daß dies so ist, das beinhaltet nicht, daß ich, ich ganz allein und individuell das nachmachen muß und mich diesen Verhältnissen unterzuordnen habe.

Ich erfülle als emigrierter Stadtindianer im Exil eine wichtige Funktion. Ich habe die Angst vor meiner Individualität überwunden, ich habe mich dem Konsum- und Anpassungsdenken entzogen, weil ich mehr verlange als Konsum und ein Lob meiner guten Funktion, die nicht meiner Auffassung vom Leben entspricht.

Der Sinn des Lebens ist die Verwirklichung des Lebens. Nun habe ich wieder so eine abstrakte Formel ausgesprochen, die ich als richtig empfinde, aber die schwer zu erklären ist. Was meine ich mit Verwirklichung des Lebens?

Für den einen besteht die Verwirklichung im Anhäufen von Profit und Besitz, also im Haben, für den anderen besteht sie im sinnlichen Erleben, also im Sein. Ich habe mich für den Weg des Seins entschieden, weil ich glaube, daß ich auf diesem Weg dem Sinn des Lebens, der Selbstverwirklichung näher bin als der Mensch, der im Besitzen und Haben Erfüllung sucht.

Um zu sein, ist kein Besitz erforderlich, um zu sein, muß ich offen sein und lieben können. Und damit kommen wir zu einer weiteren Grundproblematik. Sein und Lieben und auf der anderen Seite Haben, Besitz und Liebesunfähigkeit.»

Frage: «Du meinst, daß Liebe und Besitz des Geliebten in Beziehung zueinander stehen. Nach deiner Auffassung sollten jedoch Liebe und Besitz nicht zusammengehören.»

Der Stadtindianer: «Genau das meine ich, die Liebe ist in unserer Gesellschaft völlig auf den Hund gekommen. Wir glauben, daß wir den Partner besitzen müßten, wenn wir lieben, das ist ein Kardinalfehler, der die Liebe zerstört. Je mehr ich den Partner besitzen will, desto eher entzieht er sich meiner Umklammerung und sucht die innere oder äußere Freiheit. Liebe ist nur möglich, wenn sich zwei freie und emanzipierte Menschen in Freiheit begegnen.

Die Liebe beginnt zunächst meist sehr behutsam. Die beiden Menschen akzeptieren und respektieren die Freiheit des anderen – doch nach und nach okkupieren sie sich mehr und mehr und nehmen sich letztlich die Luft zum Atmen. Ich kenne sehr viele Beziehungen, die so ablaufen. Sie verlieren die Liebe, weil sie das Geliebte besitzen wollen, sie kompensieren aneinander mehr und mehr ihre Minderwertigkeitsgefühle und toben ihre Ängste und Aggressionen aneinander aus. Aber das weißt du als Psychologe ja besser als ich.»

Frage: «Was bedeutet für dich die Liebe?»

Der Stadtindianer: «Die Liebe ist alles, sie gehört zum Sinn des Lebens, ohne Liebe ist das Leben öde und leer, und du wirst seelisch krank.

Zur Liebe gehört die geschlechtliche Liebe nur als Facette, weitere Facetten sind die Selbstliebe und vor allem die Liebe zu den Dingen, die mich umgeben. Wer sich selbst, seine Umgebung und das Leben nicht lieben kann, der leidet auch unter Schwierigkeiten in der partnerschaftlichen Liebe, er kann zwar Sex machen, aber ohne Liebe ist dieser Sex grau, es fehlt die wärmende Sonne.

Ohne Liebe ist das ganze Leben grau und kühl, es fehlt die innere Freude, die Vibration, die mich öffnet und beflügelt. Die meisten Menschen sind nach meiner Erfahrung verschlossen, verkrampft und flügellahm, sie gehen freudlos und lieblos von einem Tag zum anderen und erfüllen ohne inneres Feuer eine Funktion, die sie sich nicht ausgesucht haben.»

Frage: «Wie hast du zur Liebe gefunden?»

Der Stadtindianer: «Ich befinde mich leider nicht immer in einem Zustand der Liebe, ich bin oft innerlich glanzlos und grau. Zur Liebe finde ich, wenn ich meine Sinne bewußt öffne und anschaue, was mich umgibt. Die Fotografie hat mir dabei geholfen, vieles intensiver als zuvor zu sehen und diese Dinge, die ich bisher nicht beachtete, neu zu sehen und zu lieben. Wenn ich eine Mauer fotografiere, in der eine kleine Blume wächst, zwischen verdorrtem Gestrüpp, dann beginne ich, das Gestrüpp und die Blume zu lieben.

Ich überlasse mich meinen Gedanken und beginne, diese Gedanken und damit das, was in meinem Gehirn vorgeht, zu lieben, weil ich eine positive Beziehung dazu aufnehme. Wenn ich etwas in mir oder außer mir liebe, dann fühle ich mich währenddessen und auch hinterher wohler und befreiter als in dem Zustand der Achtlosigkeit und Lieblosigkeit.

Ich kann heute eine Frau lieben, ohne direkt danach zu fragen, ob sie mich auch liebt, das spielt für mich keine so wichtige Rolle mehr wie früher, denn das hat mit meiner Liebe nichts zu tun – sie muß davon unabhängig sein. Ich erinnere mich, daß ich vor 7 oder 8 Jahren ein Mädchen, das ich einige Wochen kannte, fragte: ‹Liebst du mich?› Sie antwortete: ‹Wenn du mich liebst, dann liebe ich dich auch!› Das fand ich damals in Ordnung. Heute jedoch meine ich, daß das eine mit dem anderen nichts zu tun haben sollte.»

Frage: «Kannst du einen Menschen lieben, auch wenn du von ihm nicht wiedergeliebt wirst?»

Der Stadtindianer: «Heute kann ich das, weil ich den anderen in seiner Welt lassen kann. Ich gehe damit behutsam um, jemand mit meiner Liebe zu belasten. Ich muß ihm meine Liebe doch nicht als großes, schweres Paket auf den Rücken binden, ich kann schweigen oder schmetterlingsleicht davon reden – das halte ich für wichtig. Wir müssen lernen, mit unserer Liebe richtig umzugehen und nicht aus habgieriger Liebe die Liebe in uns und im Partner zerstören.»

Frage: «Bist du manchmal eifersüchtig?»

Der Stadtindianer: «Eifersucht ist ein Zeichen dafür, daß man nicht richtig liebt, daß man egoistisch und habgierig ist. Ich kenne die Eifersucht, aber ich kann sie an mir selbst und anderen nicht akzeptieren. Ich finde sie unsympathisch, beengend, habgierig, neurotisch. Ich versuchte, meine eigene und fremde Eifersucht zu analysieren und stellte immer wieder fest, daß sie die Liebe zerstört, weil sich Liebe dem egoistischen Interesse entzieht. Lieben kann nur derjenige, der dasjenige, was er liebt, läßt, der es nicht besitzen und auch nicht verändern will. Das ist schwer, weil es eine neue Einstellung verlangt, die Bereitschaft und Offenheit, wirklich zu lieben ohne Beimischung von psychischen Problemen, Konflikten und Komplexen. Lieben zu lernen, darin besteht für mich der Sinn des Lebens. Der Pantomime Edwards, der in Amsterdam eine Fool's School hat, sagte einmal in einem Interview: ‹Ich habe lange für politische Veränderungen gekämpft – aber das war alles ziemlich wirr! Politik ist für mich jetzt ich und du – Liebe ist das einzige Fundament.›

Das ist auch meine Meinung, deshalb bin ich kein übriggebliebener Hippie, diese Erkenntnis ist mir in langem Nachdenken immer wichtiger und sicherer geworden. Mit der Liebe hängt alles zusammen, die Lebensfreude, die offene Sinnlichkeit, das Zurückgehen der Aggression, Angst und Frustration. Die Liebe beflügelt die Phantasie, sie gibt Kraft und erhält dich psychisch gesund.»

Frage: «Glaubst du, daß psychische Störungen wie Angst, Minderwertigkeitsgefühle und Depression durch Liebe geheilt werden können?»

Der Stadtindianer: «Nach meiner Erfahrung entsteht die psychische Störung und Deformation durch einen Mangel an Liebe. Wenn ein Mensch Liebe empfindet, wohlgemerkt innerlich empfindet, nicht nur bekommt und konsumiert, dann fühlt er sich besser, froher, angstfreier. Deshalb ist das Lernen, Liebe zu empfinden, eine gute Therapie. Diese Therapie wird meines Wissens nirgendwo praktiziert.»

Frage: «Es gibt die Psychoanalyse, die Verhaltenstherapie, die Gesprächstherapie, die Gruppentherapie usw. Welche Erfahrungen hast du mit einer Psychotherapie?»

Der Stadtindianer: «Ich war einmal in einer Gruppentherapie, aber meine Erfahrung war nicht sehr positiv, denn ich spürte wenig von Liebe. Jeder sollte seine Gefühle und Konflikte offen schildern, aber ein richtiges Vertrauen kam dabei trotz alledem nicht auf. Der Therapeut war zwar der Auffassung, daß wir uns hinterher freier fühlen würden, aber ich spürte keine tiefe und länger anhaltende Befreiung oder Erleichterung – ich war eher bedrückt über das psychische Elend, das ich hier gesehen habe. Eine Frau weinte und schluchzte 10 Minuten, und ich begriff ihren Kummer, aber das brachte mich selbst nicht wesentlich weiter, außer der Illustration, daß auch andere ihre Probleme haben, die anders und doch ähnlich sind als meine eigenen.

Jedenfalls hat hier niemand gesagt, daß die Liebesfähigkeit das Fundamentale ist, das habe ich mir selbst erarbeitet.»

Frage: «Du solltest einmal fragen, warum sich die Menschen verschlossen haben und nicht mehr liebesfähig sind, das hat Gründe – sie sind enttäuscht und verletzt, sie schützen sich davor durch Geschlossenheit und Panzerung, sie haben Angst davor, sich wieder zu öffnen.»

Der Stadtindianer: «Diese Angst kenne ich selbst gut, aber ich versuche, sie täglich zu überwinden, das ist täglich wieder schwierig für mich – aber es ist der einzige Weg, nicht psychisch zu verkalken, nicht zu verkrusten und die Liebe zu verlieren. Wer die Liebe verloren hat, der ist verloren, der lebt noch unerträglicher, als die Angst unerträglich ist, in der Offenheit verletzt zu werden. Besser verletzt werden in einer ehrlichen Offenheit, die die Chance zu lieben beinhaltet, als nicht verletzt zu werden, weil man gepanzert ist, nicht liebt, aber innerlich abstirbt, das ist nach meiner Erfahrung schlimmer – ich habe beides erlebt.»

Viertes Gespräch

Frage: «Wie hast du die Lieblosigkeit der Umwelt erlebt?»

Der Stadtindianer: «Die Konfrontation mit der Lieblosigkeit ist für uns alle irgendwann einmal in der Lebensgeschichte ein großer Schock, beim einen sind es bereits die Eltern, die sich lieblos verhalten, beim anderen die Geschwister, die Schulkameraden, der Lehrherr, die Mitarbeiter und Kollegen, der Sexualpartner, jeder wird damit früher oder später konfrontiert. Je früher es geschieht, desto stärker ist die Verhärtung und Zurückdrängung der eigenen Liebesfähigkeit – die Verbitterung ist um so größer, je früher der Schmerz der erlebten Lieblosigkeit erfolgt ist.

Du fragst nach meinen persönlichen Erlebnissen. Ich wurde von meinen Eltern geliebt und kann mich nicht erinnern, daß ich hier ein Schlüsselerlebnis hatte. Ich erinnere mich aber, daß mir in der Schule die Klassenkameraden durch ihre Roheit und Lieblosigkeit in ihren Rangkämpfen sehr zugesetzt haben. Seit dieser Zeit habe ich meine Mitmenschen genauer und sensibilisiert beobachtet und mußte feststellen, daß sie auf Grund ihrer Gestörtheit der Liebesfähigkeit ihre Mitmenschen frustrieren und zu stören versuchen. Ich habe wenig ausgeglichene und liebesfähige Menschen getroffen. Der soziale Kontakt ist vergiftet durch die geschmerzten, verkrampften, ängstlichen, verbitterten und neurotischen Menschen, die dich umgeben.

Ich habe als Student einmal ein Jahr in einem Betrieb Aushilfstätigkeiten gemacht, um Geld zu verdienen, weil ich finanziell unabhängig sein wollte. Es war schrecklich, was ich hier beobachtete, obwohl rein äußerlich nichts Dramatisches vorgefallen ist – aber es sind die kleinen, die winzigen Symptome, an denen du das Mißtrauen, das Konkurrenzdenken, den Neid und die unterdrückten, schwelenden Aggressionen sehen kannst. Weil alle diese Angst und dieses Mißtrauen vor den Mitmenschen verdrängen, deshalb ist nichts Spektakuläres feststellbar, alles nur kleine Kämpfe und Gemeinheiten, die unter einer Schwelle bleiben, so daß der Normalmensch nicht durchdreht, sondern die Schuld bei seiner Empfindlichkeit sucht, wenn er sich verletzt fühlt. Auch die allgemeine Kälte und Förmlichkeit ist bereits eine Verletzung des Liebesbedürfnisses eines gesund empfindenden Menschen.

Seit einigen Jahren arbeite ich als Fotograf für Zeitschriften. Hier erlebe ich die Lieblosigkeit deutlicher, da Journalisten gut mit dem Wort umgehen können und deshalb die verbalen Aggressionen stark ausgeprägt sind. In einer Redaktion hörst du Sätze über Kollegen und interviewte Personen wie Politiker oder Showleute usw., die für mein Empfinden sehr brutal sind. Hier kommt verbal eine Menschenverachtung und Wut zum Ausdruck, die erschreckend ist.»

Frage: «Bist du vielleicht besonders empfindlich gegenüber Kritik?»

Der Stadtindianer: «Das ist keine Kritik, das ist Abwertung, brutale Aggression mit der Sprache. Diese Journalisten, die ich meine, schreiben natürlich nicht so, wie sie untereinander reden. Wenn sie schreiben, begeben sie sich auf eine intellektuelle Ebene, auf der sie das verklausulieren und fein abgewogen ausdrücken mit Ironie und versteckter Verachtung, so daß man sich darauf hinausreden kann, der Journalist müßte die Dinge eben distanziert sehen. Das soll jetzt keine Analyse und generelle Kritik der Journalisten sein, ich wollte nur sagen, daß ich hier besonders viel offene, verbale Aggression und Lieblosigkeit im mündlichen Gespräch erlebte, die im Artikel später nur versteckt aufscheint.

So versteckt erlebst du die Lieblosigkeit im Alltag überall, es wird entweder verklausuliert, oder es besteht verbale Untrainiertheit, dann gibt es verschiedene Reaktionsformen. Das ist alles sehr differenziert – aber ich glaube, du verstehst, was ich sagen möchte.»

Frage: «Du willst sagen, daß du die Lieblosigkeit überall beobachtet hast, weil du eine ausgeprägte Sensibilität der Wahrnehmung dafür besitzt.»

Der Stadtindianer: «Das war nicht immer so, früher dachte ich, daß ich mich täusche, daß das alles so lieblos gar nicht sein könnte, denn du hast zwischendurch auch wieder positive Erlebnisse, die dich beruhigen. Wenn die Lieblosigkeit mich selbst betraf, dachte ich, daß ich eben besonders empfindlich sei und diesen Makel ablegen müßte.

Anstatt meine Sensibilität abzubauen, wie es die meisten versuchen, habe ich die Sensibilität weiter gesteigert – nun erst recht. Heute erkenne ich eine soziale Situation mit allen Sinnen, mit den Augen, den

Ohren, mit dem Erkennen des Denkens, ich höre den gesprochenen Satz und nehme alle nichtsprachlichen Signale genauso wichtig, ja wichtiger. Wenn jemand sagt: Ich freue mich, daß ich dich hier treffe. Dieser Satz klingt banal, aber er ist es keineswegs, wenn du dabei das Gesicht anschaust, die Feinheiten in der Stimme hörst und den Menschen, der das sagt, von Kopf bis Fuß in seiner Gesamtheit wahrnimmst, wenn du ganz offen bist für das, was er dir sagt und wie er es dir sagt. Ich bin heute so sensibel, daß ich die Flöhe husten höre, und deshalb weiß ich heute besser als früher, wie es jemand wirklich meint, wenn er sagt: Ich freue mich, daß ich dich hier treffe.»

Frage: «Es schwebt dir für alle Menschen aller Gesellschaften eine humane Sozialform vor, in der sich psychisches Leben optimal entfalten kann.»

Der Stadtindianer: «Das ist meine Utopie, die ich realisiert sehen möchte, die ich aber nicht realisiert erleben werde, insofern bin ich nicht nur Idealist, sondern auch Realist. Solange diese Utopie noch nicht verwirklicht ist, muß ich in dieser Gesellschaft so gut es geht existieren, und deshalb bin ich in die innere Emigration gegangen, das ist mein persönlicher Weg, mit den Verhältnissen zurechtzukommen.

Schau dir die Jugend an. Sie wächst heute in eine Gesellschaft hinein, in der sie nicht auf Aufgaben, sondern auf einen gnadenlosen Ausleseprozeß stößt. Gleichheit des Menschen wird nur auf dem Papier versprochen. Die Bundesrepublik besitzt eines der besten Grundgesetze der Welt, das dem Bürger eine nahezu ideale Möglichkeit verspricht – allerdings nur auf dem Papier. Die tägliche Wirklichkeit löst das Versprechen des Grundgesetzes nicht ein, und die jungen Menschen sind enttäuscht von dieser Demokratie, weil sie nicht bekommen, was ihnen versprochen wird – ganz unabhängig davon, daß sie es woanders auch nicht erhalten – dort wird es ihnen nicht einmal versprochen.

Wenn du dir jetzt die Jugend anschaust, dann kannst du ganz deutlich die Enttäuschung an der Gesellschaft und Zivilisation sehen. Gut, viele sind angepaßt und fügen sich in die Verhältnisse, sie sehen den Makel der Chancenlosigkeit bei sich selbst. Es gibt aber auch viele, die erkennen, daß Chancengleichheit nicht existiert, die sich verschaukelt fühlen, die Haß auf die Gesellschaftsstruktur entwickeln. Ich meine jetzt nicht nur die Terroristen, über die sich alle so fürchterlich aufregen, sondern ich meine einen großen Teil, der nicht entfernt daran denkt, terroristisch tätig zu werden, und sich auf eine stille, aber ebenso gefährliche Weise abwendet. Ich weiß nicht, was daraus wird;

vermehrter Drogenkonsum, steigende Kriminalität, steigende Neurose und Krankheit, steigende Resignation? Vielleicht auch Impulse für neue Lebensweisen, für die Weckung produktiver Kräfte, weil Leiden die Kreativität anregen.»

Frage: «Du kennst die großen Bestrebungen der Menschheit, wir benennen sie unter anderem mit den Worten ‹Christentum›, ‹Humanismus› und ‹Sozialismus›. Dein Traum ist allgegenwärtig in der Geschichte, und er lebt heute genauso intensiv. Was hältst du von den Ideologien und Religionen, die den kollektiven Drang des Menschen nach Menschlichkeit ansprechen?»

Der Stadtindianer: «Ich halte viel von diesen Bestrebungen; sobald sie jedoch institutioniert und verwaltet werden, ist es aus, dann entfremden sie den Alltag, und auf den Alltag kommt es an, auf gelebten Humanismus, auf gelebtes Christentum und auf praktizierten Sozialismus. Wenn ich nur wüßte, warum sich diese Ansätze in der Praxis, im Alltag, nicht durchgesetzt haben. Niemand konnte mir bisher darauf eine Antwort geben. Oft hörte ich, daß diese Ideen dem Menschen und seiner Natur nicht gemäß seien, das glaube ich jedoch nicht. Was ist deine Meinung als Psychologe?»

Frage: «Ich antworte dir mit einer Gegenfrage zum Nachdenken. Ist es dir gemäß, christlich, humanistisch und sozialistisch zu handeln?»

Der Stadtindianer: «Ich versuche es, dem steht in mir nichts im Wege. Ich wünsche mir, daß die anderen genauso denken würden. Meine Natur widerstrebt hierbei nicht – aber ich spüre andererseits, wie der psychische Schmerz und die Enttäuschung über die Lieblosigkeit es mir doch wiederum schwermachen.»

Frage: «Du suchst die Schuld bei den anderen, bei der Gesellschaft usw. Du wolltest dich davon befreien, das fällt dir, uns allen, sehr schwer.»

Der Stadtindianer: «Es fällt so schwer, weil es schwerfällt, sich voll und ganz zur Liebesfähigkeit zu bekennen. Ich sagte, daß Gewalt und Aggression für mich nicht in Betracht kommen, weil ich sonst auf dem falschen Weg lande, der in die Verstrickung von neuer Schuld und Gewalt führt.»

Frage: «Zur Gewaltlosigkeit eine Geschichte: Wenn du dieses Problem, über das wir seit einigen Wochen reden, mit einem Diktator besprechen würdest, der dir zur Antwort gibt, daß du ein weltfremder Spinner bist, dir aber vorschlägt, ihn zu überzeugen, dann würdest du das versuchen. Er setzt dich jedoch unter Druck, indem er alle 30 Minuten einen Gefängnisinsassen erschießen läßt, bis du ihn überzeugt hast. Nun stellst du nach 4 Stunden Diskussion fest, daß du ihn immer noch nicht überzeugt hast und er an seiner Meinung, daß man nur mit Gewalt und Terrorherrschaft etwas erreichen kann, festhält. Du hast eine Pistole in der Tasche und kannst den Diktator erschießen. Wenn du ihn erschießt, werden keine Gefangenen mehr erschossen. Wie würdest du handeln? Würdest du nach 4 Stunden weiterdiskutieren, auf die Gefahr hin, daß weitere Gefangene erschossen werden, oder würdest du ihn erschießen?»

Der Stadtindianer: «Dies ist eine schwierige Frage, ein intellektuelles Gedankenspiel, denn ich weiß nicht, wie ich diese Situation durchstehen würde, sie würde so oder so meine psychischen Kräfte überfordern. Ich fühle mich noch nicht so weit entwickelt, dieses Problem zu lösen. Nach meinem derzeitigen Entwicklungsstand würde ich nicht schießen, sondern weiterdiskutieren, da ich gegen Gewalt bin, wie ich dir ausführlich erklärte.»

Frage: «Durch diese Entscheidung wird alle 30 Minuten ein Gefangener erschossen, solange du den Diktator nicht überzeugt hast.»

Der Stadtindianer: «Ich weiß, ich weiß, aber ich würde das in Kauf nehmen, weil ich die Liebe über die Gewalt stelle, das klingt unverständlich, denn es liegt nahe, einfach den Diktator abzuknallen, um weitere Gefangene zu retten.»

Frage: «Auch das wäre ein Akt der Liebe, nämlich gegenüber den Gefangenen. Du würdest dir allerdings die Hände schmutzig machen.»

Der Stadtindianer: «Schmutzige Hände à la Sartre, ich kenne nur den Titel dieses Theaterstücks. – Ich will mich nicht in die Aggression zerren lassen, ich würde nicht schießen, denn es muß damit Schluß gemacht werden zu töten, deshalb würde ich weiterdiskutieren, denn ich glaube an die Chance, den Diktator zu überzeugen, selbst wenn ich Wochen dafür benötigen würde. Vielleicht könnte ich mit ihm, durch ihn, nach seiner Konversion, ein Stück der Utopie verwirklichen. Diese Frage ist mir sehr unangenehm – ich muß darüber weiter nachdenken.»

Die Thesen des Stadtindianers

Das Interview gibt Einblicke in die Denk- und Lebensweise eines Menschen, der sich den Normen der Anpassung zu entziehen versucht und einen alternativen Lebensstil praktiziert. Das Interview zeigt die

Schwierigkeiten, mit denen der einzelne zu kämpfen hat, wenn er nach seinen eigenen Vorstellungen in unserer Gesellschaft zu leben versucht, und mit großem Ernst sein persönliches, eigenständiges Leben verfolgt. Dieser Ernst ist erforderlich, um sich intensiv mit sich selbst und der Umwelt zu beschäftigen, um ein wahrhaftiges Leben zu leben.

Ich versuche, die wichtigsten Erfahrungen und Einsichten des Stadtindianers als Zusammenfassung in 16 Thesen übersichtlich zu ordnen. Dabei handelt es sich, dessen bin ich mir bewußt, um eine Raffung und Verkürzung, die ich jedoch in Kauf nehme, um die nach meiner Auffassung wichtigsten Aspekte seines Lebensstils übersichtlich herauszustellen.

1. Die Identifikation mit den Indianern Nordamerikas ist in erster Linie die Identifikation mit der naturverbundenen Lebensweise. Wir können von dieser Lebensweise viel lernen, und es bedeutet keinen historischen Rückschritt, sich damit zu beschäftigen. Dadurch entsteht ein waches Umweltbewußtsein für gesunde und erkrankte oder zerstörte innere und äußere Natur.

2. Es ist wichtig, eine Tätigkeit auszuüben, die Selbstentfaltung erlaubt und die man lieben kann.

3. Wer kämpft, gerät in Gefahr, die Liebe zu verlieren, und die Liebe ist wichtiger als der Kampf. «Ich lebe, damit man mich liebt! Ich liebe, damit ich leben kann.»

4. Man sollte kein politisches, religiöses oder materielles Ziel oder Ideal anstreben. Damit ist gemeint, der Mensch soll sich nicht auf ein Ziel fixieren, sondern für den Augenblick offen und flexibel bleiben.

5. Die Liebe sollte allgemein als die Liebe zum Leben aufgefaßt werden.

6. Die Gesellschaft versucht, das Individuum aufzusaugen, und es gilt, sich deshalb von den Normen der Gesellschaft zu distanzieren und sich als ein Individuum, als einen Außenseiter aufzufassen. Wer sich vor dem Normen-Sog retten will, kann in die innere Emigration gehen. «Insofern führe ich einen alternativen Lebensstil, weil ich mich als Weißer nicht zu einem Büroangestellten oder Stechuhrendrücker erniedrigen möchte.»

7. Ein autonomerer Lebensstil ist möglich, wenn man sich wirklich ernsthaft und intensiv damit befaßt.

8. Es ist befriedigender, mehr dem Sein als dem Haben zu leben. Wer dem Sein lebt, muß zwangsläufig in einer Konsumgesellschaft Au-

ßenseiter sein. Dieses Außenseitertum hat nichts zu tun mit Egoismus oder Asozialität, denn es strebt die Liebe an.

9. Positive Persönlichkeitseigenschaften sind: Kreativität, Selbständigkeit, Sensibilität, Unabhängigkeit, Gefühlstiefe, Liebesfähigkeit, Gelassenheit, geistige und emotionale Offenheit, Aggressions- und Angstfreiheit, Entspanntheit, innere Ausgeglichenheit.

10. Der Sinn des Lebens liegt in der Selbstverwirklichung (nicht auf Kosten der anderen) und in der Entwicklung der Fähigkeit zu lieben.

11. Eine wichtige Methode, zu sich selbst zu finden, ist die Meditation in folgendem Sinne: «Ich überlasse mein Denken und Schauen mir selbst und spüre, daß hier etwas lebt, das ich sonst nicht beachte, daß das ein wichtiger Teil von mir ist; das meine ich mit ‹Fallenlassen in mich selbst und in die Gegenwart›.»

12. In der Partnerliebe muß das Streben danach, besitzen zu wollen, verschwinden. «Liebe ist nur möglich, wenn sich zwei freie und emanzipierte Menschen in Freiheit begegnen.»

13. Lernen, die Umwelt und die Menschen zu lieben, ist eine Selbst-Therapie. Dadurch fühlt man sich froher, angstfreier, weniger aggressiv, insgesamt positiver. «Der Weg zur psychischen Gesundheit und Angstfreiheit führt nur über das Öffnen der Tore des Gefühls, über das Aufnehmen und das Zurückgeben des Liebens.»

14. Zur Liebe findet man durch die Überwindung der Geschlossenheit. Das Öffnen der Sinne und das Öffnen des Gefühls in der Gegenwart ist der Weg zur Liebe. Dabei muß die Angst vor dem Schmerz der Lieblosigkeit überwunden werden.

15. Die Steigerung der Sensibilität, der Wahrnehmungsfähigkeit, ist etwas Positives, es gilt, die Angst davor zu überwinden.

16. Der Mensch sollte die psychische Gesundheit für sich erobern und sie festhalten.

8.
Wege aus der Angst

«Wir tun nicht, was uns beliebt, und doch sind wir verantwortlich für das, was wir sind: dies ist die Tatsache; der Mensch, der sich gleichzeitig aus so vielen Ursachen erklärt, muß dennoch das ganze Gewicht seiner selbst allein tragen.»
Jean Paul Sartre

Um die Angst überwinden zu können – und das ist eine der wichtigsten Aufgaben –, um zu einem entspannten und freien Leben zu finden, ist zunächst einmal Wissen über die komplizierten seelischen Mechanismen erforderlich. Dieses Wissen – so umfangreich es auch sein mag – genügt jedoch nicht, dadurch tritt noch keine Veränderung ein. Sie geschieht erst, wenn das Wissen aktiv in Beziehung zur eigenen Psyche und zum eigenen Erleben gesetzt wird.

Im zweiten Kapitel schilderte ich die Angst, die mit engem Denken zusammenhängt. Das zu wissen – so wertvoll das ist – macht das Denken damit noch nicht automatisch weit, flexibel und frei. Es ist tote Information, solange der Leser sich nicht der Mühe unterwirft, diese Information ganz konkret an sich selbst zu überprüfen. Hier muß die engagierte Bereitschaft zur Selbsterkenntnis einsetzen und dann die Selbstforschung nachfolgen.

Ich schilderte die Funktion der Einstellungen und erklärte, woher sie kommen. Ich beschrieb das Selbstbild und seine Folgen für das Selbstbewußtsein und die Angst. Im dritten Kapitel schilderte ich die Zusammenhänge zwischen äußerem und innerem Milieu und die Bedeutung der Stärkung der Einzelpersönlichkeit, damit der Kampf um den Besitz der Seele nicht verloren wird.

Im vierten Kapitel machte ich darauf aufmerksam, wie wichtig es ist, daß der Gefühlspanzer aufgebrochen wird und die Gefühle sich ausdrücken können. Dabei ist der Mut zum Hinschauen auf die mittlere Schicht unter der Fassadenschicht von besonderer Bedeutung. Dieses aufmerksame Hinschauen auf Gefühle und Empfindungen wie Neid, Eifersucht, Habgier, Aggression ist wirklich sehr wichtig im Prozeß der Selbsterforschung und Selbstfindung. An diesem entscheidenden Punkt wird besonders deutlich, wie wenig Sinn es hat, wenn der Leser nur an seinen Intellekt appellieren läßt. Er kommt keinen

Schritt aus der beschriebenen Angst heraus, wenn er nur die Worte aufnimmt und den Vorgang des Hinschauens nur zur Kenntnis nimmt, wie er
ein physikalisches Gesetz oder eine Zeitungsnachricht zur Kenntnis
nimmt. Dieses distanzierte, nur intellektuell verarbeitende Lesen führt
dazu, daß die Information in seinem Gehirn nur durchläuft und einfach
abgelagert wird. Diese Distanz funktioniert etwa so: «Der Autor sagt,
man soll auf die Gefühle und Empfindungen unter der Fassadenschicht
aufmerksam hinschauen – interessant, das muß ich mir merken, also das
ist eine Möglichkeit, um mit der Angst fertig zu werden, mal sehen, was er
noch alles schreibt.» Diese distanzierte Haltung führt nicht weiter, sie ist
nur intellektuelle Spielerei oder Unterhaltung für ein paar Minuten.

Ich beobachte diese Distanz auch bei Beratungsgesprächen. Meine
Worte werden zwar rein verbal verstanden, aber ich spüre immer wieder, daß der Ratsuchende sich nicht weiter auf die für ihn persönlich
praktische Bedeutung einlassen will, er distanziert sich davon und wartet, daß noch etwas Bedeutenderes gesagt wird, er wartet auf einen
heilenden Keulenschlag, der ihn aus seiner Verstrickung und Verwir-

rung in einem Ruck heraushaut. Das ist jedoch weder im Beratungsgespräch noch bei der Lektüre eines Buches möglich.

Ich weiß aus vielen Briefen und Gesprächen, daß Ratsuchende und Leser von mir als Psychologe eine Art Gebrauchsanweisung erwarten, wie sie mit ihrer Angst und dem Leben besser fertig werden können. Diese Gebrauchsanleitung im Sinne einer Bastelanleitung – «So baue ich ein flugtüchtiges Modellflugzeug» – kann ich jedoch nicht geben, da die Seele kein Modellflugzeug ist, von dem man sich distanzieren kann (weil es kein Teil des Selbst ist).

Wenn ich sage, daß man Mut zum aufmerksamen Hinschauen entwickeln muß und dann auch wirklich aufmerksam schauen soll, um den Durchbruch zum Selbst, zur Individualität zu schaffen, so ist das etwas intellektuell leicht Verstehbares, solange man diesen Rat mit dem Denkvermögen aufnimmt und nicht tatsächlich damit beginnt, aufmerksam hinzuschauen. Wer damit beginnt, wer wirklich seinen Neid und die in ihm aus der mittleren Schicht aufsteigende Wut oder Liebe aufmerksam betrachtet, der erfährt und *erlebt*, was ich gesagt und gemeint habe. An dieser Stelle hört die intellektuelle Spielerei auf, an dieser Stelle *verwirklicht* sich das Hinschauen. Eine weitere Gebrauchsanleitung, wie man das Hinschauen zu praktizieren hat, erübrigt sich, wenn das Hinschauen tatsächlich gewagt wurde. Im aufmerksamen Betrachten zum Beispiel der Eifersucht eröffnet sich dem einzelnen vieles von dem, wozu ich ihn anregen möchte.

Die Anregung ist nicht die Lösung des Problems. Hier liegt das große Mißverständnis des oberflächlichen Lesens, des sich passiv Beratenlassens, das Mißverständnis nämlich, daß der Psychologe die Lösung auf dem Tablett präsentieren würde. Die Lösung schafft nur das Individuum selbst, der Psychologe kann lediglich Anregungen geben und zur Lösung ermuntern. Deshalb sind die Leser psychologischer Bücher von Freud, Adler, Jung und neuerer Autoren wie Janov, Richter, Fromm, um nur einige zu nennen, immer enttäuscht, solange sie diese passive intellektuelle Einstellung haben. Sie erwarten das große «Aha-Erlebnis», das mit einem Schlag der Erkenntnis die Lösung der Probleme präsentiert, aber das ist eine verhängnisvolle Erwartung. Auf Grund dieses Irrtums wird oft den Autoren das Ausbleiben der Lösung angelastet. Die Lösung liegt nicht in der Macht des Autors, sie geschieht nur dann im Leser, wenn er sich erstens weit öffnet und zweitens wirklich bewußt und engagiert handelt.

Was nützt es, wenn der Leser in Diskussionen sagt, der Lauster empfiehlt, man soll die Eifersucht aufmerksam betrachten, um sie zu überwinden, man soll die eigene Angst aufmerksam anschauen, um sie loszuwerden, wenn er überhaupt nicht erlebt hat und erleben will, was dieses Hinschauen praktisch für ihn und seine psychische Verfassung bedeutet? Er spricht über das Hinschauen als ein Problem oder eine Gebrauchsanleitung und ist selbst doch meilenweit vom Hinschauen und seiner Bedeutung für ihn selbst entfernt.

Im fünften Kapitel schilderte ich, wie man die «Flucht nach vorn» lassen kann, daß es wichtig ist, die Aggression, Arbeitssucht, Sexualität, den Ellenbogen-Egoismus, Progressionismus, Utopismus und Hedonismus zu überwinden. Im sechsten Kapitel gab ich den Rat, die «Flucht nach hinten» aufzugeben, und erklärte, daß folgendes von großer Bedeutung sei:

Selbständigkeit statt Anpassung
Gefühlsausdruck statt Gefühlspanzerung
Selbstfindung statt Rollenspiel
Persönlichkeitsentfaltung statt Charaktermaske
Vergeben statt beschuldigen
Biophilie statt Nekrophilie
Offenheit statt Enge.

Was hilft das alles, solange diese Hinweise intellektuelle Spielerei bleiben und Thema von «interessanten» Partygesprächen sind? Das alles trägt nur wenig dazu bei, aus der Angst herauszukommen und zu einem erfüllten, individuellen Leben zu finden. Der Leser kann nun fragen, warum ich das erst jetzt so deutlich sage und nicht bereits am Anfang des Buches zum Ausdruck brachte. Der Grund dafür liegt darin, daß ich den Leser zunächst zum gewohnten intellektuellen Einstieg in die Thematik bringen wollte, da er die geistige Anregung und Auseinandersetzung sucht und deshalb vielleicht bereit war, mir bis hierher zu folgen, immer in der Hoffnung, daß der «Kern der Dinge», die «Tiefe der Betrachtung» und letztlich die «Erlösung von den Problemen» noch kommt. Sie kommt nicht, sie erfolgt nie, wenn der Leser nicht beginnt, ernst zu werden und mit ernster Leidenschaft sich mit sich selbst und seiner Psyche konfrontiert.

Es geht nicht nur darum, etwas über die Angst zu lesen, sondern darum, die *eigene* Angst anzuschauen, sich ihr zu stellen und in dieser Wahrnehmung eine bisher neue Erfahrung zu machen, einen Schritt zu tun auf dem Weg aus der Angst in die Freiheit und Liebe. Das ist dann keine intellektuelle Spielerei mehr, sondern eine persönliche Wirklichkeit; das Buch kann nur dazu anregen, in der Hoffnung, daß die Zündung erfolgt. Wenn sie nicht erfolgt – hilft das bisher Gelesene nicht viel weiter.

Der persönliche Weg

Ich beschrieb die Symptome der Abwehrmechanismen, der Lebenslügen und der «Flucht nach vorne» und «hinten» und sagte, daß es darauf ankommt, das alles zu lassen, also die Abwehrmechanismen und die Lebenslügen abzubauen, aber diese Hinweise sind kein eindeutig vorgezeichneter Pfad, der in allen Einzelheiten beschrieben werden könnte, so daß der Leser diesem Pfad nur einfach nachzufolgen braucht.

Ich sagte, daß es Freiheit von Angst gibt und ein Leben ohne Spannung, Verzweiflung, Aggression, Gefühlspanzerung, wenn der einzelne bereit ist zur Selbsterkenntnis und Selbstfindung, wenn er sich nicht weiter dagegen sperrt. Es hat keinen Sinn, von einem Autor, einem Redner oder Therapeuten zu erwarten, daß er einen Weg beschreibt und genau vorzeichnet, dem man «bequem nachfolgen» kann und der dann ohne Schwierigkeiten zu gehen ist.

Der Weg in die Freiheit ist ein individueller Weg, und er ist immer schwierig, weil man nicht getragen und schon gar nicht gefahren wird. Jeder muß diesen Weg selbst gehen, es ist sein Weg, nicht vergleichbar mit meinem Weg oder dem Weg eines Guru, Religionsstifters, Lebensphilosophen oder Psychotherapeuten. Wir sind auf Grund unserer Erziehung und unserer Denktradition gewohnt, uns an Autoritäten zu orientieren, uns auf einen Fachmann zu verlassen, der es angeblich besser weiß, dem man vertrauen kann und dem es lohnt nachzufolgen. Diese Einstellung ist beim Bau einer Brücke sicherlich richtig, hier müssen und können wir uns auf den Fachmann verlassen, aber es ist falsch, sich bei der Selbstfindung und Individualisierung, bei der Befreiung von Angst, Aggressionen und Neid allein auf einen Fachmann zu verlassen. Das Wesen der Selbstwerdung, der Befreiung, der Findung eines Lebens in Freiheit ohne Angst ist die Loslösung von Meinungen irgendwelcher Autoritäten. Wo sich eine Autorität in diesen Prozeß mit Gebrauchsanleitungen einmischen will, ist keine Freiheit mehr.

Der praktische Weg in die Freiheit von Angst ist ein einsamer Weg, den jeder selbst gehen muß, alleine in einem positiven Sinn, ganz und gar auf sich selbst gestellt. Die entscheidenden Dinge des Lebens, Geburt, Schmerz, Glückseligkeit und Tod müssen wir allein erleben und durchleben, es kann zwar jemand daneben stehen, aber wir sind und bleiben trotzdem allein. Meinen subjektiven Schmerz kann mir niemand abnehmen, auch meine Orgasmusempfindungen kann niemand mit mir teilen, selbst wenn ich noch so detailliert darüber rede und mir der andere aufmerksam zuhört und mir im Gegenzug erklärt, wie er Schmerz oder Liebe empfindet.

Dieses Alleinsein ist etwas Positives, es ist kein Verlassensein, es ist die natürlichste und normalste Angelegenheit, und es wird erst schwierig und schmerzlich, wenn ich mich dagegen wehre oder diese unabänderliche Tatsache des Lebens nicht wahrhaben will. Der praktische Weg aus der Angst in die Freiheit ist also ein Weg, auf dem es keinen Führer, der vorangeht, mehr gibt; das mag unangenehm und lästig oder beängstigend klingen, aber es ist so. Deshalb darf der Leser dieses Buches auch nicht dem Irrtum verfallen, er könnte sich auf den Autor abstützen und das Buch als eine Art Krücke benutzen. Das Buch dient dazu, den Leser anzuregen, sich über die zusammengestellten Informationen seine persönlichen Gedanken zu machen, *sich selbst Fragen zu stellen*, die seine eigene Existenz betreffen, und Schritte zu gehen, die seine Schritte sein müssen, keine Imitation vorgemachter Schritte.

Auch das Interview mit dem Stadtindianer habe ich nicht veröffentlicht, weil der Stadtindianer einen «richtigen» Weg entdeckt hätte, dem der Leser nachfolgen soll, oder weil er Weisheiten von sich geben würde, die man sich merken sollte, um sie als «Interessantheiten» diskutieren zu können, um sie als richtig oder falsch zu bewerten, als in diesem oder jenem Sinne gut und schlecht. Der Weg des Stadtindianers ist ein individueller Weg, ist seine Art der Selbstfindung, sein persönlicher Prozeß, allein zu sein, um Angst, Aggression und psychische Spannung (man kann auch sagen: psychisches Leid) selbst zu überwinden.

Das Interview mit dem Stadtindianer zeigt als Beispiel einen praktischen Weg des einzelnen in unserer Zivilisation, aber es ist nicht mein Weg und auch nicht der Weg der Leser, denn jeder Weg ist wieder anders. Und doch gibt es etwas Gemeinsames, das jedoch nur grob angedeutet werden kann und deshalb keine simple Gebrauchsanweisung ist. Das Gemeinsame besteht darin, daß der Stadtindianer und auch der Leser sich auf den Weg der Selbstfindung begeben wollen, jeder auf seinen eigenen Weg, wobei der Stadtindianer auf seinem Weg schon weiter vorgedrungen sein mag als irgendein anderer. Aber darüber zu diskutieren ist müßig. Wie weit der Stadtindianer zu sich selbst vorgestoßen ist oder wie weit er noch von der Selbstfindung und Selbsterkenntnis entfernt ist, kann nur er selbst feststellen, zum Beispiel am Nachlassen seiner inneren Unruhe und seines subjektiven empfundenen Leidensdrucks.

Wer in den Zustand der Meditation und Kontemplation (Hinschauen) findet, gelangt in einen Zustand der Hingabe an sich selbst und sein Leben. Er erreicht eine Dimension der inneren Freiheit und Liebe, in der alle Angst, Aggression, Spannung und Eifersucht sich auflösen, erst dann weiß er genau, was ich meine, wovon ich die ganze Zeit spreche und was ich umständlich mit Worten einzukreisen versuchte. Es ist ein Zustand, der nicht mit Worten erringbar ist, solange er nicht in mir selbst lebendig geworden ist. Damit er jedoch lebendig wird, muß ich mich an den Augenblick hingeben und langsam *leer werden* von vorgefaßten Einstellungen, Meinungen, Ideen, Idealen und Regeln, die andere in mich hineingestopft haben. Dann verstehe ich auch den Stadtindianer, ich verstehe seinen Weg ohne zu sagen, daß dies auch mein Weg sei, denn mein Weg ist in seiner Andersartigkeit nur im Ergebnis des psychischen Befindens ähnlich.

Lebenskunst

Ich beschäftigte mich von 1956 bis 1968 intensiv mit Malerei und optischem künstlerischen Ausdruck. Ich malte Aquarelle, zeichnete und fertige Skulpturen an. Während dieser Zeit interessierte mich sehr stark die Frage: Was ist Kunst? Wann ist eine Zeichnung ein Kunstwerk und wann nicht? Ich las viele Bücher über Kunsttheorie von Malern und Kunsthistorikern und besuchte an der Universität Tübingen von 1961 bis 1963 kunstgeschichtliche Vorlesungen und an der TH Stuttgart Vorlesungen über Ästhetik von Prof. Max Bense. Danach beschäftigte ich mich lange Jahre ausgiebig mit Kunstpsychologie. Meiner Diplomarbeit gab ich den Titel «Untersuchungen ästhetischer Zustände und Prozesse». Ich wollte dem «Geheimnis der Kunst» unter allen nur denkbaren Aspekten auf die Spur kommen:

- durch eigenen künstlerischen Ausdruck,
- durch Beschäftigung mit Theorie (Ästhetik und Kunstpsychologie),
- durch Gespräche mit Künstlern,
- durch Gespräche mit Kunsthändlern,
- durch Gespräche mit Kunstsammlern.

Aber die Kunst ist viel einfacher, als ich gedacht hatte, ich vermutete einen viel komplizierteren Prozeß, ich dachte, sie wäre schwieriger zu verstehen, ein viel größeres Rätsel, das nur mit umfangreicher Theorie und großer Intelligenz zu lösen wäre.

Dieser kurze Erfahrungsbericht über meine Beschäftigung mit der Kunst scheint eine Abschweifung zu sein: Was hat das mit Angstfreiheit und psychischer Gesundheit zu tun? Wer sich mit künstlerischem Ausdruck beschäftigt, strebt an, Kunst zu machen, keinen Kitsch oder manierierten Abklatsch. Wer sich mit der Selbstentfaltung und dem Leben in Freiheit, Autonomie, psychischer Gesundheit, also mit Lebenskunst beschäftigt, strebt gleichfalls keinen Kitsch oder manierierten Abklatsch der Anpassung an, sondern die wirkliche Selbstfindung.

Ich entdeckte in den vergangenen 20 Jahren meiner Forschungen, Studien und Beobachtungen, daß der künstlerische Ausdruck und die Lebenskunst der Selbstfindung etwas gemeinsam haben. Mein Bestreben, der Kunst durch das Studium von Kunsttheorien auf die Spur zu kommen, war breit angelegt, eine Suche nach etwas Kompliziertem. Es stellte sich nach und nach zu meiner Überraschung heraus, daß Kunst nicht kompliziert ist und so gut wie keine Theorie nötig ist, um sie zu verstehen. Mit dieser Aussage möchte ich keinesfalls die Kunsttheoretiker, Kunstphilosophen und Kunstpsychologen abwerten, denn sie haben durchaus ihre Berechtigung und Bedeutung als Wissenschaftler. Allerdings für den Künstler selbst sind sie völlig bedeutungslos, für ihn sind sie keine Autorität auf dem Gebiet der praktischen künstlerischen Tätigkeit. Sie können keine Kunstdefinition aufstellen, der sich ein Künstler verpflichtet fühlt, sie können keine Führer auf dem Weg zur Kunst sein, auf diesem Weg ist der Künstler allein, hier gibt es keine Autorität, weder links und rechts, noch oben oder unten. Das Wesen der Kunst ist die Freiheit der Autonomie, das bedeutet nicht Chaos oder Regellosigkeit. Der Künstler löst sich von traditionellen Kunstauffassungen und geht individuelle Wege der Gestaltung, die nicht unbedingt sensationell sein müssen, obwohl sie es sein können. Er folgt seinen eigenen Regeln, die er sich selbst schafft, er gelangt in einen schöpferischen Prozeß, in dem er nicht mehr nur sucht, sondern mit Leichtigkeit und Zwanglosigkeit findet. Um in diesen schöpferischen Zustand der Individualität und Autonomie zu gelangen, bedarf es keiner Theorie von Autoritäten, ob sie nun Rembrandt, Toulouse-Lautrec oder Picasso heißen.

Ähnlich verhält es sich mit der Lebenskunst. Zum «savoir vivre» gelangt der einzelne in einem individuellen Selbstfindungsprozeß, der ihn in die Freiheit und Autonomie führt. Diese psychische Freiheit ist keine Regellosigkeit oder gar ein chaotischer Zustand. Die persönliche psychische Freiheit kennt sehr wohl die Ordnung, aber die individuelle Ordnung, keine von fremden Kräften aufgezwungene Ordentlichkeit. Ein freiheitliches, autonomes Leben läuft sehr geordnet ab, weil es zu sich selbst gefunden hat und weder Spielball von fremden Mächten (Fremdbestimmung) noch von inneren neurotischen Zwängen ist.

Der Weg zum künstlerischen Ausdruck und zur Lebenskunst ist beidesmal ein Weg zur Individualität und Selbstfindung. Es geht beidesmal um das Loslassen aller Bindungen, Ideale, Theorien, Meinungen und Regeln und das sich Hingeben an den Augenblick, an das Finden, ohne durch krampfhaftes Suchen vergiftet zu sein. Für den künstlerischen Ausdruck ist Freiheit und Lockerheit im Umgang mit den künstlerischen Mitteln erforderlich. Kunst geschieht also in einem Raum höchster Individualität und Ausdrucksfreiheit. Dennoch muß der Künstler keineswegs gleichzeitig auch ein Lebenskünstler sein, er kann durchaus an einer psychischen Krankheit oder Deformation leiden, denn Genialität und psychische Erkrankung hängen – wie hinreichend bekannt ist – oft eng zusammen. Dies muß jedoch nicht immer so sein – ein Künstler kann auch psychisch völlig gesund sein.

Die psychische Erkrankung ist ein mißglückter Selbsthilfeversuch, wie ich an anderer Stelle erwähnte, ein Versuch, mehr Liebe zu erhalten und die Angst zu bewältigen. Der künstlerische Ausdruck bietet die Möglichkeit, innere Konflikte zu gestalten und auf dem Gestaltungsgebiet zu voller Entfaltung, Individualität und Meditation zu gelangen, auch wenn dies in anderen Gebieten, beispielsweise Sexualität und sozialer Kontakt, blockiert ist.

Der psychisch völlig gesunde Mensch ist nicht zwangsläufig im künstlerischen Ausdruck ein Genie, obwohl er die günstigsten Voraussetzungen dafür besitzt, da er seine Lockerheit, Individualität, Meditation, Spontaneität und innere Freiheit leicht in den künstlerischen Vorgang hineintragen kann und auf diese Weise eigene künstlerische Wege gehen kann. Beim psychisch Gesunden fehlt allerdings oft das Bedürfnis, sich künstlerisch auszudrücken, da sein Leben in der ganzen Breite voll Kreativität und Ausdruck ist und ihm deshalb die «Einbahnstraße einer künstlerischen Tätigkeit» zu eng sein kann, außerdem fehlt ihm der Fanatismus einer Schöpferwut, die eher in einer Person steckt, die um die innere psychische Freiheit ringt. Das Ringen um die Freiheit von Angst und Zwängen kann für den künstlerischen Ausdrucksprozeß ein starker Impulsgeber sein.

Künstlerische Individualität und die Individualität des Lebenskünstlers sind miteinander verwandt, aber sie bedingen sich nicht gegenseitig, sie können sich vereinigen, aber sie können auch auseinanderlaufen. Der Weg in die Angstfreiheit und Selbstfindung ist also kein sicherer Weg, um Künstler zu werden. Auch der künstlerische Ausdruck ist kein Weg, um zur Selbstfindung und Lebenskunst zu finden. Eine Synthese von beiden ist äußerst selten. Nach allem, was ich über Johann Wolfgang von Goethe gelesen habe, gehörte er zu den wenigen Menschen, der sowohl im künstlerischen Ausdruck als auch im gesamten Lebensprozeß zur Individualität und Selbstfindung gefunden hatte.

Welche Meditation ist gemeint?

Auf dem praktischen Weg in die psychische Freiheit liegen viele äußere und innerseelische Hindernisse, die ich vor allem im ersten Teil und in meinem Buch «Lassen Sie sich nichts gefallen» darstellte. Um diese Hindernisse zu überwinden, ist erforderlich, daß der einzelne bereit ist, sich mit sich selbst zu konfrontieren und seine Psyche zu betrachten, also von der Fassadenschicht zur mittleren Schicht und zur Kernschicht (zur innersten Schicht des Selbst) vorzustoßen.

Der Weg zur Kernschicht ist der Weg zur Freiheit und Individualität. Dieser Weg heißt Meditation und Kontemplation. Welche Meditation ist gemeint? Eine Meditation, die nicht schwierig zu erlernen ist. Sie benötigen keinen Lehrer oder Guru, der Ihnen ein «Mantra» gibt oder der Ihnen komplizierte Körperstellungen beibringt, in denen sie dies oder das zu denken, anzuschauen oder in Gedanken zu wiederholen haben. Übungen dieser Art sind interessant und haben sicherlich ihre Berechtigung, aber sie sind nicht der Weg zur Freiheit und Selbstfindung.

Was ich unter Meditation verstehe, kann jeder sofort realisieren, wenn er nur will. Und obwohl es so einfach ist, so ist es doch sehr schwierig, schwierig im Sinne von «es fällt mir nicht leicht».

Sie sind an keine Regeln oder Tageszeiten gebunden, Sie können sitzen, liegen oder gehen. Sie sind an keinen Ort gebunden, Sie können zu Hause, in der Natur sein oder sich in einem Bus oder Flugzeug befinden. Sie sind an keine Zeit gebunden, Sie können nachts vor dem Einschlafen oder am Tage zu jeder Tageszeit meditieren. Sie sind an keine Stimmungen gebunden, Sie müssen dabei kein Bild betrachten, aber Sie können es, Sie müssen keine Musik hören, aber Sie können es selbstverständlich, wenn Sie Musik mögen. Sie müssen nicht auf einer Wiese sitzen oder den fernen Wald rauschen hören, aber Sie können es, wenn Sie wollen. Sie können sogar in einer Diskothek unter vielen Leuten meditieren, während Sie Ihr Bier trinken. Es gibt also keine Vorschriften und Regeln für die Meditation, denn sie ist zu jeder Zeit möglich, ob Sie alleine sind oder viele Menschen um sich haben.

Die Meditation, von der ich spreche, ist schwer mit Worten zu beschreiben, ohne Mißverständnisse zu erzeugen. Meditation ist Hinschauen auf die eigenen Gefühle und seelischen Regungen – nicht nur auf die angenehmen Gefühle, sondern auch auf die unangenehmen wie Neid, Angst, Eifersucht, Verzweiflung, Trauer, Aggression. Das Hinschauen muß aufmerksam und ernsthaft sein, kontemplativ, nicht hastig. Es ist Ruhe, Gelassenheit, Zeit und Geduld dafür erforderlich.

Wenn Sie die Meditation und Kontemplation praktisch anwenden, wirklich ernsthaft und intensiv, sooft Sie können, stellen Sie fest, daß Sie freier werden, daß Sie mehr Energie in sich spüren, daß Ihnen ein Schleier von den Augen weicht, daß Ihr Blick wacher wird, daß Sie lockerer und flexibler werden, und die Angst verschwindet.

Natürlich hat es wenig Effekt, nur ein bißchen zu meditieren, am Anfang der Woche und dann nicht mehr. Wenn Sie jedoch *jeden Tag* meditieren, sich mehr und mehr Ihrer Person aussetzen und hingeben, werden Sie in einen Zustand kommen, in dem Sie nicht mehr suchen, sondern finden. Was Ihnen bisher schwierig vorkam, ist auf einmal einfach, weil Sie mehr Klarheit gefunden haben. Sie können plötzlich sich selbst und die Umwelt wieder lieben, denn Sie sind wieder mit sich selbst und der Umwelt konkret verbunden. Sie sehen nicht mehr nur

Vorurteile und Bilder oder abstrakte Begriffe, sondern die Wirklichkeit.

Meditation ist also keine von der Umwelt abgewandte, nur nach innen gerichtete Technik, bei der Sie sich in ihr «Schneckenhaus» oder in einen «elfenbeinernen Turm» Ihrer Träume zurückziehen. Vergessen Sie alles, was Sie bisher über Meditation gehört und gelesen haben, und versuchen Sie, an sich selbst zu erfahren, wovon ich hier und jetzt an dieser Stelle schreibe.

Diese Meditation hat nichts mit östlichen, indischen oder asiatischen Weisheiten, Techniken oder Philosophien zu tun. Die Meditation, die ich meine, ist selbstverständlich auch keine Religion, sie dient nicht dazu, dem Kosmos oder Gott näherzukommen, sondern einzig und allein dazu, sich selbst und damit auch gleichzeitig der Umwelt näherzukommen. Hierin liegt nichts Fremdes für Europäer oder hochzivilisierte Menschen. Diese Meditation ist für Menschen aller Kulturstufen und aller Altersschichten ein Weg der Seinserfahrung und des Lebendigseins. Stören Sie sich also nicht an dem Wort «Meditation», das durch die «transzendentale Meditation» und obskure Heilslehren vielleicht für den einen oder anderen einen unangenehmen Beigeschmack hat, denn damit hat die hier gemeinte Meditation nichts zu tun.

Statt Meditation können Sie auch «Hinschauen» oder »Kontemplation» sagen. Diese Hinschauen ist ein einfaches, aufmerksames, stilles Betrachten dessen, was im Augenblick in Ihnen und um Sie herum vorgeht. Aber nicht nur kurz hinschauen und dann schnell wieder wegschauen, wie wir es im Alltag bisher machen, wenn wir Angst empfinden und vor der Angst fliehen, wenn wir außer uns sind, statt in uns zu sein, wenn wir nach vorn und hinten fliehen – wie beschrieben –, um uns der Wirklichkeit nicht zu stellen.

Meditation ist ein Vorgang des sich Stellens, sie ist ein Vorgang der Aktion, nicht der Passivität oder der Schläfrigkeit. Wer aufmerksam hinschaut, ist nicht schläfrig oder passiv, sondern hellwach. Je intensiver er hinschaut, auf sich selbst, die Gefühle und Gedanken, auf die Umwelt, die Menschen, desto wacher wird er, sofern er sich nicht sperrt und blockiert. Wenn Sie sich blockieren, verbrauchen Sie übermäßig viel Energie, und Sie werden rasch müde. Sie suchen dann ablenkende Reize, um wieder wach zu werden; das ist jedoch die Ausrede der Abwehr.

Das mutige und intensive Hinschauen führt Sie zu sich selbst, zu Ihrem wahren Selbst, hinter die Fassade, die Sie vor sich selbst und den anderen aufbauen aus Angst vor der Wirklichkeit und Lebendigkeit. In der Meditation erfahren Sie Ihre Lebendigkeit viel direkter als durch die üblichen Amüsements, die uns den Eindruck vermitteln sollen, daß wir leben. Erst aus der Meditation heraus nehmen Sie Ihr Leben und das Leben, das Sie umgibt, wirklich wahr. Wer bewußt hinschaut, weiß was in ihm vorgeht, er sieht sich selbst klarer und die Mitmenschen viel direkter. Er erkennt plötzlich, was ein anderer wirklich sagt, was er damit meint, was er mit den Fassadenbegriffen, die er verwendet, wirklich sagen möchte, was hinter seinen Worten und Verhaltensweisen steht. Dazu müssen Sie nicht Psychologie studieren, denn das Verhalten und die Absichten der Mitmenschen werden Ihnen in der Meditation ohne Umwege über Fachbegriffe direkt klar. Die Meditation sensibilisiert die Erkenntnisfähigkeit Ihrer gesamten Person (Körper, Seele, Geist), dann müssen Sie nicht mehr lange über einen Satz oder eine Verhaltensweise diskutieren, denn in der Meditation wird Ihnen die Bedeutung spontan klar und Sie stellen sich von selbst richtig darauf ein. Durch die Meditation werden Sie klarsichtig, und Sie verhalten sich sicherer als zuvor, als Sie Unsicherheit und verwirrende Unklarheit empfunden haben.

Je tiefer Sie in die Meditation vordringen, also zu sich selbst finden, um so mehr weicht die innere Verwirrung und Angst von Ihnen. Sie sehen plötzlich ganz deutlich, daß Sie Ihre Frau nicht liebt, *um ein willkürliches, aber existentiell erschütterndes Beispiel herauszugreifen*, und Sie fühlen sich in Ihrer Partnerschaft in diesem Aspekt nicht mehr verwirrt und unsicher. Natürlich ist dieses Sehen der Lieblosigkeit nicht angenehm, Sie fallen aus den Illusionen in die harte Wirklichkeit, aber Sie stehen dann mit beiden Beinen in der Wirklichkeit, Sie erkennen, was um Sie herum vorgeht, spontan und klar, ohne genau beschreiben zu können, warum es so ist, aber Sie wissen plötzlich genau, daß es so ist. Und darin liegt absolute Freiheit und Überwindung von Angst und Unsicherheit.

Die Wirklichkeit, das Hier und Jetzt, also die Gegenwart, zu sehen, das gibt Ihnen die Möglichkeit, zunächst einmal wieder festen Boden unter die Füße zu bekommen. Wenn Sie diesen festen Boden spüren, dann können Sie mit beiden Beinen auftreten, und Sie fühlen sich sicherer.

Wahrscheinlich werden viele Leser, die dieses letzte Kapitel interessiert gelesen haben, insgeheim denken: Schöne, bedeutungsvolle Worte, aber das klingt alles ein bißchen unwahrscheinlich und komisch. Ich bin jetzt 30 oder 40 Jahre alt und soll erst durch die Meditation erfahren, wer ich bin, was Wirklichkeit ist und wie ich mit beiden Beinen auf dem Boden der Realität stehe, das glaube ich nicht, das ist Spinnerei. – Gut, wer so denkt, hat eben nur die Worte gelesen und die Meditation nicht ausprobiert und an sich selbst erfahren. Wer die Meditation nach eigenem Erleben kennt, der weiß, wovon ich rede, und er hat erlebt, daß es so ist.

Um von der distanzierten Position des Lebens und vom Aufnehmen nur über den Intellekt herunterzukommen, ist es erforderlich, daß Sie das Wagnis der Meditation wirklich auf sich nehmen und intensiv auf Ihre Gefühle – wie schon mehrfach beschrieben – hinschauen. Solange Sie das nicht ernsthaft unternehmen, weil Sie angeblich keine Zeit haben, etwas Wichtigeres vorhaben, oder weil Sie das alles für Blödsinn halten, können Sie nicht wirklich wissen und erleben, was es heißt, aus den Illusionen herauszutreten und in den Bereich der Wirklichkeit, des Hier und Jetzt, der Tatsachen Ihrer wahren Gefühle und Ihrer Situation hineinzugehen. Solange Sie das nicht unternehmen, können Sie noch so viel über Freiheit und Angstüberwindung lesen, reden oder philosophieren, Sie kommen dadurch der Freiheit keinen Schritt näher, denn Sie bewegen sich in einem abstrakten Raum der Begriffe, nicht in der Wirklichkeit des Seins und Ihres Selbst.

Sie können sämtliche Werke von Sigmund Freud, Alfred Adler und Carl Gustav Jung lesen und intellektuell konzentriert abspeichern, und Sie sind Ihrer psychischen Freiheit dadurch nicht nähergekommen, denn Sie bewegen sich in der Dimension der Begriffe und des Denkens. Wenn Sie jedoch Freud «nur» als Anreger oder Impulsgeber zur Meditation lesen, dann müssen Sie nicht alles genau verstehen, das ist dann nicht so wichtig, denn Sie werden angeregt, sich selbst zu betrachten und dadurch kommen Sie weiter, das heißt *der Wirklichkeit Ihrer persönlichen Existenz* näher.

Deshalb wünsche ich mir einen Leser, der meine Worte nicht *nur* dazu benutzt, Wissen zu sammeln, sondern der sich anregen läßt, sich genauer und intensiver zu betrachten, also ein Leser, der abschweift, der nicht nur konzentriert liest, sondern Gedanken in das Buch schreibt, Unterstreichungen macht, Ideen an den Rand schreibt oder das Buch zur Seite legt und sich seinen in ihm aufsteigenden Empfindungen überläßt, für Minuten oder Stunden. Dieser Leser gelangt eher in die Freiheit als der Leser, der gewissenhaft und perfektionistisch Satz für Satz in seinem Gehirn als abstrakten Wissensstoff abspeichert.

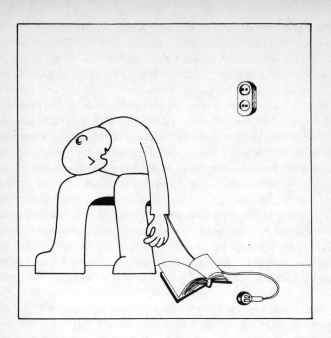

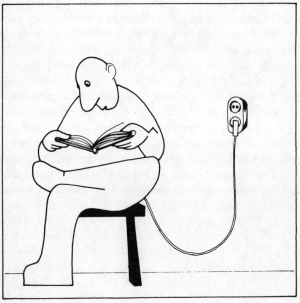

Ich habe mich oft gefragt, ob es überhaupt der richtige Weg ist, daß ich über diese Thematik ein Buch schreibe. Aber ein Vortrag oder eine Fernsehsendung enthält dieselbe Problematik: daß ich etwas mit Begriffen vermittle und der Zuhörer sich unter Umständen an die Begriffe klammert, ohne selbst aktiv zu werden.

Man hat mir geraten, einen Roman zu schreiben, in dem diese Problematik bildhaft und beispielhaft dargestellt wird. Aber ich habe mich dann doch für die Form des Sachbuches entschieden, weil mir diese Form der Darstellung näherliegt als die Romanform. Einer Vortragsreihe oder Fernsehsendung ziehe ich die Buchform vor, weil der Leser hier die Möglichkeit hat, immer wieder hineinzuschauen und damit zu arbeiten. Er ist nicht gezwungen, zu einer bestimmten Uhrzeit eine vorgegebene Abfolge zu konsumieren, sondern er kann nach seinen individuellen Empfindungen vorgehen, sich meine Sätze vornehmen oder sie wieder weglegen, wann er es für richtig hält. Während des Vortrags oder der Fernsehsendung kann er nicht wieder anknüpfen, wenn er einmal abschaltet und meditieren will, denn dann fehlt ihm ein Teil, den er nicht mehr ergänzen kann.

Nach dieser kleinen Abschweifung über die begrenzten Möglichkeiten der Vermittlung nun noch einmal zurück zur Meditation. Ich kann meinen Lesern versichern: Wer nicht meditiert, wer den Schritt von der begrifflichen zur lebendigen, praktischen Verarbeitung, zum Hinschauen auf sich selbst und die Umwelt nicht schafft, der kann von diesem Buch nicht, außer vielleicht Diskussionsstoff, profitieren, denn er kommt nicht heraus aus seinen Problemen und seiner Angst, er gelangt nicht in die Freiheit. Nur die praktizierte Meditation ist die Lösung des Problems, denn sie ermöglicht das sich der individuellen Situation Aussetzen, sie ist der Einstieg, das sich Einlassen mit der eigenen Person, mit der ganz persönlichen Angst, mit meinem Egoismus, meinem Neid, meiner Aggression, meiner Freude, meiner Liebe, meiner persönlichen Lieblosigkeit und Frustration. Ich selbst muß hinschauen, nicht irgendein anderer; kein Psychologe, Psychotherapeut, Anthropologe, Philosoph kann stellvertretend für mich hinschauen.

Anhang

Fachwortverzeichnis

Adrenalin	Hormon, das die Nebennieren bei Streß an den Körper abgeben, um die Leistungsfähigkeit zu stärken. Adrenalin regelt die Durchblutung der Organe.
biophil	Nach Erich Fromm eine lebensbejahende, liebende Grundhaltung.
Charakter	Im Laufe des Lebens entstandene Struktur von Eigenschaften, welche einen Menschen kennzeichnet.
Charakterpanzer	Die Charakterstruktur ist verfestigt und dient in ihrer Starrheit der Verteidigung und Angstbewältigung.
Determinismus	Der Glaube, daß die Intelligenz und viele andere Persönlichkeits- und Charaktereigenschaften in starkem Maße durch Vererbung bestimmt werden.
Es	Nach Sigmund Freud die seelische Instanz, in der die elementaren Impulse und Triebe ihren Sitz haben.
falsifizieren	Eine Vermutung wissenschaftlich widerlegen.
Fassadenschicht	Die seelische Schicht, die im sozialen Kontakt den Mitmenschen offenbart wird.
Genese	Entwicklung einer Krankheit.
Hedonismus	In der Antike begründete Lehre, wonach das Streben nach Lust und Genuß das höchste Prinzip ist. Psychologisch gesehen ein Fluchtmechanismus, der vom Sein entfernt.
Hypothese	Ein vermutetes Ergebnis, das der Wissenschaftler zunächst annimmt, bevor er sich an die wissenschaftliche Erforschung begibt.
Ich	Nach Sigmund Freud die seelische Instanz, die in direktem Kontakt zur Realität steht und die Gewissensimpulse aus dem Über-Ich und die Triebe aus dem Es mit den For-

237

	derungen der Umwelt in Einklang zu bringen versucht.
Identifizierung	Sich mit einer Sache oder Person in Einklang fühlen. Vor der Identifizierung erfolgt oft die Introjektion von Normen.
Introjektion	In der Seele (Über-Ich) eingepflanzte Normen der Gesellschaft, die so verinnerlicht wurden, daß sie das Verhalten automatisch steuern.
introjizieren	Sich Normen der Gesellschaft einpflanzen, sie verinnerlichen.
Karzinogene	Krebsverursachende Risikofaktoren, wie Nikotin, Autoabgase, Streß usw.
Kernschicht	Die seelische Schicht des Selbst, in der die Menschen kollektiv verbunden sind, in der ihr typisches Menschsein liegt.
Konditionierung	Das Ausbilden einer bedingten Reaktion ist bei Menschen und Tieren möglich. Ein Auslösereiz bedingt automatisch eine bestimmte Reaktion, zum Beispiel ein für den Reiz spezifisches Verhalten, das immer ausgelöst wird, sobald der Auslösereiz auftritt.
Kontemplation	Versunkensein in die Betrachtung eigener seelischer Regungen unter Ausschaltung des zielorientierten logischen Denkens.
Korrelation	Wechselbeziehung zwischen zwei Persönlichkeitseigenschaften oder sozialen und psychischen Vorgängen.
larvierte Depression	Versteckte traurige Stimmungslage, die von gespielter Fröhlichkeit überlagert wird.
Milieutheoretiker	Wissenschaftler, die den Einfluß der sozialen Umwelt höher einschätzen als die Vererbung für die Entstehung von Persönlichkeits- und Charaktereigenschaften.
nekrophil	Nach Erich Fromm eine lebensverneinende, destruktive Grundhaltung dem Leben gegenüber.
Neurose	Seelische Erkrankung oder Deformation, die dem einzelnen bewußt sein *kann*, aber oft auch unbewußt ist.

238

Phobie	Eine begrenzte Angst vor beispielsweise einem Tier. Man spricht dann von Schlangenphobie oder Spinnenphobie.
psychogen	Psychisch verursachte Erkrankung von Körperorganen oder -funktionen.
Psychose	Seelische Erkrankung, die zur Beeinträchtigung einer «normalen» Lebensführung und Arbeitsfähigkeit führt.
Psychotherapie	Die Behandlung seelischer und seelisch bedingter psychogener und soziogener Leiden mit verschiedenen Methoden.
Rationalisierung	Einer der häufigsten Abwehrmechanismen nach dem Motto: Wenn die Trauben zu hoch hängen, erklärt man sie für sauer.
somatogen	Rein körperlich verursachte Erkrankung von Organen oder Funktionen.
Soziabilität	Geselligkeit und Menschenfreundlichkeit in der Grundstruktur des Menschen.
soziogen	Durch soziale Verhältnisse verursachte Erkrankung von Organen, Funktionen und seelischen Vorgängen.
Statussymbol	Das Statussymbol dient dazu, den gesellschaftlichen Status durch ein Zeichen (zum Beispiel Auto, Büroausstattung, Redewendungen usw.) zu vermitteln.
Syndrom	Gemeinsames Auftreten mehrerer Symptome bei einem Krankheitsbild.
Über-Ich	Nach Sigmund Freud die seelische Instanz, in der die Normen von Autoritäten (als Gewissen) gespeichert sind.
Utopismus	Ein seelischer Fluchtmechanismus. Das «wahre persönliche Glück» wird in der Zukunft durch die Verwirklichung einer gesellschaftlichen Utopie erwartet.
verifizieren	Eine Vermutung wissenschaftlich bestätigen und untermauern.

Quellenverzeichnis

1 Angst ist natürlich, aber sie gehört nicht zur Natur des Menschen
1 Der Spiegel, Nr. 20/1977, S. 132/134
2 Dieter E. Zimmer: «Der Streit um die Intelligenz», München und Wien 1975, S. 88
3 ders., ebenda, Umschlagrücken
4 Ernst Bloch, Interview mit Adelbert Reif, «das da», Nr. 6/1977, S. 13
5 Leo Kamin: The Science and Politics of IQ, LEA Publishers New York 1974, zitiert nach Psychologie heute, 4/77, S.54
6 Klaus Müller: Der Erfolgsdruck fördert Lügen in der Forschung, Die Welt, Nr. 60/1977
7 Duden 5, Mannheim 1974, S. 82
8 «Der Arbeitgeber», Nr. 9/26, 1974, S. 322
9 Statistisches Bundesamt «Die Zeit», Nr. 2/1976
10 Kölner Stadtanzeiger, 17./18. Juni 1975, «Die drei Arbeitnehmerklassen»
11 DIW, Handelsblatt, 1975, «Drei deutsche Einkommenspyramiden»
12 Mittelstands-Magazin, Nr. 2/77, Untersuchung des Sozialwissenschaftlichen Forschungsinstituts der Konrad-Adenauer-Stiftung, S. 23
13 siehe 12, S. 24

2 Die Anatomie der Angst
1 Anna Freud: «Das Ich und die Abwehrmechanismen», München 1973
2 Peter Lauster: «Lassen Sie sich nichts gefallen», Düsseldorf 1976
3 Werbung für Tavor, Wyeth-Pharma, Münster, in der Zeitschrift Sexualmedizin, 1976
4 Anna Freud: «Das Ich und die Abwehrmechanismen», München 1973, S. 14/15
5 Fritz Zorn: «Mars», München 1977, S. 25
6 Fritz Zorn, a. a. O., S. 134, 135
7 Fritz Zorn, a. a. O., S. 55
8 Fritz Zorn, a. a. O., S. 225
9 Reinhart Lempp: «Problemkinder», München 1977
10 Die Zeit, Nr. 26, 1977, R. Lempp: «Sei ein bißchen strenger mit mir ...», S. 44
11 Ernest Bornemann, in: Warum, Nr. 10/1976, S. 15
12 Deutsche Zeitung, 7. 1. 1977, «Ruhelos und leistungsbewußt» von Klaus Heim
13 Die Zeit, Nr. 6/1977 «Krebs, weil die Seele krank ist?» von Wolfgang Rieger, S. 45

3 Wie sehr haben wir dies alles satt
1 Peter Lauster: «Lassen Sie sich nichts gefallen», Düsseldorf 1976, Resonanzfragebogen
2 Wickert-Umfrage, zitiert nach Kölner Stadtanzeiger vom 16. Juli 1977

3 Kölner Stadtanzeiger, Nr. 161/1977, «1,5 Millionen sind Alkoholiker» von M. Kämpf

4 Frankfurter Allgemeine Zeitung, 23. Juli 1977, «Jeder dritte Bürger ist ein starker Trinker»

5 Die Welt, Nr. 35/1976, «Schnaps schon zum Frühstück» von Günter Speicher

6 Gruner u. Jahr, Mafo-Daten-Dienst, 1977

7 Erich Fromm: «Wir leiden an schleichender Schizophrenie», Stern, Nr. 22/1977, S. 229

8 R. B. Cattell: «The 16 Personality Factor Questionnaire (16 PF)», Institute for Personality and Ability Testing (IPAT), Champaign, Illinois, USA

9 Erich Fromm: «Wir leiden an schleichender Schizophrenie»,a. a. O., S. 229

10 Wolfgang Bittner: «Lernziele», L 76, Nr. 4/1977, S. 26

4 Wege aus dem engen Lebensstil

1 Stern: «Für Moses aufs Kreuz gelegt», Nr. 32/1977, S. 21

2 Deutsche Zeitung, 8. April 1977: «Auf der Suche nach dem einfachen Leben», von W. Allgaier, S. 22

3 «Kurse zur Verwirklichung einer idealen Gesellschaft», Kursprogramm Mai/Dezember 1977

4 Zeitmagazin 1977, Wolfgang Nagle: «Der Turmbau zu Bollingen», S. 18/20

5 «Die Flucht nach vorn» aufgeben

1 Industriemagazin, 9/1977, S. 48

6 «Die Flucht nach hinten» aufgeben

1 Perls, Frederick S.: «Gestalttherapie in Aktion», Stuttgart 1969, S. 11

2 Albert Ehrenstein: «Wie bin ich vorgespannt den Kohlenwagen meiner Trauer», Edition Text u. Kritik, München 1977

3 Kölner Stadtanzeiger Nr. 252/1977: «Die Schwarzen sollen nur weniger lernen» von Annette Braun

4 Kölner Stadtanzeiger Nr. 233/1977 «Weitgehend gleich blieb Ungleichheit» von Peter Zudeick

5 Erich Fromm: «Anatomie der menschlichen Destruktivität», Stuttgart 1974

6 ders., ebenda, S. 301

7 ders., ebenda, S. 307

8 Der Spiegel, Nr. 45/1977, S. 103

7 Der Stadtindianer

1 Stadt-Revue 1977: «Die Kriegserklärung der Stadtindianer», S. 35

2 Der Spiegel, Nr. 45/1977, S. 41

Empfohlene Literatur

Dieter Duhm: «Angst im Kapitalismus»
Kübler-Verlag, Mannheim 1972
Eine Einführung in die gesellschaftlichen Strukturen, die Angst erzeugen. Ausführliche Gesellschaftskritik und Herausarbeitung der Angstquellen wie Herrschaftsverhältnisse, Warencharakter der zwischenmenschlichen Beziehungen, Entfremdung als Lebensform, das Leistungsprinzip und Konkurrenzprinzip. Analyse der Angsterzeugung in der Kleinfamilie durch Sexualethik, Arbeitsethik und Eigentumsethik. Gute Herausarbeitung des fremdbestimmten Menschen und wie er erzeugt wird.

Erich Fromm: «Haben oder Sein»
Deutsche Verlags-Anstalt, Stuttgart 1976
Eine gute Übersicht über das Ringen der Menschheit um eine seinsorientierte Lebensweise im Gegensatz zur heutigen Habenorientierung. Fromm verbindet Gesellschaftskritik mit vielen Vorschlägen für Wege in eine gesündere und freiere Lebensweise. Das Anliegen seines Buches faßt Fromm in folgende Sätze: «Zum erstenmal in der Geschichte hängt das physische Überleben der Menschheit von einer radikalen Veränderung des Herzens ab. Dieses ist jedoch nur in dem Maße möglich, in dem drastische ökonomische und soziale Veränderungen eintreten, die dem einzelnen die Chance geben, sich zu wandeln, und den Mut und die Vorstellungskraft, die er braucht, um diese Veränderung zu erreichen. – Die neue Gesellschaft und der neue Mensch werden nur Wirklichkeit werden, wenn die alten Motivationen – Profit, Macht, Intellekt – durch neue ersetzt werden: Sein, Teilen, Verstehen, wenn der Marktcharakter durch den produktiven, liebesfähigen Charakter abgelöst wird und an die Stelle der kybernetischen Religion ein neuer radikal-humanistischer Geist tritt.»

Alexander Lowen: «Bioenergetik»
Scherz-Verlag, München 1978
Lowen entwickelt einen Therapieansatz, der davon ausgeht, daß in der körperlichen Muskelentspannung ein Weg zur psychischen Heilung liegt. Dieses Buch zeigt auf großartige Weise das untrennbare Wechselspiel zwischen Körper und Seele auf. Lowen sagt «Du bist dein Körper» und «Das Herz ist das Herz aller Dinge». Er macht die Gründe der Verkrampfungen klar und bietet brauchbare praktische Übungen an, um sich zu lockern. «Bioenergetik» ist ein elementares Lehrbuch für alle, die es wirklich ernst meinen mit dem Wunsch nach Selbstfindung. Angewandte Bioenergetik ist eine gute Ergänzung zur praktischen Meditation und Kontemplation.

Fritz Zorn: «Mars»
Kindler Verlag, München 1977
Dieses Buch ist das einzigartige und erschütternde Dokument einer qualvollen Selbsterkenntnis im Angesicht der Krebserkrankung, die psychogene Ursachen

hatte. Fritz Zorn sieht seine Krebsentstehung so: «... daß ein Mensch, der alles Leid in sich hineinfrißt, nach einer gewissen Zeit von diesem in ihm steckenden Leid selbst aufgefressen wird. Und weil ein solcher Mensch sich selbst zerstört, nützen auch die medizinischen Behandlungsmethoden in den meisten Fällen überhaupt nichts.» Dieses Dokument einer Neurose, die kein Einzelfall ist, sondern in Variationen mehr oder weniger stark in jedem bürgerlichen Zivilisationsmenschen steckt, hat einen starken Aufrütteleffekt, das bisherige Leben zu verändern und die Freiheit zu wagen, bevor man in der Enge der Angst erstickt.

Bibliographie

Ardrey, Robert: «Der Gesellschaftsvertrag», München 1974

Bendedict, Ruth: «Urformen der Kultur», Reinbek bei Hamburg 1955

Berner, Con: «Der Karriere-Terror», Düsseldorf 1972

Bittner, Wolfgang: «Lernziele», L 76, Nr. 4/1977

Bloch, Ernst: Interview mit Adelbert Reif, «das da», Nr. 6/1977

Blüchel, Kurt: «Die weißen Magier», München 1974

Böll, Heinrich/Linder, Christian: «Drei Tage im März», Köln 1975

Bundesministerium für Jugend, Familie und Gesundheit: «Frauen in der Bundesrepublik Deutschland», Bonn 1974

Cremerius, J.: «Schichtspezifische Schwierigkeiten bei der Anwendung der Psychoanalyse, Münchner med. Wochenschrift, Nr. 117/1975

Duhm, Dieter: «Angst im Kapitalismus», Lampertheim 1972

Duhm, Dieter: «Der Mensch ist anders», Lampertheim 1975

Ehrenstein, Albert: «Wie bin ich vorgespannt den Kohlenwagen meiner Trauer», EditionText u. Kritik, München 1977

Fechner, G. Th.: «Zur experimentellen Ästhetik», 1. Teil, Leipzig 1871

Freud, Anna: «Das Ich und die Abwehrmechanismen», München 1973

Fromm, Erich: «Wir leiden an schleichender Schizophrenie», Stern Nr. 22/1977

Fromm, Erich: «Anatomie der menschlichen Destruktivität», Stuttgart 1974, auch rororo sachbuch 7052

Fromm, Erich: «Der moderne Mensch und seine Zukunft», Frankfurt 1960

Gruhl, Herbert: «Ein Planet wird geplündert», Frankfurt 1975

Harris, Thomas A.: «Ich bin o. k., Du bist o. k.», Reinbek bei Hamburg 1973, auch rororo sachbuch 6916

Hoghe, Raimund: «Der seelische Verfall des Wolfang R.», Die Zeit, 4. 11. 1977

James, William: «The application of Theory Y at Rotterdam», in «Oil and Gas Journal», 1970

Jensen, Arthur R.: «Hertability and Teachability», in: J. E. Bruno: «Emerging Issues in Education» D. C. Heath, Lexington, Mass. 1972

Jung, Carl Gustav: «Über die Psychologie des Unbewußten», Frankfurt 1977

Jungk, Robert: «Plädoyer für eine humane Revolution», Zürich 1975

Kamin, Leon: «The Science and Politics of IQ», LEA Publishers, New York 1974

Kirschner, Josef: «Manipulieren – aber richtig», München 1974

Kirst, Werner/Diekmeyer, Ulrich: «Creativitätstraining», Reinbek bei Hamburg 1974

Kuriloff, Arthur H.: «Experiment in management», in «Personnel», Nov. bis Dez. 1963

Lauster, Peter: «Selbstbewußtsein kann man lernen», München 1974

Lauster, Peter: «Statussymbole», Stuttgart 1975

Lauster, Peter: «Lassen Sie sich nichts gefallen», Düsseldorf 1976, auch rororo sachbuch 7176

Lempp, Reinhart: «Problemkinder», München 1977

Lorenz, Konrad: «Das sogenannte Böse», Wien 1963

Marcuse, Herbert: «Der eindimensionale Mensch», Neuwied und Berlin 1967

Maslow, A. M.: «Motivation and Personality», New York 1954

Materialsammlung IV zur Enquête über die Lage der Psychiatrie in der BRD: Bd. 17/1974

Mayo, Elton: «Probleme industrieller Arbeitsbedingungen», Frankfurt 1950

McGregor, Douglas: «The Human Side of Enterprise», New York 1960

Mead, Margaret: «Cooperation and Competition Among Primitive Peoples», New York 1937

Meadows, Dennis: «Die Grenzen des Wachstums», Stuttgart 1972, auch rororo sachbuch 6825

Miller, Merle: «Offen gesagt – Harry S. Truman erzählt sein Leben», Stuttgart 1975

Milgram, Stanley: «Das Milgram-Experiment», Reinbek bei Hamburg 1975

Mitscherlich, Alexander: «Der Kampf um die Erinnerung», München 1975

Müller, Klaus: «Der Erfolgsdruck fördert Lügen in der Forschung», Die Welt, Nr. 60/1977

Murdock, G. P.: «Our Primitive Contemporaries», New York 1934

Nance, John: «The gentle Tasaday», New York, 1972

Neill, A. S.: «Theorie und Praxis der antiautoritären Erziehung», Reinbek bei Hamburg 1969

Nes, Jan Pieter van: «Zur Problematik der Verwendung von Statussymbolen in der Organisation der Unternehmung», Dipl.-Arbeit, Gießen 1974

Nimmergut, Jörg: «Deutschland in Zahlen», München 1975

Perles, Frederick S.: «Gestalttherapie in Aktion», Stuttgart 1969

Plack, Arno: «Die Gesellschaft und das Böse», München 1967

Selye, Hans: «Streß beherrscht unser Leben», Düsseldorf 1957

Service, E. R.: «The Hunters», Englewood Cliffs, N. J., Prentice-Hall 1966

Soumagne, Ludwig: «Möt angere Woert jedaht jedonn», Düsseldorf 1975

Trebesch, Karsten/Jäger, Dieter: «Analyse der Bedeutung und Verteilung von Status-Symbolen in bürokratischen Organisationen», in Zeitschrift Kommunikation, Nr. 4/1971

Turnbull, C. M.: «Wayward Servarts, or the Two Worlds of the African Pygmies», New York 1949

Weininger, Otto: «Geschlecht und Charakter», Wien und Leipzig 1920

Wright, Q.: «A Study of War», Chicago 1965

Zimmer, Dieter E.: «Der Streit um die Intelligenz», München und Wien 1975

Zorn, Fritz: «Mars», München 1977

Personenregister

Adler, Alfred 221, 232
Améry, Jean 43
Arnold, Art 110 f

Bahne Bahnson, Claus 175
Bell, Daniel 90
Benedict, Ruth 173
Bense, Max 225
Bergson, Henri 107
Biedenkopf, Kurt 13 f
Biermann, Wolf 139
Binet, Alfred 23
Bittner, Wolfgang 101
Bloch, Ernst 22
Böll, Heinrich 183
Bornemann, Ernest 67 f
Buback, Siegfried 132, 134
Burt, Sir Cyril 22 f, 26 f, 28

Cattell, Raymond B. 93
Chief, Joseph 187

Daniel, Ranette 107
David, Moses 108

Einstein, Albert 167, 173, 187
Eysenck, Hans Jürgen 21 f, 24

Freeman 26
Freud, Anna 37 f, 54, 153
Freud, Sigmund 43, 100, 131, 159, 168, 221, 232
Fromm, Erich 7, 67, 90, 91, 98, 131, 172, 174, 204, 221

Gauß, K. F. 29 f
Goethe, Johann Wolfgang von 228
Grossarth-Maticek, R. 73
Gruhl, Herbert 197
Gullis, Robert 28

Hausner, Siegfried 132, 134
Hesse, Hermann 130, 135

Hitler, Adolf 91, 135
Hoghe, Raimund 123
Holzinger 26

Janov 221
Jensen, Arthur R. 21, 24
Johannes XXIII., Papst 173
Juet-Nielsen 26
Jung, C. G. 129, 168, 221, 232

Kamin, Leon 25 f
Klein, Melanie 43
Krope, Peter 72

Lame, Deer 201 f
Lasker-Schüler, Elsa 197
Lempp, Reinhart 65
Lorenzini, Carlo 114
Lowen, Alexander 36

Mandell, J. 111
Marcuse, Herbert 13–15, 131
Marx, Karl 192, 193
Mead, Margaret 173
Meinhof, Ulrike 132, 134
Meins, Holger 132, 134
«Mescalero» 190
Mitscherlich, Alexander 13 f, 17
Mühl, Otto 107, 109
Murdock, G. P. 173

Nance, John 173
Newman 26
Nixon, Richard 91

Perls, Frederick S. 161
Picasso, Pablo 227 f
«Pinocchio» 114
Plack, Arno 131

Rank, Otto 43
Rembrandt 269
Richter 227

Rilke, Rainer Maria 8
Rohde, Helmut 83

Sartre, Jean-Paul 216
Scherer, Walter 167
Schmähl, Dietrich 74
Schweitzer, Albert 173
Seathl 183, 185 f, 194
Shelds 26
Shulgin, Alexander T. 111
Solschenizyn, Alexander 80
Sontheimer, Kurt 13 f
Spencer, Herbert 20

Stalin, Josef 68

Toulouse-Lautrec, Henri de 227
Turnbull, C. M. 173

Ungar, Georges 111

Wied, David de 111

Yogi, Maharishi Mahesh 110 f

Zorn, Fritz 56 f, 61, 65, 72 f, 75, 174
Zimmer, Dieter E. 21

Sachregister

Abreaktion 39
Abschirmung 37, 40 f
Abwehrmechanismen 16, 37 f
Abwehrpanzerung 40
Adrenalin 73 f
Aggression 80, 85, 116, 118 f, 131, 136,
    143, 145, 153, 161, 170, 195 f, 211
Aggressivität 71, 74, 84
Alarmreaktion 113
Alarmsignal 16, 38, 82
Alkohol 40, 53, 82, 86, 111, 121, 150
Amoklauf 165
Anästhesiologie 51
Angstabwehr 44, 66
Angstanfälligkeit 36
Angstneurosen 50
Angstschwelle 152
Angstverarbeitung 54
Anpassung 35, 44 f, 55, 79, 85
Arbeiterschicht 33
Arbeitssucht 85, 137, 139, 153 f
Ärger 112, 117
Arterien 73
Ästhetik 62, 169
Atemfrequenz 72
Atomkraftwerke 193 f

Aufklärung 198
Autogenes Training 18, 117
Auslese 29
Autonomie 203, 226
Autoriät 74, 136

Begabung, kognitive 23
Begabungen 29, 34
Behavioristen 18
Berufsstreß 148
Betäubung 37, 40 f
Bewußtseinsprozeß 172
Biophilie 153 f, 173
«Blumenkrieg» 91
Blutdruck 148
Blutfettspiegel 73
Brüderlichkeit 173
Buback-Nachruf 189
Bürgerinitiativen 15, 90

Charakterhaltung 172
Charaktermaske 153 f, 165 f
Charakterpanzer 55 f
Charakterpanzerung 85
Charakterschablone 169
Chirurgie 51

Darmgeschwüre 73
Deformation 127, 197
Deformierung 34 f, 90
Demokratie 214
Denkstile 187
Depression 51, 57, 59 f, 66, 81, 85, 116, 171, 173, 211
Depressivität 95
Destruktion 85, 118, 123, 135, 174
Destruktivität 173 f
Determinismus 33
Deterministen 18 f, 19 f, 24, 30, 89, 126, 166
Disziplin 36
Dominanzstreben 94 f
Dressur 35

Egoismus 71, 142 f, 173, 205
Ego-Zentrierung 54, 85
Eifersucht 85, 116, 119, 122, 127
Einsamkeit 186
Einstellungsinstanz 62–68, 69, 72, 81, 87, 89, 91, 108
Elite 29, 33
Emanzipation 17
Emigrant 204
Emigration 204 f
Emotionen 56, 64
Entfremdung 42
«Environmentalisten» 18
Erbanlagen 29
Erröten 172
Ersatzobjekte 39, 44
Erziehung 17
Erziehungsmittel 44
Erziehungsprogramm 101
Erziehungsstil 35, 70
Es 37, 81, 89, 91, 119, 174
Evolution 148
Exil 204, 208
Existenzangst 42 f
Extraversion 29, 84

Fassaden-Schicht 119 f, 126 f, 161, 163, 176, 220
Flexibilität 66
Freizügigkeit 173
Fremdbestimmung 45, 52, 127
Frustration 39, 113, 116, 171 f, 210

Geborgenheit 155
Geburtstrauma 43
Gedächtnis 29
Gefahr 15
Gefühlskurve 115 f
Gefühlslagen 116
Gefühlspanzer 119, 220
Gefühlspanzerung 37, 41, 55, 57, 80, 84, 153 f, 158
Gefühlsunterdrückung 41
Gegengewalt 135 f
Gelassenheit 97
Geltungsstreben 85
Gene 168
Genialität 29
Geschlechterrolle 69
Gesellschaftsschichten 30
Gesundheit 97
Gewalt 186
Gleichberechtigung 69
Grausamkeit 173
Größenideen 51
Grundbedürfnisse 140
Gruppentherapie 18, 211
Gymnastik 159

Habgier 173
Hauttemperatur 72
Haß 85, 116, 118 f, 123, 161, 198
Hedonismus 150, 151, 153
Heiterkeit 173
Heritabilität 24
Herzinfarkt 53, 56
Herzneurose 49
Hierarchie 138
Hilfsbereitschaft 173
Hippie 211
Humanismus 215
Humanisten 19

Ich 37, 80, 89, 91, 119, 174
– Analyse 54
– Stärke 143
Ideenflucht 85
Identifizierung 38, 41
Ideologie 22, 33, 136, 154, 158
Individualismus 95, 191

Individualität 29, 42, 45, 54 f, 105, 109, 127, 129, 143 f
Infektionen 73, 160
Infektionsrisiko 175
Initiative 29
Instanzen, Freudsche 37
Intelligenz 21, 23 f, 25 f, 28 f, 34
– kapazität 27
– kult 158, 160
– quotient 21, 23, 190
– strukturtest 190
– test 21, 23
– theorie 23
– überbewertung 85
Introversion 29, 84
Intuition 173, 176, 183, 187
IQ s. Intelligenzquotient
Isolation 55 f, 73, 79, 84, 199
IST-Test 27

Jensenismus 21

Kapitalismus 194
Karriere 200
Karzinogene 73
Kernschicht 120 f, 127 f, 129, 135, 142, 152, 160, 161, 175
Kitsch 226
Körperentfremdung 85
Konditionierung 35
Konkurrenz 13 f
Konstitution 37, 56
Konstruktivität 173
Konsum 98 f, 109, 151, 158
Kontaktinitiative 92
Kontemplation 180, 228 f
Konventionen 61, 163
Konzentrationsschwäche 112
Korrelationskoeffizienten 26
Kosmos 230
Krankenschein 86
Kreativität 29, 34, 66, 95, 111 f, 191
Krebs 53, 56 f, 60, 72
– prophylaxe 175
– risiko 175
Kreislaufstörungen 49
Kriegserklärung 176, 188
Kriminalität 29, 88, 214

Kunst 226
– psychologie 226
– theorien 226 f

Lebensfreude 35, 176
Lebenskunst 227
Lebenslügen 54 f, 57, 81, 143
Lebensphilosophie 54, 63, 193, 197
Lebensraum 186
Lebensstil 109 f, 175, 201, 203
Leidenschaft 173
Leidensdruck 67, 78
Leistungsdruck 66, 83
Leistungsgesellschaft 66, 108
Leistungsscheu 85
Leistungsschwäche 112
Lerntheorie 35
Lernziele 101
Levitation 110
Liebe 35, 53, 59, 108, 123, 128, 131, 134 f, 141, 144 f, 161, 176, 195, 197, 199, 209
Liebesentzug 44
Liebesfähigkeit 84, 209
Liebeskummer 157
Liebesunfähigkeit 85
Liebesverlust 155, 156
Lieblosigkeit 199, 212, 213
Loslassen 172
LSD 111
Lügensystem 54, 66

Magengeschwüre 49, 53, 56, 147
«Mantra» 228
Maskerade 165
Meditation 143, 180, 187
Melancholie 51, 169 f
Menschenbild 17 f, 20, 26 f, 28 f, 34, 62
Menschenrechte 90
Menschlichkeit 215
Meskalin 111
«midlife crisis» 157
Migräne 17, 18
Milieu 88 f, 91 f, 94, 99
Milieufaktoren 20 f
Minderwertigkeitsgefühl 51, 70, 116, 170
Mißtrauen 173

Mittelschicht 30, 33 f, 60 f, 86
«Mittelstand» 33
Moral 62
Motivation 143
Mutationen 194

Nationalsozialisten 20, 204
Neid 13, 15, 85, 116–119, 123, 143, 144, 173
Nekrophilie 153 f, 172 f
Nervensystem 50
Nervosität 66, 84, 112
Neurologen 48
Neuropeptide 111
Neurosen 38, 52 f, 55 f, 64 f, 84, 174, 214
Numerus clausus 83
Normalverteilung 29
Normen 17, 37, 58, 80, 158
Normenverlust 55
Notwehr 197

Oberschicht 37, 41, 60, 86
Ohnmachtserklärung 16, 37, 40, 42
Ökologie 186 f
Omnipotenz 21
Ordnung 36
Organisationsformen 177

Pädagogik 35
Panik 176
Partisanengruppen 177
Partnerwahl 18
Pazifisten 136
Pedanterie 85
Persönlichkeitseigenschaften 34
Persönlichkeitsentwicklung 26 f, 34, 44
Persönlichkeitsprofil 94
Persönlichkeitsstruktur 19, 34
Perversion 172
Philosophie 193
Phobien 42
Pinocchio-Syndrom 116
Plastizität 34
Privatpsychologie 63
Privilegien 20 f, 33, 149
Produktivität 53
Profit 196

Progressionismus 145, 151, 153 f
Projektion 37 f, 41, 171
Prüfungsangst 42 f
Psyche 16
Psychiatrie 158 f
Psychopathie 29
Psychopharmaka 40, 49 f, 82, 86, 110 f, 115, 150
Psychosen 38, 52, 57, 64 f, 84
Psychotherapie 18
Pubertät 52, 117, 157
Public Relations 113
Puls 72

Rangstreben 85
Rassenideologie 20
Rassismus 20
Rationalisierung 37 f, 40, 49, 91, 114
Reaktionsbildung 37, 39, 41, 49
Redeangst 79
Religion 158
Reservation 187
Resignation 66, 112, 170
Revolution 91, 148
Rivalität 173
Rollenerwartungen 163
Rollenspiel 37, 40, 41

Sadismus 118, 127, 173
Scham 122
Schlangenphobie 43
Schuld 122
Schuldgefühle 51, 71, 86, 112
Schulsystem 22, 27
Scotophobien 111
Seelenpanzer 41
Seinsangst 43
Sekten 108 f
Selbstachtung 70
Selbstbestimmung 105, 139
Selbstbild 70 f, 81, 89, 91
Selbstentfaltung 42 f
Selbstentfremdung 55, 139
Selbsterfahrungsgruppe 17
Selbsterhaltung 113
Selbsterziehung 44
Selbstfindung 79 f, 127, 130, 157, 163
Selbstkontrolle 95

Selbstkritik 171 f
Selbstmanipulation 55, 85
Selbstmord 83, 168, 174
Selbstsuggestion 117
Selbsttherapie 87
Selbstunsicherheit 17
Selbstverwirklichung 53
Sensibilität 191, 213
Sexualität 62, 107 f, 138, 141, 150
Sexualstörungen 78
«Siddhy-Programm» 110
Solidarität 134
Soziabiliät 120
Sozialdarwinismus 34
Sozialismus 215
Sozialpsychologie 99
Sozialreformer 67
Spannung 173
Spannungskopfschmerzen 28, 79
Stadtindianer 188, 190
Status 30, 148, 151, 158
Statusstreben 55
Statussymbole 139, 148
«Statussymbole» 24, 90
Steinadler 186
Streß 73, 207
Streßmessungen 72
Streßreize 65
Sublimierung 37, 40 f
Suchtkranke 82 f
Sündenbock 39
Symptombildung 37 f, 41

Talente 29
Terrorismus 131
Terroristen 171
Therapie 18, 67
Thymusdrüse 73
Toleranz 95
Tradition 173
Trauer 112, 114, 116 f, 131
Trennungsangst 43

Triebimpulse 44
Typologie 154

Über-Ich 17 f, 37, 38, 44, 62, 81, 89, 91, 119, 155, 174
Uhu 186
Umweltzerstörung 109
Unabhängigkeit 173
Unterschicht 30, 33
Urangst 43
Utopie 147, 214, 216
Utopismus 147, 149, 151, 153

Verdrängung 18, 37 f, 41, 49, 54, 114, 117
Vererbung 168
Vererbungstheorie 17, 23, 26–29, 34
Verfolgungsideen 51
Vergebung 172
Verhaltenskodex 58
Vermeidung 37, 39 f, 44, 48
Verschiebung 37–41
Versklavung 35
Vertrauen 172 f

Wahrnehmung 167
Watergate-Affäre 91
Weißstorch 186
Weltanschauung 22
Weltbild 69, 91, 167
Werbestrategien 99
Wirbeltiere 186
Wirtschaftspolitik 99
Wirtschaftswachstum 100
Wut 112

Zerstörung 173
Zivilcourage 90
Zorn 197
Zwang 172
Zwangsgedanken 51, 85
Zweierbeziehung 107

Resonanzfragebogen

Dieser Resonanzfragebogen gibt Ihnen die Möglichkeit, Ihre Meinung zu sagen und Kritik zu üben. Er bietet dem Autor die Chance, etwas mehr als sonst üblich über den Weg seines Buches zu erfahren. Alle eingehenden Resonanzfragebogen werden selbstverständlich vertraulich behandelt.

1. Hat die Lektüre des Buches Ihnen geholfen, Ihre persönlichen Angstgefühle besser zu verstehen?
   ○ ja   ○ teilweise   ○ nein

2. Worüber hätten Sie gerne mehr aufklärende Informationen gelesen?
   ○ Existenzangst
   ○ Angst, »draußen zu stehen«
   ○ Angst durch enges Denken
   ○ Die Funktion der Einstellungen
   ○ Das Selbstkonzept
   ○ Einstellung und Krebs
   ○ Das äußere und das innere Milieu
   ○ Die Stärkung der Einzelpersönlichkeit
   ○ Durchbruch zur Individualität

3. Was fällt Ihnen besonders schwer?
   ○ Selbständigkeit statt Anpassung
   ○ Gefühlsausdruck statt Gefühlspanzerung
   ○ Selbstfindung statt Rollenspiel
   ○ Persönlichkeitsentfaltung statt Charaktermaske
   ○ Vergeben statt beschuldigen
   ○ Biophilie statt Nekrophilie
   ○ Offenheit statt Enge

4. Welche Probleme machen Ihnen besonders zu schaffen?
   ○ Berufliche Unzufriedenheit
   ○ Kontakt zu anderen Menschen
   ○ Eigene und fremde Aggression
   ○ Neigung zur Arbeitssucht
   ○ Sexuelle Harmonie zu erlangen
   ○ Egoismus der Mitmenschen
   ○ Den Sinn des Lebens finden
   ○ Stimmungsschwankungen
   ○ Eigene Gefühle ausdrücken

O Weitere Probleme _____
_____
_____
_____
_____
_____

. Welche Informationen fanden Sie am interessantesten?
O Die Zeit- und Gesellschaftskritik
O Die Analyse der Angst
O Die Vorschläge zur Selbstentfaltung

. Glauben Sie, daß Sie es schaffen, in Zukunft angstfreier zu leben?
O ja   O teilweise   O nein

. Was erscheint Ihnen für Ihr zukünftiges Leben besonders erstrebenswert?
O Gelassenheit
O Liebesfähigkeit
O Innere Ruhe und Ausgeglichenheit
O Selbsterkenntnis
O Selbstverwirklichung
O Entspanntheit
O Lebensfreude
O Gefühlstiefe
O Glücksempfinden

. Was haben Sie in dem Buch vermißt? _____
_____
_____
_____
_____
_____

'orname: _____ Name: _____
traße: _____
LZ: _____ Ort: _____
\usbildungsstand: _____ Beruf: _____
\lter: _____ Datum: _____

enden Sie den Fragebogen an:
eter Lauster, Usambarastraße 2, 5000 Köln 60

Peter Lauster

Peter Lauster, 1940 in Stuttgart geboren, studierte Psychologie, Philosophie, Anthropologie und Kunstgeschichte. Seit 1971 leitet der Diplompsychologe die «Praxis für psychologische Diagnostik und Beratung». Seine Bücher erreichen allein in Deutschland eine Auflage von über 2 Millionen Exemplaren.

Die Liebe *Psychologie eines Phänomens*
(rororo sachbuch 7677)
Peter Lauster befreit die Liebe von einengenden Mythen und bringt vorsichtige Hinweise, wie wir mit unserem Liebesgefühl und der damit verbundenen Verlustangst, Eifersucht, Verletzlichkeit, aber auch mit Sehnsucht, Freude und Fülle umgehen können.

Lassen Sie der Seele Flügel wachsen *Wege aus der Lebensangst*
(rororo sachbuch 7361)
Lausters Schilderungen von konkreten Versuchen wie auch sehr persönlicher Erfahrungen machen Mut, den eigenen individuellen Weg zu suchen.

Die sieben Irrtümer der Männer
(rororo sachbuch 8499)
Peter Lauster macht an vielen Beispielen deutlich, daß wahre Männlichkeit nicht irgendwo zwischen ‹Macho› oder ‹Softy› liegt, sondern der Mut zur Selbstfindung ist.

Liebesgefühle *Texte und Bilder*
(rororo sachbuch 8365)
«Wenn ich von der Liebe spreche, meine ich die Liebe zur und von der gesamten Natur. Wir bekommen täglich Liebe von der Sonne, von den Pflanzen, von den Tieren – viele sind seelisch stumpf gegenüber dieser Energie.»

Wege zur Gelassenheit *Souveränität durch innere Unabhängigkeit und Kraft*
(rororo 7961)
In diesem Buch weckt Peter Lauster die Bereitschaft, sich zu öffnen, um die Umwelt und die Mitmenschen unvoreingenommen wahrnehmen zu können.

«Meine Texte möchten die schöpferischen Kräfte und Energien in jedem Leser erwecken, tiefer zu sich selbst zu gelangen und die eigene Freiheit, Autonomie und Souveränität zu begreifen und freizulegen.» Peter Lauster

rororo sachbuch

Wolfgang Schmidbauer, geboren 1941 in München, studierte Psychologie und promovierte 1968 über «Mythos und Psychologie». Tätigkeit als freier Schriftsteller in Deutschland und Italien. Ausbildung zum Psychoanalytiker. Gründung eines Instituts für analytische Gruppendynamik. 1985 Gastprofessor für Psychoanalyse an der Gesamthochschule Kassel; Psychotherapeut und Lehranalytiker in München.

Alles oder nichts *Über die Destruktivität von Idealen* (rororo sachbuch 8393)

Die Angst vor Nähe 208 Seiten. Broschiert

Helfen als Beruf *Die Ware Nächstenliebe* 256 Seiten. Broschiert und als rororo sachbuch 9157)

Die hilflosen Helfer *Über die seelische Problematik der helfenden Berufe* 256 Seiten. Broschiert

Ist Macht heilbar? (rororo sachbuch 8329) Aus dem Inhalt: Die Faszination der Gewalt / Der Psychoanalytiker und das Irrationale / No nature, no future? / Über den Mißbrauch der Gefühle in der Politik

Liebeserklärung an die Psychoanalyse (rororo sachbuch 8839)

Die subjektive Krankheit *Kritik der Psychosomatik* 304 Seiten. Broschiert

Weniger ist manchmal mehr *Zur Psychologie des Konsumverzichts* (rororo sachbuch 9110) «Möge dieses gleichzeitig neue und alte Buch dazu beitragen, daß ein Element stärker berücksichtigt wird, das mir fehlt, wenn ich die luxuriösen Landhäuser mit den hanadgetöpferten Kachelöfen oder die Umweltzeitschriften auf Glanzpapier sehe: die Bescheidenheit.» Wolfgang Schmidtbauer

Psychologie. Lexikon der Grundbegriffe (rororo handbuch 6335)

Ein Haus in der Toscana *Reisen in ein verlorenes Land* 176 Seiten. Gebunden

Wolfgang Schmidbauer (Hg.) **Pflegenotstand - das Ende der Menschlichkeit** *Vom Versagen der staatlichen Fürsorge*

rororo sachbuch